David Dalka 8b Pole
Finn 8b

GESCHICHTE
ENTDECKEN

herausgegeben von
Arnold Bühler,
Christian Fritsche
und Franz Hohmann

C.C.Buchner

Geschichte entdecken – Bayern

Unterrichtswerk für Geschichte an Realschulen

Band 3 für die Jahrgangsstufe 8

Herausgeber: Arnold Bühler, Christian Fritsche und Franz Hohmann

Beraterin: Sonja Then

Bearbeiter: Florian Feldmeier, Christian Fritsche, Sonja Lemberger, Tatjana Moor-Freber, Beetje Neubauer, Gisela Paul und Sonja Then

Zu diesem Titel ist erhältlich:
- Digitales Lehrermaterial **click & teach** Einzellizenz, Bestell-Nr. 300331
- Digitales Lehrermaterial **click & teach** Box (Karte mit Freischaltcode), ISBN 978-3-661-30033-7
- Lehrerband (BN 30028)

Weitere Materialien finden Sie unter www.ccbuchner.de

Dieser Titel ist auch als digitale Ausgabe **click & study** unter www.ccbuchner.de erhältlich.

1. Auflage, 1. Druck 2020
Alle Drucke dieser Auflage sind, weil untereinander unverändert, nebeneinander benutzbar.

Dieses Werk folgt der reformierten Rechtschreibung und Zeichensetzung. Ausnahmen bilden Texte, bei denen künstlerische, philologische oder lizenzrechtliche Gründe einer Änderung entgegenstehen.

Die Mediencodes enthalten zusätzliche Unterrichtsmaterialien, die der Verlag in eigener Verantwortung zur Verfügung stellt.

Redaktion: Markus Brogl
Korrektorat: Kerstin Schulbert
Umschlag, Layout und Satz: zweiband.media, Berlin
Druck und Bindung: Firmengruppe Appl, aprinta Druck, Wemding

www.ccbuchner.de

ISBN: 978-3-661-**30023**-8

Inhaltsverzeichnis

7 Längsschnitt: Kriege und ihre Folgen 158

Anhang

So findet ihr euch im Buch zurecht

Auftaktseiten – damit ihr wisst, worum es geht

Die Kapitel in dem Buch haben zwei unterschiedliche Grundfarben. Die ersten fünf behandeln bestimmte Zeiträume der Geschichte (blau). Bei den beiden letzten handelt es sich um sogenannte Längsschnitte. Sie gehen der Frage nach, was zum Thema des Kapitels zu unterschiedlichen Zeiten geschehen ist (violett).

Worum es bei den Kapiteln geht, erfahrt ihr auf den Auftaktseiten mit einem kurzen Text und Bildern. Unten rechts findet ihr Aufgaben. Bei einigen Fragen könnt ihr auch zeigen, was ihr schon wisst.

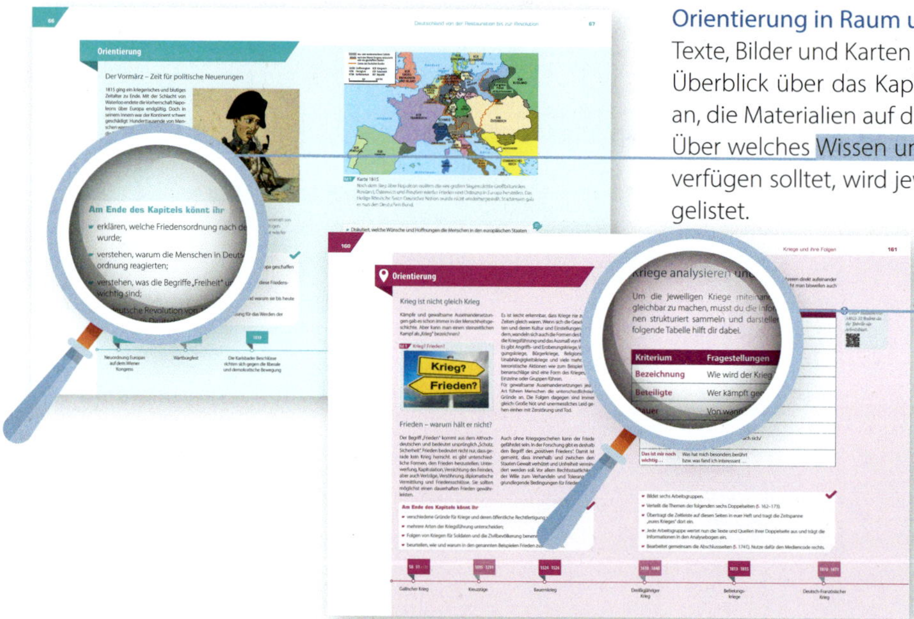

Orientierung in Raum und Zeit

Texte, Bilder und Karten auf diesen Seiten geben euch einen Überblick über das Kapitel. Die Arbeitsaufträge regen dazu an, die Materialien auf diesen Seiten zu untersuchen.
Über welches Wissen und Können ihr am Ende des Kapitels verfügen solltet, wird jeweils auf der linken Seite unten aufgelistet.

Bei den Längsschnitten (Kap. 6 und 7) findet ihr auf der rechten Seite einen Vorschlag, wie ihr die folgenden Seiten gemeinsam bearbeiten könnt.
Die Zeitleiste ganz unten hilft dabei, sich den Zeitraum vorzustellen sowie wichtige Zeitabschnitte und Ereignisse kennenzulernen.

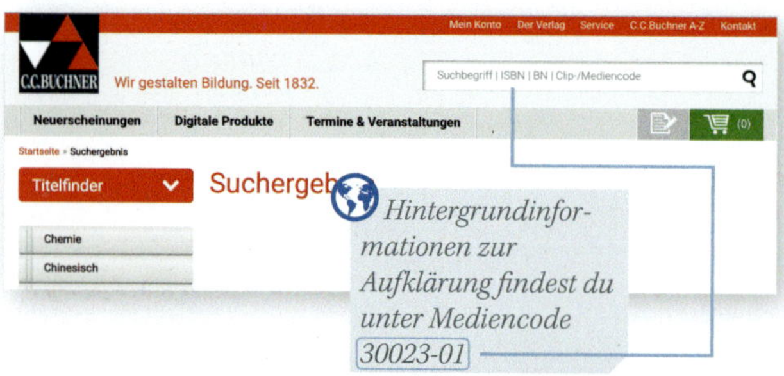

Mediencodes

Manchmal haben wir in den Randspalten Tipps angegeben. Mit ihnen könnt ihr über das jeweilige Thema noch mehr erfahren.
Wenn ihr die **Tipps** einsehen wollt, müsst ihr nur unsere Homepage *www.ccbuchner.de* aufrufen und in das Suchfeld oben rechts den Mediencode eingeben.

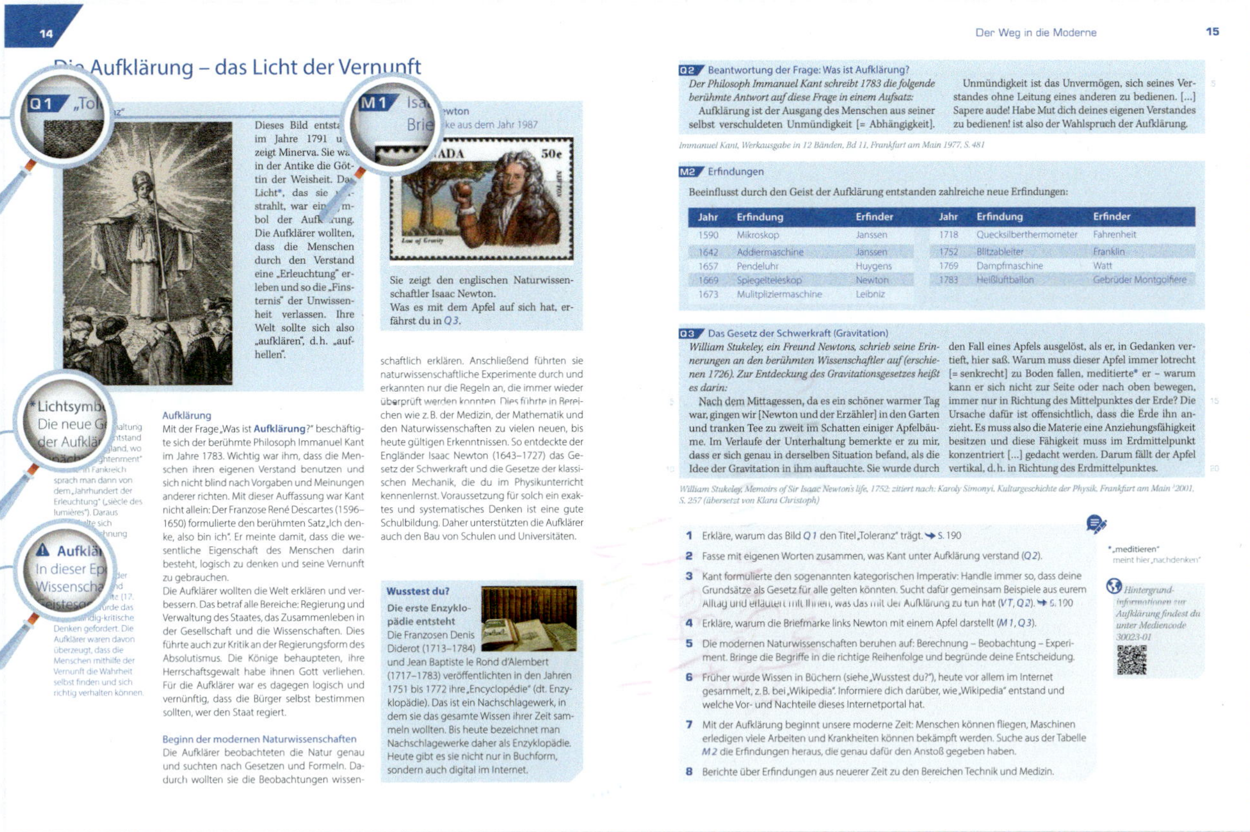

Teilkapitel – das Wichtigste übersichtlich angeordnet

In den Darstellungen (Verfassertexten = VT) auf der linken Seite haben die Verfasser aufgeschrieben, was sie für wichtig halten. Ein Bild oder ein kurzer Text leitet diese Seiten immer ein.

Zusätzliche Erklärungen findet ihr in der Randspalte. Dabei sind die grundlegenden Begriffe mit einem Ausrufezeichen ⚠ und durch Fettdruck besonders hervorgehoben.

Grundlegende Daten sind rot unterstrichen.

Andere Texte sowie Bilder oder Karten werden mit Q oder M unterschieden. Quellen (Q) stammen aus der damaligen Zeit, Materialien (M) aus späterer Zeit.

Arbeitsvorschläge stehen jeweils am Ende der Seiten. Sie helfen euch, die Texte und Materialien zu untersuchen und eigenständig zu arbeiten. Zu Aufgaben mit einem ➔ Pfeil am Ende findet ihr auf der angegebenen Seite Hilfen oder Tipps.

Grundlegende Daten und Begriffe – alle auf einen Blick

Hinten im Buch sind alle besonders wichtigen Begriffe und Daten, die ihr in diesem und dem letzten Schuljahr gelernt habt, übersichtlich aufgelistet. Dazu findet ihr Erklärungen.

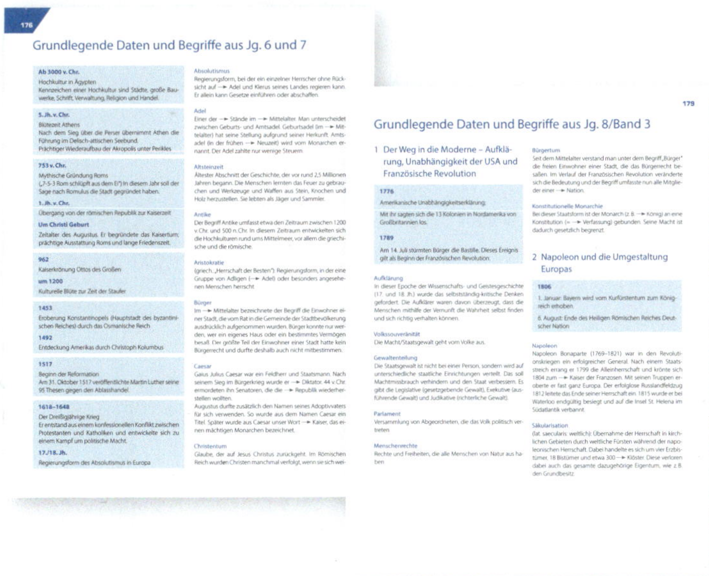

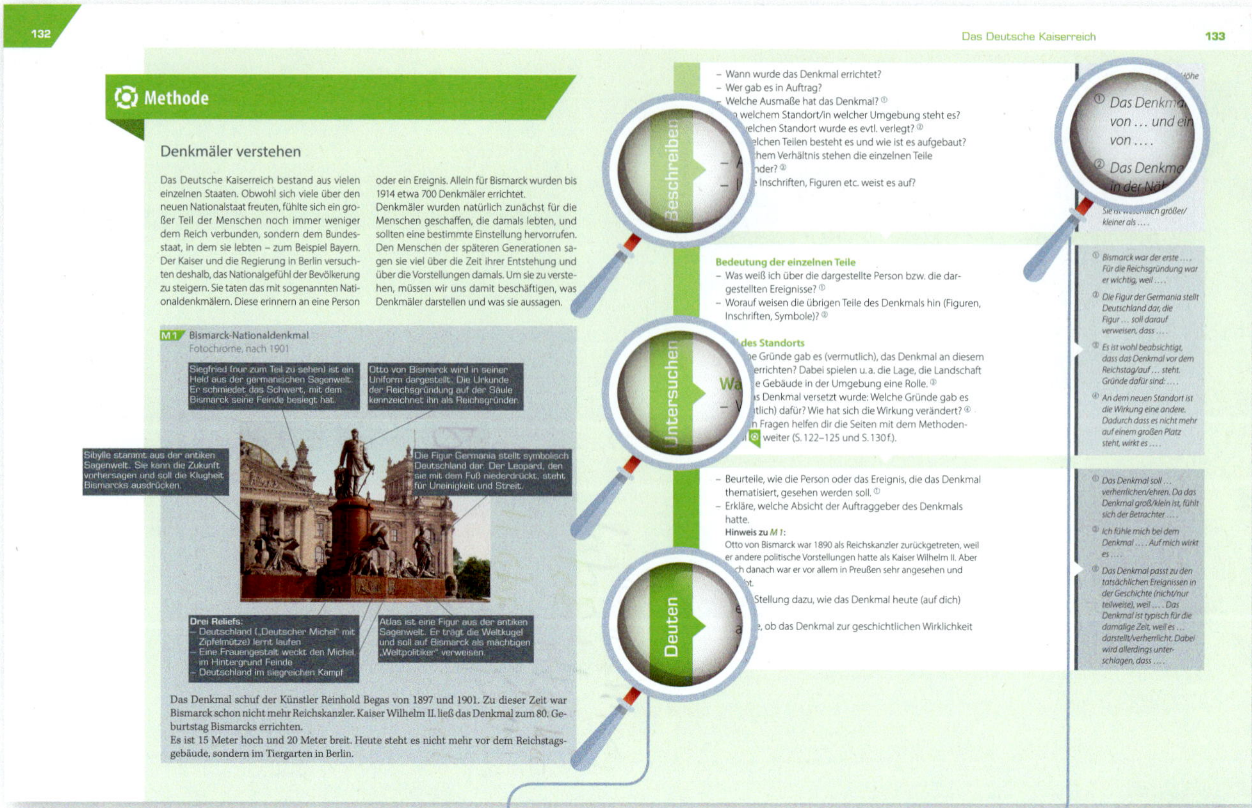

Quellen und Materialien richtig untersuchen

Wer Quellen und Materialien (z.B. Texte, Bilder, Karten) verstehen will, muss sie richtig untersuchen. Wie das geht, wird euch auf den Methodenseiten erklärt.

Nach einem einleitenden Text lernt ihr anhand eines Beispiels, wie ihr schrittweise vorgeht. Dabei gibt es meistens drei Bereiche: Beschreiben – Untersuchen – Deuten.

Die Methode auf S. 24/25, bei der ihr selbst etwas gestalten sollt, hat den Dreischritt *Recherchieren – Planen – Gestalten.*

In der Spalte ganz rechts findet ihr Hilfen, welche Worte ihr wählen könnt, und Tipps.

Um die Beispiele richtig zu verstehen, braucht ihr noch weitere Informationen. Seiten mit diesen Infos haben oben rechts ein kleines Zeichen.

Bei den Arbeitsaufträgen sagen euch Verben, was ihr jeweils tun sollt. In diesem Fall werden diese Verben Operatoren genannt. Ganz hinten im Buch findet ihr eine Operatoren-Liste mit Erklärungen und Hinweisen.

Hinten im Buch sind Karten zu Methoden aus der 6. und 7. Jahrgangsstufe abgedruckt.

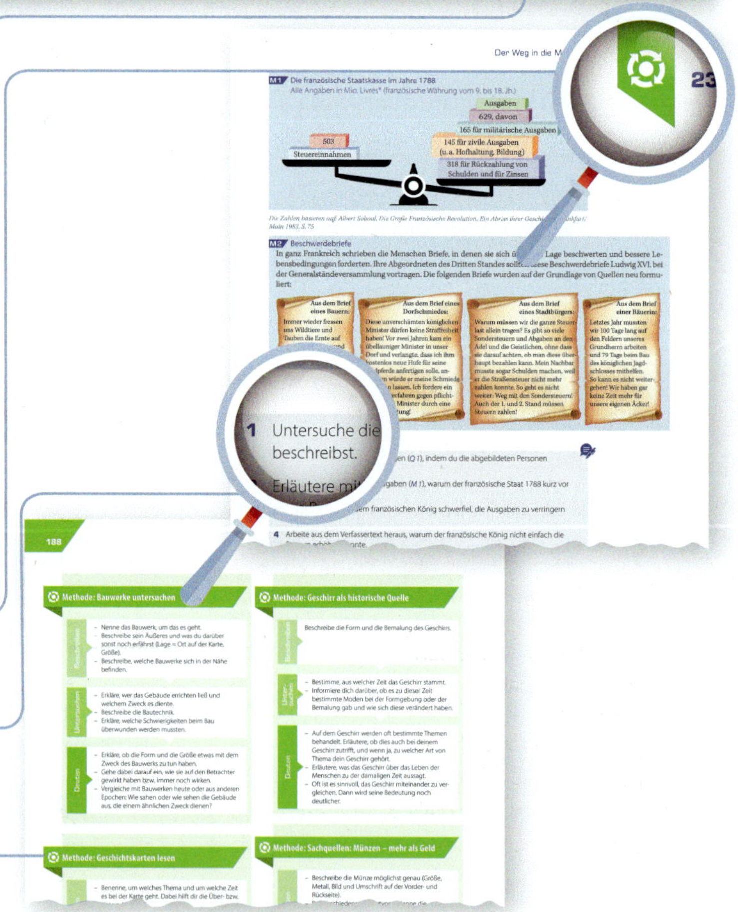

Geschichte hört nicht auf

Geschichte geht uns auch heute noch etwas an und ist noch nicht abgeschlossen. Denn vieles, was uns umgibt, hat mit Geschichte zu tun. Diese Doppelseiten greifen solche Themen auf und helfen euch, sie richtig zu verstehen. Außerdem untersucht ihr Gemeinsamkeiten und Unterschiede zwischen der Vergangenheit und der Gegenwart.

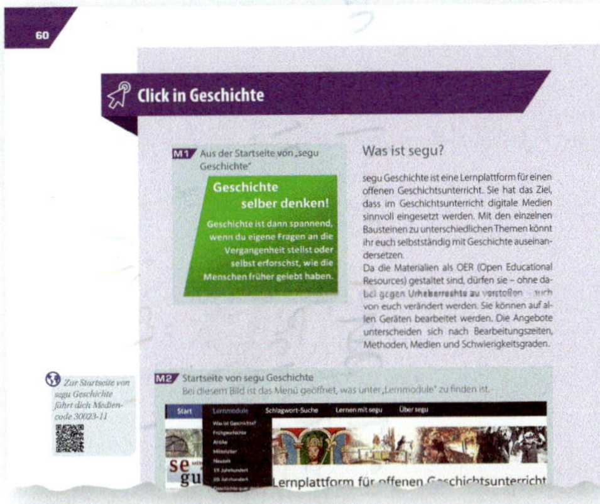

Click in Geschichte

Das Internet richtig nutzen und eigene digitale Produkte zu Geschichte erstellen: Auf diesen Seiten erfahrt ihr, wie es geht. Dabei könnt ihr euer Wissen und Können erweitern oder unter Beweis stellen.

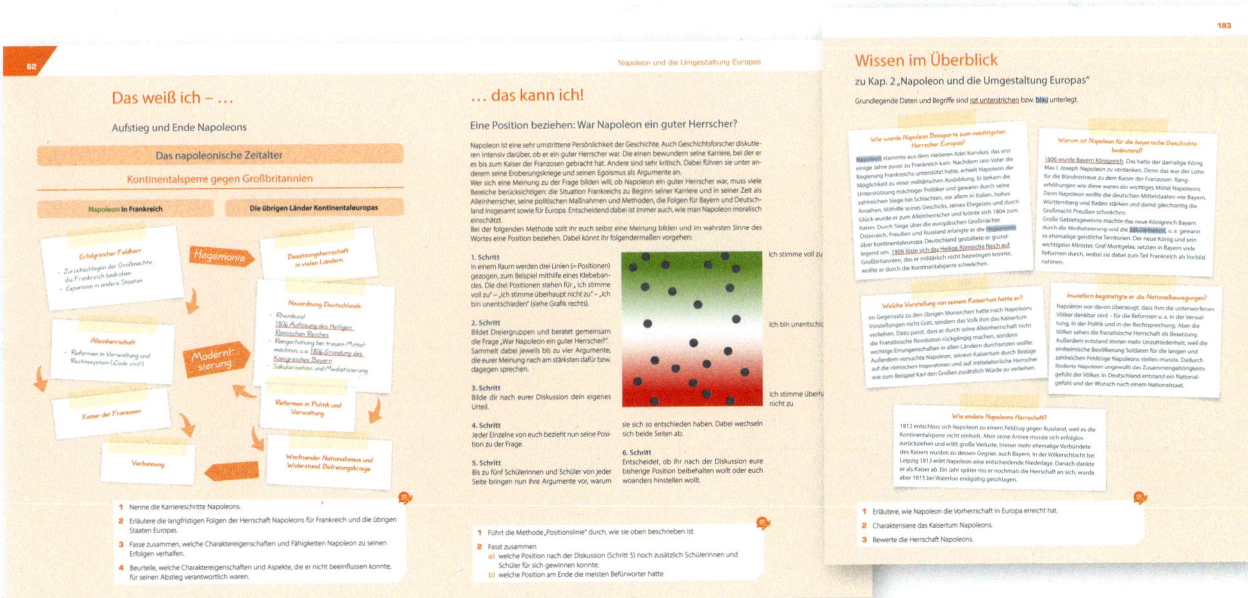

Das weiß ich – das kann ich!

Am Ende des Kapitels seid ihr Experten für die behandelte Zeit.

Auf der linken Seite ist das, was ihr gelernt habt, in einem Schaubild übersichtlich dargestellt. Mithilfe der Arbeitsaufträge könnt ihr euer Wissen testen.

Rechts findet ihr neues Material und eine Lernaufgabe. Dabei sollt ihr nicht nur zeigen, was ihr gelernt habt. Ihr sollt es auch kompetent anwenden, selbstständig arbeiten und eigene Lösungen finden.

Am Ende des Buches befinden sich außerdem zu den ersten fünf Kapiteln Zusammenfassungen in kleinen Kärtchen und Arbeitsaufträge dazu.

1 Der Weg in die Moderne – Aufklärung, Unabhängigkeit der USA und Französische Revolution

M1 Die Freiheitsstatue und der Eiffelturm – eine Fotomontage?
Nein! Dieses Foto ist keine Fälschung. Hier ist die kleine Schwester der Freiheitsstatue von New York zu sehen. Sie steht seit 1889 am südlichen Ufer der Île des Cygnes, einer künstlichen Insel in der Nähe des Eiffelturms in Paris.

Die berühmte Freiheitsstatue in New York ist für viele Menschen das Symbol für Freiheit und Demokratie. Millionen europäischer Einwanderer sahen sie als Erstes, wenn sie nach einer langen Schifffahrt endlich im „Land der unbegrenzten Möglichkeiten" ankamen. Die 46 Meter große Figur befindet sich auf Liberty Island und war 1886 ein Geschenk Frankreichs an die USA. Die Franzosen wollten der Unabhängigkeitserklärung der USA hundert Jahre zuvor ein Denkmal setzen. Gleichzeitig erinnerten sie an ihre eigene Französische Revolution, bei der die Monarchie abgeschafft wurde und demokratische Ideen

Q1 Der französische König Ludwig XVI.
(1754–1793)
Er regierte, als es 1789 zur Französischen Revolution kam.

Q2 Der erste US-Präsident George Washington
(1732–1799)
Er war ein wohlhabender Plantagenbesitzer in Virginia und wurde zu einem der Gründungsväter der Vereinigten Staaten von Amerika.

Q3 Ausschnitt aus einer Inschrift am Sockel der Freiheitsstatue in New York

„Gebt mir eure Müden, eure Armen, eure geknechteten Massen, die frei zu atmen begehren, den elenden Unrat eurer gedrängten Küsten; schickt sie mir, die Heimatlosen, vom Sturme Getriebenen, hoch halt' ich mein Licht am gold'nen Tore!"

Nach: https://www.deutschlandfunk.de/freiheitsgoettin-fuer-die-neue-welt.871.de.html?dram:article_id=127500 [17.07.2019]

entstanden. Drei Jahre später schenkten wiederum die US-Amerikaner den Franzosen als Dank die links abgebildete, 11,5 Meter hohe Statue. Sie ist ein Abguss des Modells, das zur Herstellung der amerikanischen Freiheitsstatue diente. Sie ist so ausgerichtet, dass sie in Richtung ihrer „großen Schwester" blickt.

Was weißt du schon?

- Vergleiche die beiden Gemälde (*Q 1*, *Q 2*). Worauf deuten die Unterschiede hin?
- Ludwig XVI. (*Q 1*) war ein Vertreter des Absolutismus. Fasse zusammen, was du noch über diese Herrschaftsform weißt. Hilfe bietet dir auch das Schema auf der folgenden Seite (S. 12, *M 1*)
- Die Freiheitsstatue „empfing" die Emigranten aus Europa. Wie werden diese Menschen in *Q 3* bezeichnet und was wird ihnen versprochen? Erkläre, was „frei atmen" hier bedeutet.
- Diskutiert, was „Freiheit" bzw. „frei sein" bedeutet – allgemein und für euch persönlich. Berücksichtigt dabei verschiedene Bereiche (Politik, Gesellschaft, Schule, Familie, Freundeskreis usw.).

Orientierung

Absolutismus oder Gewaltenteilung?

M1 Absolutismus in Frankreich

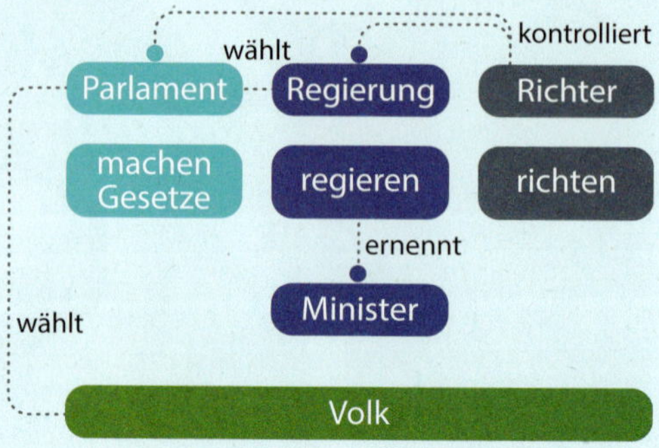

M2 Beispiel für den Aufbau einer demokratischen Republik

Monarchie
Herrschaft eines Königs/Kaisers. Der Begriff setzt sich aus den griechischen Wörtern „monos" = einer und „archein" = herrschen zusammen.

Absolutismus
Regierungsform, bei der ein einzelner Herrscher ohne Rücksicht auf Adel und Klerus seines Landes regieren kann. Er allein kann Gesetze einführen oder abschaffen.

Zu Beginn des 17. Jh. waren die Staaten Europas meist **Monarchien**, Fürstentümer oder Aristokratien (Herrschaft von Adligen). Viele Herrscher hatten den **Absolutismus** in Frankreich als Vorbild. Dabei galt die Herrschaft als gottgewollt; ebenso die Ständegesellschaft, bei der Klerus und Adlige besondere Vorrechte hatten und das einfache Volk nicht mitbestimmen sollte.
Dennoch zweifelten immer mehr, ob diese Verhältnisse in den Staaten richtig und gerecht sind. Die Vertreter der sogenannten Aufklärung fanden vernünftige Gründe, dass Fürsten ihre Macht teilen sollten. Die englischen Kolonien in Nordamerika sahen nicht mehr ein, warum sie kein Mitspracherecht hatten. Auch in anderen Staaten, wie in Frankreich, wurde die Bevölkerung immer unzufriedener.
Bei der Gründung der USA und der Französischen Revolution entstanden Ideen und politische Lösungen, die für moderne Demokratien wie unsere Bundesrepublik grundlegend sind.

Am Ende des Kapitels könnt ihr

- erkennen, dass durch die Aufklärung und die Französische Revolution wichtige Grundlagen für moderne Staaten geschaffen wurden;
- die Bedeutung der Nationenbildung am Beispiel der USA erfassen und mit heutigen Unabhängigkeitsbestrebungen vergleichen;
- erkennen, dass Revolutionen aus vielerlei Gründen entstehen und vielfältige Folgen haben;
- unsere heutigen Vorstellungen von Freiheit und Gleichheit mit den Ideen der Aufklärung und der Französische Revolution vergleichen und bewerten;
- Schaubilder zu historischen Ereignissen erstellen.

17. bis 18. Jh.: Absolutismus in Europa und Epoche der Aufklärung

1607: Gründung der ersten (dauerhaften) englischen Kolonie in Nordamerika

04.07.1776: Unabhängigkeitserklärung der USA; Virginia Bill of Rights

14.07.1789: Sturm auf die Bastille Symbol für den Beginn der Französischen Revolution

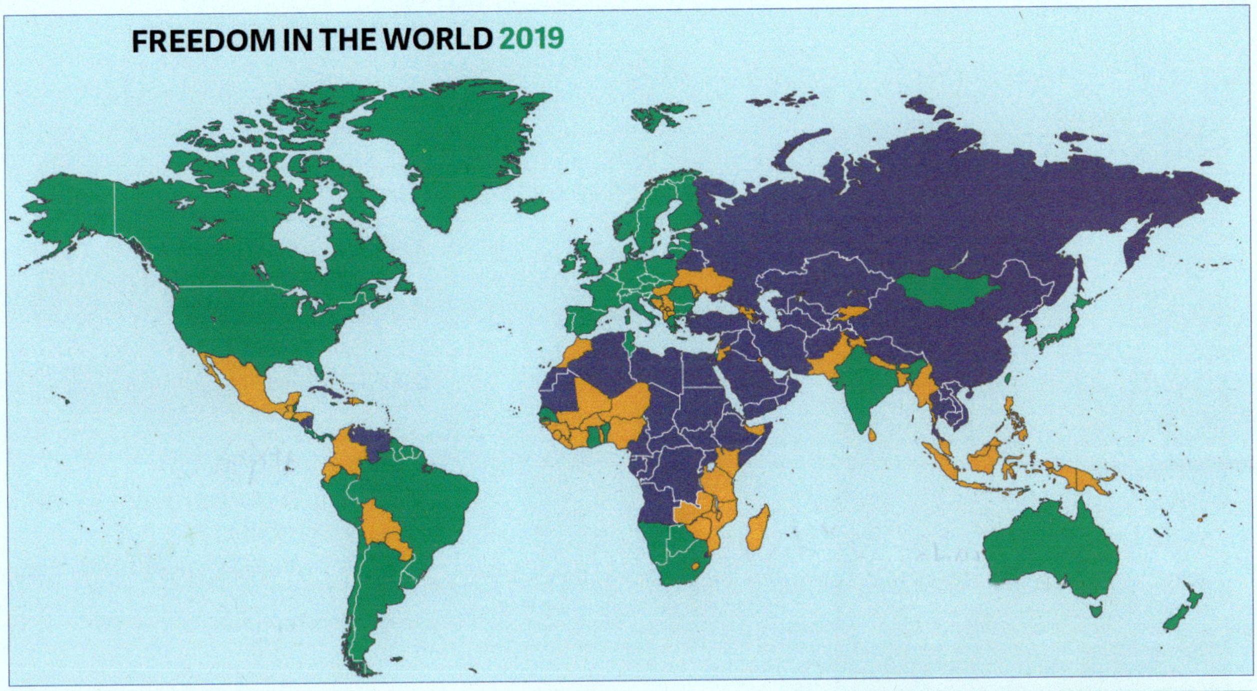

M3 **Freiheit in der Welt (2019)**
Für die Karte wurde untersucht, ob für die Staaten u. a. Folgendes gilt: politische Rechte und Freiheiten, Mitbestimmung und freie Wahlen, Religions- und Meinungsfreiheit und ein unabhängiges Rechtssystem.
Das sind zentrale Bestandteile einer Demokratie.

Status	Staaten	Gebiete
frei	86	1
teilweise frei	59	5
nicht frei	50	8
Insgesamt	**195**	**14**

- Vergleiche die beiden Schemata (*M 1*, *M 2*). Welche wichtigen Unterschiede fallen dir auf? ➜ S. 190
- Sowohl in den USA als auch in Frankreich forderten die Menschen bereits im 18. Jh. die Einführung einer demokratischen Republik. Überprüfe mithilfe der Karte *M 3*, wo sich die Demokratie in unserer Zeit weltweit verbreitet hat und wo nicht. Bewerte dein Ergebnis.
- Weise mithilfe des Schemas *M 2* nach, dass die Bundesrepublik Deutschland eine demokratische Republik ist. ➜ S. 190

26.08.1789	1793–1794	1793	02.06.1924	1948	1949
Erklärung der Menschen- und Bürgerrechte in Frankreich	Phase des „Großen Terrors" in Frankreich	Hinrichtung Ludwigs XVI.	US-Staatsbürgerschaft für die First Nations	Allgemeine Erklärung der Menschenrechte durch die UNO	Gründung der Bundesrepublik Deutschland

Die Aufklärung – das Licht der Vernunft

Q1 „Toleranz“

Dieses Bild entstand im Jahre 1791 und zeigt Minerva. Sie war in der Antike die Göttin der Weisheit. Das Licht*, das sie umstrahlt, war ein Symbol der Aufklärung. Die Aufklärer wollten, dass die Menschen durch den Verstand eine „Erleuchtung“ erleben und so die „Finsternis“ der Unwissenheit verlassen. Ihre Welt sollte sich also „aufklären“, d.h. „aufhellen“.

M1 Isaac Newton

Briefmarke aus dem Jahr 1987

Sie zeigt den englischen Naturwissenschaftler Isaac Newton.
Was es mit dem Apfel auf sich hat, erfährst du in *Q3*.

***Lichtsymbol**
Die neue Geisteshaltung der Aufklärung entstand zunächst in England, wo man sie „enlightenment“ nannte. In Fankreich sprach man dann von dem „Jahrhundert der Erleuchtung“ („siècle des lumières“). Daraus entwickelte sich unsere Bezeichnung „Aufklärung“.

⚠ Aufklärung
In dieser Epoche der Wissenschafts- und Geistesgeschichte (17. und 18. Jh.) wurde das selbstständig-kritische Denken gefordert. Die Aufklärer waren davon überzeugt, dass die Menschen mithilfe der Vernunft die Wahrheit selbst finden und sich richtig verhalten können.

Aufklärung

Mit der Frage „Was ist **Aufklärung**?“ beschäftigte sich der berühmte Philosoph Immanuel Kant im Jahre 1783. Wichtig war ihm, dass die Menschen ihren eigenen Verstand benutzen und sich nicht blind nach Vorgaben und Meinungen anderer richten. Mit dieser Auffassung war Kant nicht allein: Der Franzose René Descartes (1596–1650) formulierte den berühmten Satz „Ich denke, also bin ich“. Er meinte damit, dass die wesentliche Eigenschaft des Menschen darin besteht, logisch zu denken und seine Vernunft zu gebrauchen.
Die Aufklärer wollten die Welt erklären und verbessern. Das betraf alle Bereiche: Regierung und Verwaltung des Staates, das Zusammenleben in der Gesellschaft und die Wissenschaften. Dies führte auch zur Kritik an der Regierungsform des Absolutismus. Die Könige behaupteten, ihre Herrschaftsgewalt habe ihnen Gott verliehen. Für die Aufklärer war es dagegen logisch und vernünftig, dass die Bürger selbst bestimmen sollten, wer den Staat regiert.

Beginn der modernen Naturwissenschaften

Die Aufklärer beobachteten die Natur genau und suchten nach Gesetzen und Formeln. Dadurch wollten sie die Beobachtungen wissenschaftlich erklären. Anschließend führten sie naturwissenschaftliche Experimente durch und erkannten nur die Regeln an, die immer wieder überprüft werden konnten. Dies führte in Bereichen wie z.B. der Medizin, der Mathematik und den Naturwissenschaften zu vielen neuen, bis heute gültigen Erkenntnissen. So entdeckte der Engländer Isaac Newton (1643–1727) das Gesetz der Schwerkraft und die Gesetze der klassischen Mechanik, die du im Physikunterricht kennenlernst. Voraussetzung für solch ein exaktes und systematisches Denken ist eine gute Schulbildung. Daher unterstützten die Aufklärer auch den Bau von Schulen und Universitäten.

Wusstest du?

Die erste Enzyklopädie entsteht

Die Franzosen Denis Diderot (1713–1784) und Jean Baptiste le Rond d'Alembert (1717–1783) veröffentlichten in den Jahren 1751 bis 1772 ihre „Encyclopédie“ (dt. Enzyklopädie). Das ist ein Nachschlagewerk, in dem sie das gesamte Wissen ihrer Zeit sammeln wollten. Bis heute bezeichnet man Nachschlagewerke daher als Enzyklopädie. Heute gibt es sie nicht nur in Buchform, sondern auch digital im Internet.

Q2 Beantwortung der Frage: Was ist Aufklärung?

Der Philosoph Immanuel Kant schreibt 1783 die folgende berühmte Antwort auf diese Frage in einem Aufsatz:

Aufklärung ist der Ausgang des Menschen aus seiner selbst verschuldeten Unmündigkeit [= Abhängigkeit]. Unmündigkeit ist das Unvermögen, sich seines Verstandes ohne Leitung eines anderen zu bedienen. [...] Sapere aude! Habe Mut dich deines eigenen Verstandes zu bedienen! ist also der Wahlspruch der Aufklärung.

Immanuel Kant, Werkausgabe in 12 Bänden, Bd 11, Frankfurt am Main 1977, S. 481

M2 Erfindungen

Beeinflusst durch den Geist der Aufklärung entstanden zahlreiche neue Erfindungen:

Jahr	Erfindung	Erfinder	Jahr	Erfindung	Erfinder
1590	Mikroskop	Janssen	1718	Quecksilberthermometer	Fahrenheit
1642	Addiermaschine	Janssen	1752	Blitzableiter	Franklin
1657	Pendeluhr	Huygens	1769	Dampfmaschine	Watt
1669	Spiegelteleskop	Newton	1783	Heißluftballon	Gebrüder Montgolfiere
1673	Mulitpliziermaschine	Leibniz			

Q3 Das Gesetz der Schwerkraft (Gravitation)

William Stukeley, ein Freund Newtons, schrieb seine Erinnerungen an den berühmten Wissenschaftler auf (erschienen 1726). Zur Entdeckung des Gravitationsgesetzes heißt es darin:

Nach dem Mittagessen, da es ein schöner warmer Tag war, gingen wir [Newton und der Erzähler] in den Garten und tranken Tee zu zweit im Schatten einiger Apfelbäume. Im Verlaufe der Unterhaltung bemerkte er zu mir, dass er sich genau in derselben Situation befand, als die Idee der Gravitation in ihm auftauchte. Sie wurde durch den Fall eines Apfels ausgelöst, als er, in Gedanken vertieft, hier saß. Warum muss dieser Apfel immer lotrecht [= senkrecht] zu Boden fallen, meditierte* er – warum kann er sich nicht zur Seite oder nach oben bewegen, immer nur in Richtung des Mittelpunktes der Erde? Die Ursache dafür ist offensichtlich, dass die Erde ihn anzieht. Es muss also die Materie eine Anziehungsfähigkeit besitzen und diese Fähigkeit muss im Erdmittelpunkt konzentriert [...] gedacht werden. Darum fällt der Apfel vertikal, d.h. in Richtung des Erdmittelpunktes.

William Stukeley, Memoirs of Sir Isaac Newton's life, 1752; zitiert nach: Karoly Simonyi, Kulturgeschichte der Physik, Frankfurt am Main ³2001, S. 257 (übersetzt von Klara Christoph)

1 Erkläre, warum das Bild *Q1* den Titel „Toleranz" trägt. ➔ S. 190

2 Fasse mit eigenen Worten zusammen, was Kant unter Aufklärung verstand (*Q2*).

3 Kant formulierte den sogenannten kategorischen Imperativ: Handle immer so, dass deine Grundsätze als Gesetz für alle gelten könnten. Sucht dafür gemeinsam Beispiele aus eurem Alltag und erläutert mit ihnen, was das mit der Aufklärung zu tun hat (*VT*, *Q2*). ➔ S. 190

4 Erkläre, warum die Briefmarke links Newton mit einem Apfel darstellt (*M1*, *Q3*).

5 Die modernen Naturwissenschaften beruhen auf: Berechnung – Beobachtung – Experiment. Bringe die Begriffe in die richtige Reihenfolge und begründe deine Entscheidung.

6 Früher wurde Wissen in Büchern (siehe „Wusstest du?"), heute vor allem im Internet gesammelt, z. B. bei „Wikipedia". Informiere dich darüber, wie „Wikipedia" entstand und welche Vor- und Nachteile dieses Internetportal hat.

7 Mit der Aufklärung beginnt unsere moderne Zeit: Menschen können fliegen, Maschinen erledigen viele Arbeiten und Krankheiten können bekämpft werden. Suche aus der Tabelle *M2* die Erfindungen heraus, die genau dafür den Anstoß gegeben haben.

8 Berichte über Erfindungen aus neuerer Zeit zu den Bereichen Technik und Medizin.

* „meditieren" meint hier „nachdenken"

Hintergrundinformationen zur Aufklärung findest du unter Mediencode 30023-01

Wie funktioniert ein „aufgeklärter" Staat?

M 1 Landung auf der Insel

Ein Gedankenexperiment

Ein Kreuzfahrtschiff läuft auf ein Riff auf und sinkt. Alle 158 Passagiere, die aus allen Teilen der Welt stammen, können mit viel Glück schwimmend eine einsame, unbewohnte Insel erreichen. Sie haben keine technischen Geräte zur Verfügung.

Die Insel hat eine Trinkwasserquelle, überall lassen sich essbare Früchte finden und Jagdtiere gibt es ebenfalls viele. Damit können die Gestrandeten auf der Insel problemlos über Jahre hinweg überleben.

Nachdem ein Jahr lang kein anderes Schiff auftaucht und das Meer um die Insel herum viel zu unruhig ist, um mit einem Floß oder selbstgebauten Schiff zu entkommen, geben sie die Hoffnung auf, gerettet zu werden. Das macht ihnen aber gar nicht so viel aus, da sie mittlerweile gerne auf dieser paradiesischen Insel leben.

Der neu gegründete Inselstaat funktioniert zu Beginn ganz gut. Einige gründen sogar neue Familien und bekommen Kinder.

Mit der Zeit kommt es allerdings auch zu Streitigkeiten, Neid und Habgier. Diebstähle und Gewalttätigkeiten stören immer mehr den friedlichen Alltag der Bewohner. Als die Zustände immer unerträglicher werden, treffen sich die gesamten Bewohner der Insel, um über die Lage zu beraten und eine Lösung zu finden.

*Verfassung
Sie ist ein Gesetzeswerk, in dem alle politischen Rechte und Pflichten der Regierung und der Staatsbürger festgelegt sind.

⚠ **Volkssouveränität**
Die Macht/Staatsgewalt geht vom Volke aus.

⚠ **Gewaltenteilung**
Die Staatsgewalt ist nicht bei einer Person, sondern wird auf unterschiedliche staatliche Einrichtungen verteilt. Das soll Machtmissbrauch verhindern und den Staat verbessern. Es gibt die Legislative (gesetzgebende Gewalt), Judikative (richterliche Gewalt) und Exekutive (ausführende Gewalt).

Die Forderungen aufgeklärter Bürger

Die Bürger hatten in den letzten Jahrhunderten durch ihren wirtschaftlichen Aufstieg und ihre große Bildung an Selbstbewusstsein gewonnen. In der absolutistischen Gesellschaft hatten sie aber nahezu keinen politischen Einfluss oder politische Rechte. Deshalb verbreiteten sich vor allem in dieser Schicht die Forderungen und Ideen der Aufklärer sehr schnell. Ein wichtiger Kritikpunkt war das sogenannte „Gottesgnadentum". Die Landesherren rechtfertigten damit, dass ihnen ihre Alleinherrschaft von Gott verliehen sei. Dem widersprachen die Vertreter der Aufklärung: Sie gingen davon aus, dass jeder Mensch von Natur aus ein Recht auf Freiheit und Eigentum besitzt. Aufgrund dieser Naturrechte sollten die Bürger auch in dem Staat, in dem sie leben, mitbestimmen dürfen. Dies sollte in einem „Gesellschaftsvertrag" (= Verfassung*) garantiert werden. Der Philosoph Jean-Jacques Rousseau meinte, dass ein Fürst nur herrschen dürfe, wenn das Volk einverstanden sei. Diese sogenannte **Volkssouveränität** findet sich auch beim englischen Philosophen John Locke. Er war der Ansicht, dass der Einzelne zudem das Recht habe, mit Gewalt gegen ungerechte Herrscher vorzugehen. Außerdem wollte er die Macht des Landesherrn begrenzen, um Willkürherrschaft zu verhindern. Locke schlug eine **Gewaltenteilung** im Staat vor, die später der Franzose Charles de Montesquieu weiterentwickelte. Diese Forderungen und Ideen wurden schließlich zu Vorbildern für heutige moderne Staaten.

Q1 Die Gewaltenteilung

Der Rechtsgelehrte und Schriftsteller Charles de Montesquieu schreibt 1748 in einem Werk:

Es gibt in jedem Staat drei Arten von Staatsgewalt: die gesetzgebende Gewalt [Legislative], die vollziehende Gewalt [Exekutive] und die richterliche Gewalt [Judikative].

Aufgrund der ersteren schafft der Herrscher Gesetze auf Zeit oder für die Dauer, ändert geltende Gesetze oder schafft sie ab. Aufgrund der zweiten stiftet er Frieden oder Krieg, sendet oder empfängt Botschaften, stellt die Sicherheit her. Aufgrund der dritten bestraft er Verbrechen oder sitzt zu Gericht über die Streitfälle der Einzelpersonen [...].

Sobald in ein und derselben Person [...] die legislative Befugnis mit der exekutiven verbunden ist, gibt es keine Freiheit. Es wäre nämlich zu befürchten, dass derselbe Monarch tyrannische Gesetze erließe und dann tyrannisch durchführte. Freiheit gibt es auch nicht, wenn die richterliche Befugnis nicht von der legislativen und von der exekutiven Befugnis geschieden wird [...].

Charles de Montesquieu, Vom Geist der Gesetze. Eingel., ausgew. und übers. von Kurt Weigand, Stuttgart 1994, S. 216 f. (vereinfacht)

M2 Die Gewaltenteilung in der Bundesrepublik Deutschland

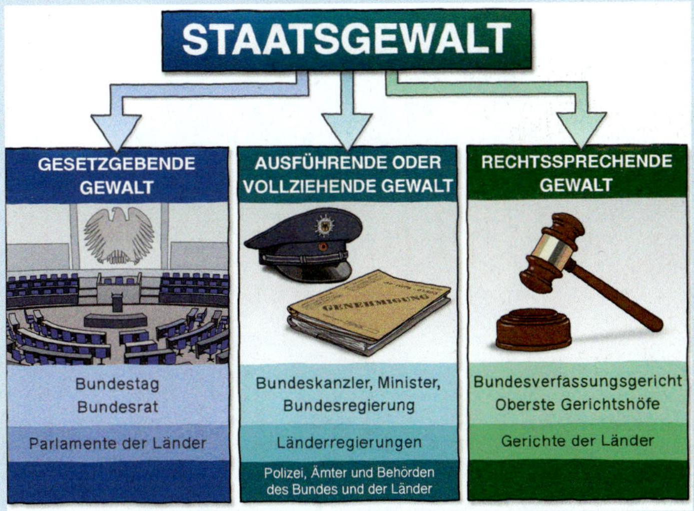

Quelle: Andreas Piehl, Lexikon in einfacher Sprache der Bundeszentrale für politische Bildung

M3 Notwehr oder nicht?

In einem Zeitungsartikel aus dem Jahr 2013 mit der Überschrift „Polizist verprügelt gefesselte Frau" schreibt Susi Wimmer:

Beamter handelt angeblich in Notwehr – der Anwalt der 23-Jährigen spricht dagegen von Notwehr.

Hat die 23-Jährige nach ihrer Festnahme in der Haftzelle der Polizeiinspektion 21 randaliert und die Beamten beleidigt, bespuckt und tätlich angegriffen oder handelt es sich um einen Übergriff der Polizeibeamten? Dies wird jetzt ein Gericht klären, nachdem sowohl die Polizei als auch der Anwalt der 23-Jährigen Anzeige beim Amtsgericht München erstattet haben.

Susi Wimmer, „Süddeutsche Zeitung", Münchner Teil, vom 7. September 2013, S. 41

1 Zum Gedankenexperiment (linke Seite oben, *M 1*): Sammelt Vorschläge zu folgenden Fragen:
   a) Wie verhaltet ihr euch bei dem Streit?
   b) Wie kann das Zusammenleben auf der Insel gut organisiert werden?

2 Stelle dar, was die Aufklärer unter „Gewaltenteilung" verstehen (*VT*, *Q 1*), und erkläre, wie in unserem Staat die Gewaltenteilung umgesetzt wird (*M 2*).

3 Begründe, warum *M 3* ein Beispiel ist für funktionierende Gewaltenteilung in unserem Staat ist.

4 Der Sonnenkönig Ludwig XIV. soll angeblich gesagt haben: „Der Staat bin ich." Widersprich ihm, indem du die Argumente der Aufklärer verwendest (*VT*, *Q 1*, *M 2*). ➔ S. 190

5 Vergleiche die Vorschläge des Gedankenexperiments (*M 1*) mit den Ideen der Aufklärung: Wie könnte die „Gewaltenteilung" auf eurer Insel aussehen?

Die USA – der Weg in die Unabhängigkeit

M1 Morgenritual in US-Schulen

In vielen US-amerikanischen Schulen schwören die Schülerinnen und Schüler vor dem Unterricht einen Treueeid auf die amerikanische Fahne: „Ich schwöre Treue auf die Fahne der Vereinigten Staaten von Amerika und die Republik, für die sie steht, eine Nation unter Gott, unteilbar, mit Freiheit und Gerechtigkeit für alle."

M2 Gründerstaaten

Die Karte zeigt, welche Gebiete sich 1776 von Großbritannien lossagten und welche Gebiete später von diesen Kolonien aus besiedelt wurden.

Parlament
Versammlung von Abgeordneten, die das Volk politisch vertreten

Menschenrechte
Rechte und Freiheiten, die alle Menschen von Natur aus haben

Nation
Der Begriff wird seit dem 18. Jh. für eine Gruppe von Menschen mit gleicher Abstammung, Geschichte, Sprache und Kultur oder mit einem gemeinsamen Staat verwendet.

Englische Kolonien wollen die Unabhängigkeit

Erst im 17. Jh. besiedelten Europäer Nordamerika. Die Engländer setzten sich dabei an der Ostküste durch und gründeten dort 13 Kolonien. Dieses Gebiet wird heute noch „Neuengland" genannt. Berühmt geworden ist die Landung der sogenannten Pilgrims mit ihrem Schiff „Mayflower" im Jahre 1620. Die Auswanderer verließen vor allem aus religiösen Gründen ihre Heimat, weil sie dort ihren Glauben nicht mehr frei ausüben durften. Bald folgten immer mehr Auswanderer, die sich dort ein besseres Leben und mehr persönliche Freiheiten erhofften und oft auch fanden. Trotzdem waren sie immer noch Untertanen der englischen Krone. Als der englische König neue Steuern und Zölle für die Kolonien beschloss, wollten die Kolonisten dies nicht länger akzeptieren. 1775 brach ein Krieg aus, der als amerikanischer Unabhängigkeitskrieg in die Geschichte einging. Oberbefehlshaber der Kolonisten wurde der Tabakplantagenbesitzer George Washington.

Die Entstehung einer neuen Nation

Noch bevor der Unabhängigkeitskrieg im Jahre 1783 beendet wurde, trennten sich die Kolonisten am 4. Juli 1776 mit der Unabhängigkeitserklärung (Declaration of Independence) vom Mutterland ab und gründeten später einen eigenen Staat: die United Staates of America (Vereinigte Staaten von Amerika), kurz USA genannt. Ihr erster Präsident wurde George Washington. Dessen Befugnisse wurden 1787 in einer Bundesverfassung festgelegt: Die USA waren jetzt eine demokratische Republik mit einem **Parlament** und einem gewählten Präsidenten. Zwei Jahre später fügte man die Bürger- und **Menschenrechte** in die Verfassung ein. Somit war eine neue, selbstbewusste **Nation** entstanden, die einige Ideen der Aufklärer – wie die Volkssouveränität und Gewaltenteilung – umgesetzt hatte.

Wusstest du?

Vor dem Unabhängigkeitskrieg kam es 1773 zur berühmten „Boston Tea Party", bei der englische Kolonisten, als „indianische" Ureinwohner verkleidet, eine große Teeladung im Hafen von Boston versenkten, um gegen die englischen Zölle für Teeimporte zu protestieren. Ihr Protestruf lautete: „No taxation without representation!"

M3 Die britische Handelspolitik gegenüber den Kolonien

Hier eine Auswahl an Gesetzen, mit denen Großbritannien den Handel der Kolonien einschränkte:

1651	Nur britische Schiffe dürfen Waren zwischen den Kolonien und den britischen Insel befördern.
1660	Die Kolonien dürfen bestimmte Waren (z. B. Zucker, Tabak und Baumwolle) nur nach Großbritannien ausführen.
1699	Die Kolonien dürfen keine Wolle exportieren.
1750	Die Kolonien dürfen kein Eisen herstellen.
1765	Steuer für Druckerzeugnisse und Dokumente
1766	Importsteuer auf Tee, Papier, Glas, Blei und Farbe

Q1 Die Unabhängigkeitserklärung der USA

Am 4. Juli 1776 verkünden die 13 englischen Kolonien ihre Unabhängigkeit:

Folgende Wahrheiten halten wir für selbstverständlich: dass alle Menschen gleich geschaffen sind; dass sie von ihrem Schöpfer mit gewissen unveräußerlichen Rechten ausgestattet sind; dass dazu Leben, Freiheit und das Streben nach Glück gehören; dass zur Sicherung dieser Rechte Regierungen unter den Menschen eingesetzt werden, die ihre rechtmäßige Macht aus der Zustimmung der Regierten herleiten; dass, wann immer irgendeine Regierungsform sich als diesen Zielen abträglich erweist, es Recht des Volkes ist, sie zu ändern oder abzuschaffen und eine neue Regierung einzusetzen und diese auf solchen Grundsätzen aufzubauen und ihre Gewalten in der Form zu organisieren, wie es ihn zur Gewährleistung seiner Sicherheit und seines Glückes geboten zu sein scheint [...].

Willi Paul Adams und Angela Meurer Adams (Hrsg.), Die Amerikanische Revolution in Augenzeugenberichten, München 1977, S. 262 ff. (gekürzt und vereinfacht)

M4 Demonstration in Katalonien (2018)

Menschen aus Katalonien, einem Gebiet im Nordosten Spaniens, fordern „Independencia" – einen eigenen, unabhängigen Staat.

Q2 Eine „neue Art Mensch"

Ein US-amerikanischer Farmer berichtet 1782:

Was ist eigentlich ein Amerikaner, die neue Art Mensch? Er ist kein Europäer und auch nicht Nachkomme eines Europäers. Er ist eine seltsame Mischung, die es sonst nirgendwo gibt. Ich kenne einen Mann, dessen Großvater Engländer war, seine Frau Holländerin, sein Sohn heiratete eine Französin. Er ist ein Amerikaner.

Hier hält der Lohn Schritt mit der aufgewendeten Mühe. [...] Frauen und Kinder, die früher vergeblich um ein Stück Brot anbettelten, sind nun gut ernährt und helfen jetzt fröhlich bei der Bestellung der Felder. Die üppigen Ernten machen alle satt und kein tyrannischer Fürst [wie in Europa], kein reicher Abt, kein mächtiger Herr fordert seinen Anteil.

Nach: Fritz Wagner, USA. Geburt und Aufstieg der neuen Welt. Geschichte in Zeitdokumenten 1607–1865, München 1947, S. 99

1 Fasse die Gründe zusammen, warum viele Europäer nach Nordamerika auswanderten (*VT*, *Q 2*).

2 Erkläre, weshalb sich die englischen Kolonien vom Mutterland loslösten (*VT*, *Q 1*, *Q 2*).

3 Überprüfe, welche Ideen der Aufklärung bei der Gründung der USA eine Rolle spielten (*VT*, *Q 1*). → S. 190

4 Beschreibe, wie das „Morgenritual" in US-Schulen (*M 1*) auf dich wirkt. Erkläre, warum dies durchgeführt wird.

5 Recherchiert, warum die Katalonier unabhängig werden wollen (*M 4*), und vergleicht dies mit den Beweggründen der Menschen im Unabhängigkeitskampf der USA.

Wem gehört der amerikanische Kontinent?

M1 Offizielle Karte der Indianerreservate 1906

Die rot eingezeichneten Gebiete markieren die Reservate, die den Ureinwohnern noch verblieben waren. Die ockerfarbenen Linien stellen die Grenzen der US-Bundesstaaten dar.

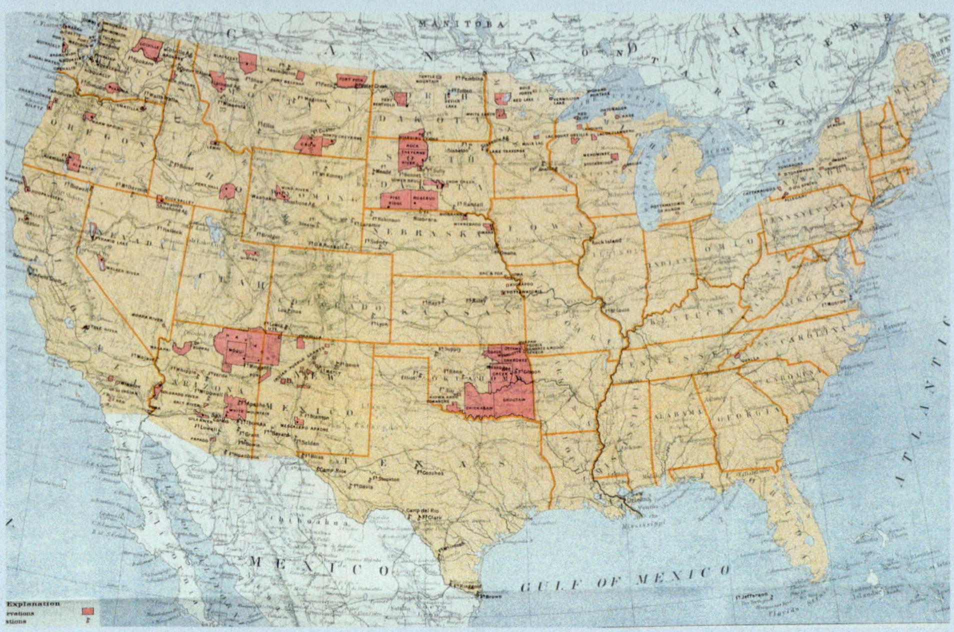

*Assimilierung
Darunter versteht man die Angleichung der Lebensweise, in diesem Fall an die der europäischen Siedler. Sie sollten dabei ihre eigene Kultur aufgeben.

Das Verhältnis der First Nations und der europäischen Siedler

Das Zusammentreffen der ersten englischen Siedler mit den „First Nations", also den „indianischen" Ureinwohnern, verlief zu Beginn des 17. Jh. meist friedlich. Die „indianischen" Stämme unterstützten sogar oft die europäischen Einwanderer mit Lebensmitteln und berieten sie beim Ackerbau. Vermehrte Konflikte entstanden erst, als immer mehr Europäer kamen, ausgelöst vor allem durch die Gründung der USA. Denn die Siedler benötigten immer mehr Land und die Grenze des US-Staates wurde stetig in den Westen verschoben. Die Amerikaner hielten das für eine gottgefällige Tat. Denn sie seien den „Wilden" moralisch überlegen. Dies hatte zur Folge, dass die US-Regierung beschloss, gegen die Urbevölkerung vorzugehen. Die darauffolgenden Maßnahmen im Laufe des 19. Jh. reichten von Vertreibungen, Ermordung ganzer Stämme bis hin zu Zwangsumsiedlungen in sogenannte Reservate. Auch Assimilierungsversuche* gab es. Während der Besiedlungsphase des nordamerikanischen Kontinents durch die USA wurden die Ureinwohner als „Fremdkörper" betrachtet; sie galten nicht als Mitglied der US-Nation und hatten deshalb (fast) keine Rechte. Erst am 2. Juni 1924 erhielten die First Nations die US-amerikanische Staatsbürgerschaft.

Q1 US-Präsident Coolidge mit Vertretern der „Osage-Indianer"
Foto vom 2. Juni 1924

Historische Narrationen
Geschichtliche Ereignisse oder historische Personen werden durch Erzählungen (lat. „Narrationen“) für uns lebendig. Diese können von Zeitzeugen stammen, dann spricht man von Quellen. Es kann sich aber auch um Darstellungen von Historikern/-innen oder Schriftstellern/-innen aus späterer Zeit handeln. Diese beruhen auf der Auswertung von Quellen. Dabei kann man zu unterschiedlichen Ergebnissen kommen. Denn jeder Verfasser hat seine eigene Sichtweise (Perspektive), verursacht z. B. durch unterschiedliche Lebenszeiten, andere Kenntnisse oder Wertvorstellungen. In der Geschichtswissenschaft spricht man hier von einer Multiperspektivität (lat. multi = viele).

Q2 Rechtfertigung

In der US-amerikanischen Zeitschrift „Freeman's Journal“ wurde 1782 ein Artikel veröffentlicht, der sich mit der Besiedlung des amerikanischen Kontinents befasst. Er bezieht sich auf die Ansichten des Aufklärers John Locke, dass nur derjenige das Eigentumsrecht auf Grund und Boden hat, der diesen auch bewirtschaftet.

Wenn eine Familie, eine Nation oder ein Volk in irgendeinen Teil des Globus auswandert, [haben] diese Menschen iure divino (= das göttliche Recht), so viel von dem ungenutzten Boden zu bestellen, als für ihren Unterhalt nötig ist. [...] Nationen, die sich nicht zu politischen Körperschaften zusammengeschlossen haben, besitzen den Boden in ihrer Umgebung ebenso wenig wie die Luft, von der sie umgeben sind. [...] Deshalb haben] die Indianer in Amerika, die keine politischen Körperschaften (= Staaten) gebildet haben [und] über den Boden gewandert sind, ohne ihn bestellt zu haben, niemals ein Anrecht auf das Land.

Nach: Ben Kiernan, Erde und Blut. Völkermord und Vernichtung von der Antike bis heute, München 2009, S. 411 (übersetzt von Udo Rennert)

M2 Wie nennt man die Ureinwohner Nordamerikas?

Mit dieser Frage setzt sich der Historiker Alexander Emmerich 2012 auseinander:

Als Christoph Kolumbus 1492 in Amerika landete, hatte er eigentlich beabsichtigt, einen neuen Seeweg über den Atlantik nach Indien zu entdecken. [...] Die Menschen, auf die er in der neuen Welt traf, nannte er spanisch *indios*. Dieser Begriff ist wie das englische *indians* heute negativ belegt. [...] Der Begriff ist zudem eine Fremdbezeichnung, die sich die Menschen Nordamerikas nie selbst gegeben haben, und die viele – aber nicht alle Stämme – selbst auch nie verwenden würden. [...] Die moderne Kultur- und Sozialwissenschaft hat Formulierungen wie *Native Americans*, *First Nations* oder *Indigenous Peoples of the Americas* eingeführt. Ihre Vielfalt drückt sich vor allem darin aus, dass sie verschiedene Sprachen und Religionen besitzen und ihre Lebensweise immer an die jeweiligen, sehr unterschiedlichen klimatischen Verhältnisse Nordamerikas angepasst haben. Die einzelnen Stämme handelten miteinander, führten Kriege und schlossen Bündnisse.

Alexander Emmerich, Die Indianer Nordamerikas. Geschichte. Kultur. Mythos, Stuttgart 2011, S. 8 ff.

Q3 Rede des Häuptlings Hinmaton-Yalatkit

Die Nez Percé-„Indianer“ wollten der Zwangseinweisung in ein Reservat entgehen. Als sie jedoch nach langer Flucht eingeholt und gefangenengenommen wurden, hält ihr Häuptling vor den US-Soldaten folgende Rede:

Wenn ich an unsere Lebensbedingungen denke, dann wird mein Herz schwer. Ich sehe mein Volk behandelt wie Gesetzlose, die von Land zu Land gejagt oder wie Tiere abgeschossen werden. Ich weiß, meine Rasse muss sich ändern. So wie wir sind, können wir mit den Weißen nicht leben. Wir bitten darum, wie Menschen zu leben. Wir bitten darum, dass gleiches Recht für alle Menschen gleichermaßen gilt.

Charles Hamilton, „Cry Of The Thunderbird“ – The American Indian's Own Story, New York 1957, zitiert nach: Heinz Röhr, The English Companion 5, Frankfurt/Main 1971, S. 20 (übersetzt von Kurt Schröder)

1 Erkläre, was man unter dem Begriff „First Nations“ versteht und wieso diese Bezeichnung umstritten ist (*VT*, *Q 1*, *M 2*).

2 Fasse zusammen, wie sich die US-Regierung gegenüber den First Nations verhalten hat und wie sie dies begründet. (*VT*, *Q 2*, *M 1*).

3 Unterstütze die Forderungen des Häuptlings Hinmaton-Yalatkit (*Q 3*) mithilfe der Bestimmungen der Unabhängigkeitserklärung (siehe S. 19).

4 Schlüpfe in die Rolle eines Ureinwohners, der 1924 für die US-amerikanische Staatsbürgerschaft kämpft (*Q 1*). Verfasse einen Brief an den (damaligen) US-Präsidenten Calvin Coolidge, indem du dein Anliegen begründest.

Der französische Absolutismus in der Krise

Q1 Darstellungen der Stände in Frankreich

Die beiden Flugblätter* von 1789, auf denen die Bilder abgebildet waren, wurden in Frankreich weit verbreitet.
Auf dem linken Bild trägt ein Bauer Vertreter der beiden ersten Stände, einen weltlichen Adligen und einen Geistlichen. Auf den Zetteln steht: Salz- und Tabaksteuern, Grundsteuer, Zehnt, Frondienst, Militärdienst. Unten fressen Vögel und Hasen die Feldfrüchte vom Acker.
Auf dem rechten Bild trägt eine Bäuerin eine Äbtissin (Vorsteherin eines Nonnenklosters) und eine Adlige.

Die Krise des Absolutismus

Auch Ludwig XVI., der seit 1774 französischer König war, setzte die absolutistische Herrschaft und das luxuriöse Hofleben seiner Vorgänger fort. Dadurch erhöhte sich der Schuldenberg des Staates, den er bereits geerbt hatte, weiter. Auch die Not und die Unzufriedenheit in der Bevölkerung wuchsen. 1788 und 1789 führten Missernten zu großen Hungersnöten und ließen die Nahrungsmittelpreise immens steigen. Immer weniger Menschen konnten sich das Nötigste zum Leben leisten und mussten weiterhin hohe Abgaben aufbringen.
Um einen Staatsbankrott* zu verhindern, wollte Ludwig XVI. eine neue Steuerverteilung einführen. Dieser Idee widersetzten sich jedoch Adel und Klerus (Geistliche).

Die Forderungen des Dritten Standes

Schon seit Jahrhunderten war die französische Gesellschaft in die drei (General-)Stände aufgeteilt, die aber sehr unterschiedliche Rechte und Pflichten hatten. Während der Erste und Zweite Stand (Klerus/Geistliche und weltlicher Adel) nahezu keine Steuern zahlten und viele Privilegien* hatten, trug der Dritte Stand – u. a. Stadtbürger und Bauern – fast die ganze Steuerlast. Außerdem besaßen der Erste und Zweite Stand den weitaus größten Besitz im Land.
Der König wusste, dass eine erneute Erhöhung der Steuern zu großem Unmut im Dritten Stand führen würde. Deshalb wollte er nun auch den Ersten und Zweiten Stand besteuern. Das lehnten aber wiederum die beiden ersten Stände ab und forderten eine Generalständeversammlung, die traditionellerweise Steuern bewilligte. Ludwig XVI. wollte zwar weiter allein regieren, willigte aber schließlich doch ein und rief die Vertreter der drei Stände für den 5. Mai 1789 zu sich nach Versailles.
Die Abgeordneten des Dritten Standes fürchteten jedoch, dass die beiden anderen Stände eine Neubesteuerung verhindern würden. Deshalb sammelten sie im ganzen Land Beschwerdebriefe der Bevölkerung, um dem König die Not und das Elend der Menschen zu verdeutlichen. Außerdem waren sie großenteils Anhänger der Aufklärung und forderten ein politisches Mitspracherecht. Angeheizt wurde die Stimmung durch die Ereignisse in Nordamerika, wo ein demokratischer Staat mit garantierten Menschenrechten entstanden war.

***Flugblätter**
Das sind (oft bedruckte) Handzettel, die man schnell verteilen kann. Heute nennt man sie meist „Flyer“.

***Staatsbankrott**
Das ist der finanzielle Zusammenbruch eines Staates. Die Regierung wird dadurch zahlungsunfähig.

***Privilegien**
Vorrechte bzw. Sonderrechte. Beispielsweise hatten nur die beiden ersten Stände das Jagd- und Fischereirecht.

M 1 Die französische Staatskasse im Jahre 1788

Alle Angaben in Mio. Livres* (französische Währung vom 9. bis 18. Jh.)

Die Zahlen basieren auf: Albert Soboul, Die Große Französische Revolution, Ein Abriss ihrer Geschichte, Frankfurt/Main 1983, S. 75

M 2 Beschwerdebriefe

In ganz Frankreich schrieben die Menschen Briefe, in denen sie sich über ihre Lage beschwerten und bessere Lebensbedingungen forderten. Ihre Abgeordneten des Dritten Standes sollten diese Beschwerdebriefe Ludwig XVI. bei der Generalständeversammlung vortragen. Die folgenden Briefe wurden auf der Grundlage von Quellen neu formuliert:

Aus dem Brief eines Bauern:
Immer wieder fressen uns Wildtiere und Tauben die Ernte auf unserem Feld weg und wir müssen hungern. Als deshalb mein Sohn im letzten Sommer ein Kaninchen erschlug, wurde er zum Tode verurteilt.

Aus dem Brief eines Dorfschmiedes:
Diese unverschämten königlichen Minister dürfen keine Straffreiheit haben! Vor zwei Jahren kam ein übellauniger Minister in unser Dorf und verlangte, dass ich ihm kostenlos neue Hufe für seine Jagdpferde anfertigen solle, ansonsten würde er meine Schmiede zerstören lassen. Ich fordere ein Gerichtsverfahren gegen pflichtvergessene Minister durch eine Volksvertretung!

Aus dem Brief eines Stadtbürgers:
Warum müssen wir die ganze Steuerlast allein tragen? Es gibt so viele Sondersteuern und Abgaben an den Adel und die Geistlichen, ohne dass sie darauf achten, ob man diese überhaupt bezahlen kann. Mein Nachbar musste sogar Schulden machen, weil er die Straßensteuer nicht mehr zahlen konnte. So geht es nicht weiter: Weg mit den Sondersteuern! Auch der 1. und 2. Stand müssen Steuern zahlen!

Aus dem Brief einer Bäuerin:
Letztes Jahr mussten wir 100 Tage lang auf den Feldern unseres Grundherrn arbeiten und 79 Tage beim Bau des königlichen Jagdschlosses mithelfen. So kann es nicht weitergehen! Wir haben gar keine Zeit mehr für unsere eigenen Äcker!

1 Untersuche die beiden Zeichnungen (*Q 1*), indem du die abgebildeten Personen beschreibst.

2 Erläutere mithilfe der Staatsausgaben (*M 1*), warum der französische Staat 1788 kurz vor dem Bankrott stand.

3 Begründe, warum es dem französischen König schwerfiel, die Ausgaben zu verringern (*VT*, *M 1*).

4 Arbeite aus dem Verfassertext heraus, warum der französische König nicht einfach die Steuern erhöhen konnte.

5 Zähle die Probleme auf, die der Dritte Stand hatte, und fasse die Forderungen zusammen (*M 2*).

6 Erläutere, welche Missstände die Künstler mit den beiden Flugblättern kritisierten (*Q 1*).

7 Gestalte ein Plakat, auf dem alle Ursachen für die Krise stehen, in der sich der französische Staat befand.

Methode

Schaubilder erstellen

Was sind Schaubilder?

Schaubilder sind schematische Darstellungen, die das Verstehen geschichtlicher Zusammenhänge erleichtern. Sie können zum Beispiel Machtverhältnisse, Verfassungen, Entwicklungen oder verschiedene Teile eines Ganzen anschaulich machen. Mithilfe von Bildern, einfachen Zeichnungen und Symbolen versteht man historische Abläufe, Beziehungen und Zuordnungen leichter als mit ausführlichen und komplizierten Texten. Schaubilder eignen sich z. B. für die Vorbereitung und Präsentation von Referaten, da sie den Zuhörern sogar komplexe Zusammenhänge „auf einen Blick" zeigen.

Schaubilder bestehen aus

- geometrischen Formen;
- Symbolen, wie z. B. Pfeilen, die Verbindungen und Zusammenhänge erklären;
- einzelnen Wörtern, Begriffen und kurzen Texten. Sie geben notwendige Informationen.

Hier einige Beispiele für grafische Elemente:

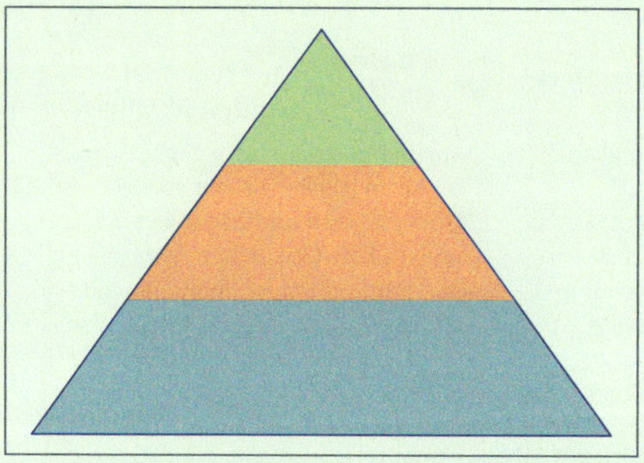

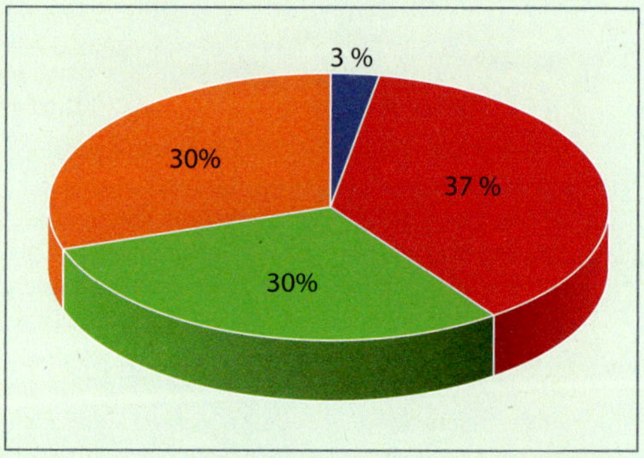

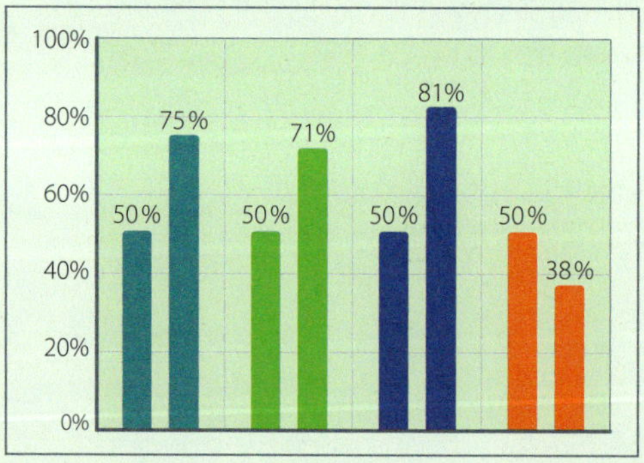

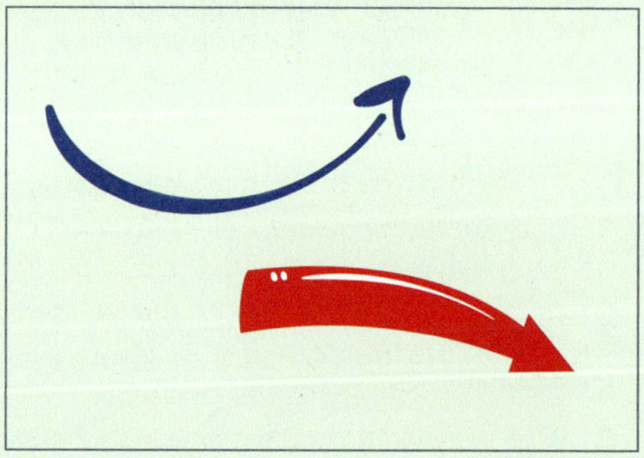

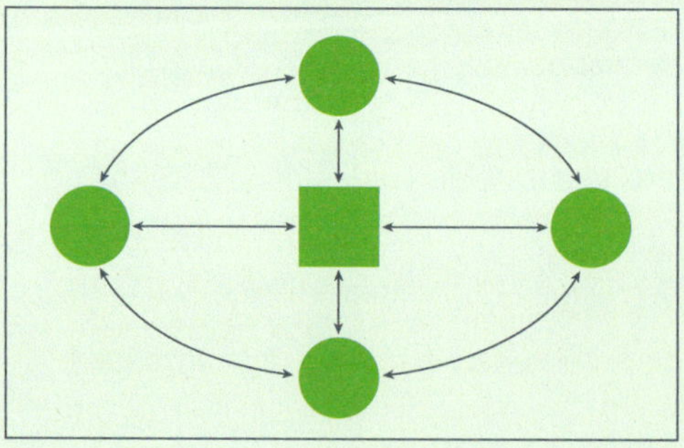

Es kann sinnvoll sein, in Schaubildern mehrere Farben zu verwenden.

Beispiele für Schaubilder findest du auf den Seiten 12, 23 (*M 1*) und 107.

Wie stelle ich die Ständegesellschaft in Frankreich dar?

Auf der vorherigen Doppelseite wurde die Ständegesellschaft in Frankreich während des Absolutismus behandelt. Sie kann auf unterschiedliche Weise als Schaubild dargestellt werden, je nachdem was besonders wichtig scheint. Wie du dabei vorgehen kannst, erfährst du in dem Dreischritt unten.

Hier einige wichtige Informationen zur Ständegesellschaft in Frankreich:

- Unter dem absolutistischen König gab es drei Stände: Klerus (Geistliche), Adel und Dritter Stand (u. a. Bürger und Bauern).
- Die beiden ersten Stände hatten Vorrechte. So mussten sie kaum Steuern zahlen. Bestimmte Ämter im Staat und im Militär (z. B. Offiziere im Heer; hohe Beamte) bekamen nur Mitglieder dieser Stände.
- Der Erste Stand (Klerus) umfasste ca. 130 000 Personen (0,47 % der Gesamtbevölkerung), der Adel ca. 35 000 (1,25 %) und der Dritte Stand ca. 27,45 Mio. (98,28 %).

Weitere Informationen kannst du der vorherigen Doppelseite mit dem Methodenzeichen oben rechts entnehmen.

Recherchieren

Sammle alle wichtigen Informationen.
- Überlege dir zunächst, was du mit deinem Schema darstellen willst bzw. welche Fragestellung du hast.
- Wähle Texte, Materialien und Quellen aus, die zu deinem Thema passen.
- Lies dir die Texte durch und schreibe alles heraus, was wichtig für deine Fragestellung ist.
- Arbeite aus den vorhandenen Materialien und Quellen wichtige Informationen heraus und schreibe sie auf.

Planen

Lege die Zusammenhänge des Themas fest.
- Begrenze die Auswahl deiner Informationen: Welche Schlüsselbegriffe sollten unbedingt enthalten sein? Welche weiteren Informationen sind sinnvoll?
- Überlege dir die Grundstruktur deines Schaubildes.

Gestalten

Fertige dein Schaubild an und überprüfe seine Lesbarkeit.
- Erstelle mithilfe der Schlüsselbegriffe und der ausgewählten Grundstruktur dein Schaubild.
- Achte auf klare Pfeilzuordnungen, Symbole und knappe Erklärungen.
- Überprüfe die Lesbarkeit deines Schaubildes, indem du es einem Schulfreund bzw. einer Schulfreundin zeigst. Wenn er/sie dir das Schaubild verständlich erklären kann, ist es gelungen.

Der Beginn der Französischen Revolution

Q 1 Der Ballhaus-Schwur im Jahre 1789
Zeichnung von Jacques-Louis David (1791)

Die Zeichnung gibt nicht den tatsächlichen Verlauf der Versammlung wieder. So beobachtete zum Beispiel das Volk nicht das Ereignis von den Fenstern aus. Auch die Szene im Vordergrund mit einem Mönch, einem katholischen Priester und einem protestantischen Pfarrer ist erfunden. Im Zentrum hebt der Präsident der Nationalversammlung die Hand zum Schwur.

Weitere Hinweise zum Aufbau des Bildes „Der Ballhaus-Schwur" findest du unter Mediencode 30023-02

⚠ Bürgertum
Seit dem Mittelalter verstand man unter dem Begriff „Bürger" die freien Einwohner einer Stadt, die das Bürgerrecht besaßen. Im Verlauf der Französischen Revolution veränderte sich dies aber und der Begriff umfasste nun alle Mitglieder einer Nation.

*** Revolution**
Dies ist eine gewaltsame und grundlegende Veränderung bestehender politischer und gesellschaftlicher Verhältnisse.

Die Ausrufung der Nationalversammlung

Am 5. Mai 1789 versammelten sich die Vertreter der Generalstände in Versailles. Wie üblich sollte jeder Stand nur eine Stimme haben. Dagegen protestierten die Abgeordneten des Dritten Standes (ca. 600 Vertreter). Denn die beiden anderen Stände (jeweils ca. 300 Vertreter), die auch in Zukunft keine Steuern zahlen wollten, konnten sie so ja einfach überstimmen. Deshalb forderten sie eine Abstimmung „nach Köpfen". Daraufhin kam es zu heftigen Diskussionen und König Ludwig XVI. ließ verärgert den Tagungsraum des Dritten Standes schließen.
Die Abgeordneten wichen aber in das „Ballhaus", eine nahegelegene Sporthalle, aus. Dort erklärten sie sich am 17. Juni 1789 zur „Nationalversammlung". Das heißt, sie verstanden sich nicht mehr als Abgeordnete eines Standes, sondern als Vertreter des ganzen französischen Volkes. Im sogenannten „Ballhaus-Schwur" legten sie den Eid ab, eine Verfassung zu erarbeiten, in der die Rechte und Pflichten aller **Bürger** der französischen Nation – und damit auch des Königs – festgelegt werden sollten. Außerdem riefen sie die Vertreter der anderen Stände dazu auf, sich ihnen anzuschließen. Kurze Zeit später vereinigte sich mit Erlaubnis des Königs die Mehrheit der (ehemaligen) Ständevertreter zu einer verfassunggebenden Nationalversammlung.

Aufstände in Paris und auf dem Land

Trotz anfänglicher Zugeständnisse des Königs kam es wegen der schlechten Versorgung der Bevölkerung zu Unruhen im ganzen Land. Als Ludwig XVI. seine Truppen vor Paris zusammenziehen ließ, befürchteten viele, der König wolle mit Gewalt seine Macht zurückholen. Die Einwohner der Stadt plünderten königliche Waffenkammern, um sich wehren zu können. Am 14. Juli 1789 eroberten schließlich ca. 950 Menschen die verhasste Bastille. Diese war ein Gefängnis für politische Gefangene und galt als das Symbol für die willkürliche absolutistische Herrschaft. Die Aufständischen befreiten die sieben inhaftierten Gefangenen. Der Kommandant und zwei weitere Soldaten wurden geköpft und ihre Köpfe im Triumph durch die Straßen getragen. Der Sturm auf die Bastille 1789 gilt als der Beginn der Französischen Revolution.
Danach übernahmen die Pariser Bürger selbst die Stadtverwaltung und gründeten zum Schutz eine Bürgerwehr, die Nationalgarde. Die Revolution* breitete sich schließlich in Windeseile überall in Frankreich aus: Einfache Menschen bewaffneten sich, plünderten Klöster und Schlösser und richteten eigene Bürgerverwaltungen ein.

M 1 Die Erstürmung der Bastille am 14. Juli 1789

Kolorierter Kupferstich von Paul Jakob Laminit

Das Bild gibt nicht genau die historische Wahrheit wieder. Denn die Wachmannschaft der Bastille war nur schwach besetzt. Deshalb konnte die Bastille schnell erobert werden.

Q 2 Was ist der Dritte Stand?

Der Geistliche Emmanuel Joseph Sieyès verfasst 1788 folgende Forderungen, die sich innerhalb kürzester Zeit in ganz Frankreich verbreiteten:

Wir haben uns drei Fragen vorzulegen:
1. Was ist der Dritte Stand? ALLES.
2. Was ist er bis jetzt in der politischen Ordnung gewesen? NICHTS.
3. Was verlangt er? ETWAS ZU SEIN. [...]

Also, was ist der Dritte Stand? Alles. Was wäre er ohne den privilegierten Stand? Alles, aber ein freies und blühendes Alles. Nichts kann ohne ihn gehen; alles ginge unendlich besser ohne die anderen. [...]

Eberhard Schmitt und Rolf Reichardt (Hrsg.), E. J. Sieyes. Politische Schriften 1788–1790, München [2]1981, S. 119

Q 3 Kokarde

Sie wurde zum Erkennungszeichen der französischen Revolution. Sie hatte die Farben, die auch heute noch die französischen Nationalfarben sind.

1 Erkläre, warum die Abgeordneten des Dritten Standes in der Generalständeversammlung eine Abstimmung „nach Köpfen" forderten (*VT*, *Q 2*).

2 Der Ballhaus-Schwur war ein wichtiges Ereignis der Französischen Revolution. Untersuche, wie der Maler von *Q 1* dessen Bedeutung darstellt. → S. 190

3 Der Dritte Stand erklärte sich zur Nationalversammlung. Erkläre, mit welchen Argumenten ein Angehöriger des Dritten Standes dies damals begründet hätte (*VT*, *Q 2*).

4 Die Erstürmung der Bastille wurde im Nachhinein als der Beginn der Französischen Revolution bewertet. Überprüfe, ob diese Deutung auch im Gemälde des Künstlers Laminit (*M 1*) zu erkennen ist. Beachte hierbei die Definition „Revolution" auf der linken Seite.

5 Die Kokarde (*Q 3*) kombiniert zwei Farben der Stadt Paris (Blau, Rot) mit Weiß – als Symbol für das Königshaus. Diskutiert, was dadurch die Kokarde bedeuten könnte. → S. 190

6 Zeige auf, dass der französische König Ludwig XVI. innerhalb kurzer Zeit erheblich an Macht verloren hat (*VT*, *Q 3*).

„Freiheit, Gleichheit, Brüderlichkeit“

Q1 1-Euro-Münze aus Frankreich (1999)

Die Münze zeigt einen Baum, der von einem Hexagon (= Sechseck) umrahmt wird, das die Fläche des französischen Staates symbolisiert. Die Buchstaben „RF“ stehen für „République Française“ (= Französische Republik). Um den Baum herum sieht man die Schlagworte „LIBERTÉ, ÉGALITÉ, FRATERNITÉ“ (= Freiheit, Gleichheit, Brüderlichkeit).

M1 Beschlüsse der Nationalversammlung am 4./5. August 1789

Alle Franzosen zahlen gleiche Steuern.
Die Leibeigenschaft wird aufgehoben.
Die Grundherren dürfen nicht mehr über die Bauern richten.
Auf ihrem Grund und Boden haben die Bauern Jagdrecht.
Der Kirchenzehnt wird als Geldsteuer bezahlt.
Von den Abgaben an ihren Grundherrn können sich die Bauern freikaufen.

⚠ Konstitutionelle Monarchie
Bei dieser Staatsform ist der Monarch (z. B. König) an eine Konstitution (= Verfassung) gebunden. Seine Macht ist dadurch gesetzlich begrenzt.

***Bürgerrechte**
Dies sind Rechte, die ein Staatsbürger hat (z. B. Wahlrecht).

***Tuilerien**
(sprich: Tüie-ri-en) Stadtschloss des französischen Königs in Paris

Q2 Marie Antoinette
Gemälde von 1769

Erste Maßnahmen der Nationalversammlung

Die Nationalversammlung begann sofort damit, eine Verfassung auszuarbeiten. Da es aber sehr unterschiedliche Vorstellungen dazu gab, nahm dieser Prozess einige Zeit in Anspruch. Die Abgeordneten wollten aber schon früh ein Zeichen setzen, wie der moderne, aufgeklärte Staat aussehen sollte. Deshalb verkündeten sie bereits im August 1789 die „Menschen- und Bürgerrechte*“. Diese waren von Schriften aus den Vereinigten Staaten beeinflusst und wurden später in die Verfassung aufgenommen. Des Weiteren wurden die Vorrechte des Ersten und Zweiten Standes allmählich abgeschafft.

Wusstest du?

König Ludwig XVI. war mit Marie Antoinette verheiratet. Sie stammte aus Österreich und war die Tochter von Kaiser Franz I. und Maria Theresia. Sie war beim Volk sehr unbeliebt, weil sie sich um die Not der Bevölkerung nicht gekümmert haben soll. Es gab viele Gerüchte über ihre Verschwendungssucht. Berühmt geworden ist folgender Ausspruch: Als Marie Antoinette vorgeworfen wurde, dass die Armen sich nicht einmal Brot leisten könnten, soll sie geantwortet haben: „Dann sollen sie eben Kuchen essen.“ Heute weiß man, dass sie dies vermutlich nicht gesagt hat. Dennoch zeigt die Geschichte, wie groß der Hass auf den Adel – und vor allem auf die Königin – war.

Frankreich wird konstitutionelle Monarchie

Nachdem eine Menschenmenge vor Versailles gegen die schlechte Versorgung mit Lebensmitteln heftig protestiert hatte, zog der König von Versailles nach Paris in sein Stadtschloss, die Tuilerien*. Nun hatten ihn die Revolutionäre besser unter Kontrolle.

Am 14.07.1790 – dem Jahrestag der Erstürmung der Bastille – fand ein großes Fest statt, bei dem das erste Mal die berühmten Schlagworte „Freiheit, Gleichheit, Brüderlichkeit“ formuliert wurden. Der König musste zudem einen Eid auf die Nation leisten.

Um das Zusammengehörigkeitsgefühl der Franzosen als Nation zu fördern, wurde Französisch als einzige Nationalsprache eingeführt. Der Staat wurde in 83 Départements (= Regierungsbezirke) eingeteilt, in denen einheitliche Maße und Gewichte galten. Damit bestand er nicht mehr aus den Herrschaftsgebieten einzelner Adliger. Als König Ludwig XVI. feststellte, dass er die revolutionäre Entwicklung nicht aufhalten konnte, unternahm er im Juni 1791 einen Fluchtversuch zu verbündeten Herrschern im Ausland. Er wurde aber an der Grenze erkannt und nach Paris zurückgebracht. Dort musste er dann wenig später am 13.09.1791 auf die neue Verfassung schwören. Damit war die absolute Monarchie endgültig abgeschafft und der König regierte nun an der Spitze einer **konstitutionellen Monarchie**.

Q3 Erklärung der Menschen- und Bürgerrechte

Das Ölgemälde stammt von Jean Jacques François Lebarbier. Es zeigt oben zwei Frauengestalten. Sie symbolisieren „Frankreich“ (links) und „das Gesetz“ (rechts). Dazwischen ist das Auge der Vernunft. Die beiden Schrifttafeln verweisen auf die „Zehn Gebote“ in der Bibel. Die rote Mütze steht für die Kopfbedeckung der freigelassenen römischen Sklaven. Diese „Freiheitsmütze“ wurde ein Symbol der Französischen Revolution. Der Text oben heißt übersetzt: „Erklärung der Menschen- und Bürgerrechte“; unten steht: „Von den Vertretern des französischen Volkes“.
Der übersetzte deutsche Text enthält Auszüge der insgesamt 17 Artikel.

Text nach: Ute Gerhard, Menschrechte – Frauenrechte 1789, in: Viktoria Schmidt-Linsenhoff (Hrsg), Sklavin oder Bürgerin? Französische Revolution und Neue Weiblichkeit, Frankfurt/Main 1989, S. 68 ff.

*__unveräußerliche Rechte__ Das sind unveränderbare Rechte.

Weitere Informationen zum Thema Menschenrechte bekommst du unter Mediencode 30023-03

1 Suche Gründe, warum der heutige französische Staat die abgebildete 1-Euro-Münze (*Q 1*) prägen ließ (*VT*).

2 Finde Beispiele für die Schlagworte, die dort eingeprägt sind. Erkläre, warum diese Grundsätze in einem modernen demokratischen Staat wichtig sind.

3 Arbeite aus *Q 3* heraus, welche Artikel Menschen- und welche Bürgerrechte sind.

4 Betrachte das Gemälde (*Q 3*) genau und lies dir die Erklärung dazu durch. Beantworte die Frage: Welche zwei Begründungen für die Menschen- und Bürgerrechte werden darin zum Ausdruck gebracht? Recherchiere, wo in der BRD die Menschen- und Bürgerrechte aufgeschrieben und dadurch garantiert sind.

5 Erläutere, warum die Ständegesellschaft in Frankreich abgeschafft wurde. → S. 190

6 Gerüchte wie die über Marie Antoinette („Wusstest du?“) werden heute als „Fake news“ bezeichnet. Diskutiert, wie man heute überprüfen kann, ob eine Nachricht wahr oder falsch ist.

Die Revolution radikalisiert sich

Q1 **Sansculotten**
Nach zeitgenössischen Zeichnungen

Sansculotten (franz. „ohne Culotten") nannten sich die Revolutionäre aus der Unterschicht. Damit verdeutlichten sie stolz, dass sie sich vom Adel und von Großbürgerlichen abhoben, die Culotten (franz. Kniebundhosen) trugen. Die Sansculotten förderten die Radikalisierung der Revolution.

Q2 **Adliger mit Culotten**
Gemälde von Ralph Earl (Ausschnitt)

„Die Revolution frisst ihre eigenen Kinder!"

Dieser Ausspruch stammt von einem gemäßigten Revolutionär. Er stellte mit Erschrecken fest, dass radikale Revolutionäre immer mehr Menschen töten ließen, die sich zuvor für die Abschaffung des Absolutismus eingesetzt hatten. Wie kam es dazu? Nach den anfänglichen Erfolgen der Revolution kippte allmählich die Stimmung im Land: Es gab erneut Missernten und das Leben der einfachen Bevölkerung verbesserte sich kaum. Außerdem führten absolutistische Herrscher Krieg gegen Frankreich, um König Ludwig XVI. zu helfen. Dies schürte den Hass vieler Franzosen auf Ludwig XVI. Er wurde zusammen mit seiner Familie am 10.08.1792 verhaftet.

Prozess gegen den König

Am 22.09.1792 wurde der König abgesetzt und die Republik ausgerufen. Somit endete die Monarchie. Schließlich führte das Parlament (das inzwischen Nationalkonvent* hieß) sogar einen Prozess gegen Ludwig XVI. Am 21.01.1793 wurde er hingerichtet. Neun Monate später starb auch seine Frau Marie Antoinette durch die Guillotine*. Nun übernahm eine radikale Gruppe des Konvents – der „Klub der Jakobiner" – mit seinem Anführer Robespierre die Macht. Um die ausländischen Truppen zu bekämpfen, führte er 1793 die allgemeine Wehrpflicht ein.

„Der Große Terror"

Die Jakobiner gründeten den „Wohlfahrtsausschuss", der die Revolution radikal vorantreiben wollte. Die Republik verwandelte sich in eine Diktatur der Jakobiner. In Schnellverfahren wurden wahllos Menschen durch Revolutionsgerichte verurteilt und hingerichtet. So starben in Paris innerhalb eines Jahres ca. 40 000 Menschen unter der Guillotine. Ein Großteil davon waren Menschen des Dritten Standes. Robespierre sprach stolz vom „Großen Terror". Beendet wurde dieser erst, als Robespierre selbst verhaftet und 1794 hingerichtet wurde. Im Oktober 1795 leitete ein „Direktorium" aus fünf Personen den Staat. Eine neue Verfassung führte wieder ordentliche Gerichte ein und machte das Wahlrecht vom Einkommen abhängig. Die radikalen Massen waren entmachtet.

Wusstest du?

Während der Revolution wurde ein neuer Kalender eingeführt, um die bisherige Königsherrschaft ein für alle Mal abzuschaffen. Es sollte eine neue Zeit beginnen. Deshalb wurde der 22.09.1793 zum „Tag 1 des Jahres 1".

***Nationalkonvent**
Konvent bedeutet „Versammlung".

***Guillotine**
Die Guillotine (= Fallbeil) wurde von dem Arzt Joseph Ignace Guillotine erfunden, um Hinrichtungen „menschenwürdiger" zu gestalten. Denn bei dem vorher üblichen Verfahren konnte es passieren, dass es dem Henker erst nach mehrmaligem Zuschlagen mit dem Beil gelang, den Verurteilten zu köpfen. Die Guillotine wurde zum Symbol des „großen Terrors".

Q3 Revolutionsgericht im Jahre 1793

Diese zeitgenössische Zeichnung zeigt eine Gerichtsverhandlung vor einem Revolutionstribunal aus der Zeit des „Großen Terrors".

M1 Die bedrohte Republik 1793

Gegen Frankreich hatte sich ein Bündnis mehrerer Staaten gebildet. Es wollte die Revolution in Frankreich beenden und verhindern, dass auch in ihren Staaten Revolutionen ausbrechen.

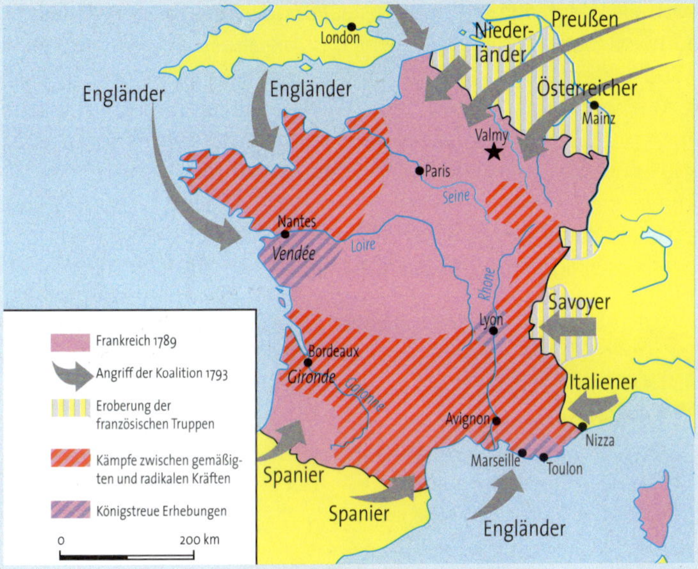

Q4 Der Henker des Henkers

Radierung eines unbekannten Künstlers, 1794

Robespierre steht auf der Verfassung und zieht am Fallbeil, während der Henker unter der Guillotine liegt. Auf der Grabpyramide steht übersetzt: „Hier ruht ganz Frankreich."

1 Erläutere, warum sich die Revolution ab 1792 immer weiter radikalisierte (*VT*).

2 Zeige anhand der zeitgenössischen Zeichnungen (*Q 1*, *Q 2*), dass Sansculotten aus der Unterschicht stammten.

3 Erkläre, warum die Sansculotten meist radikaler waren als Bürger, die Handwerker, Kaufleute oder Händler waren (*Q 1*, *VT*).

4 Beurteile, ob der Künstler (*Q 3*) das Vorgehen der Revolutionsgerichte befürwortet oder nicht. Achte hierbei besonders auf das Verhalten der Angeklagten, Richter und Wächter.

5 Zeige auf, dass es einen Zusammenhang zwischen der militärischen Bedrohung durch andere Staaten (*M 1*) und der Radikalisierung der Revolution gab.

6 Diskutiert, warum die Revolution im Jahr 1795 nicht mehr so viel Rückhalt in der Bevölkerung hatte wie vorher (*VT*).

Geschichte hört nicht auf

Die USA – Gleichheit und Freiheit für alle?

Obwohl in der amerikanischen Unabhängigkeitserklärung 1776 verkündet wurde, dass alle Menschen gleich und frei seien, sah die Wirklichkeit lange anders aus. Unter „Menschen" verstanden die Gründerväter der USA nur die weißen Männer; Frauen, amerikanische Ureinwohner und afroamerikanische Sklaven waren ausgenommen von den meisten Menschen- und Bürgerrechten.

Einen Artikel zu den Themen Rassismus und Diskriminierung in den USA heute findest du unter Mediencode 30023-04

Wieso lebten afroamerikanische Sklaven in den USA?

Zwischen 1619 und 1850 wurden ca. 400 000 Afrikaner nach Nordamerika verschleppt – zunächst in die englischen Kolonien, dann in die späteren USA. Sie mussten vor allem auf den großen Tabak-, Reis- und Baumwoll-Plantagen im Süden, den sogenannten Südstaaten, arbeiten. Mitte des 19. Jh. kam es zu einem Bürgerkrieg (1861–1865) zwischen den Nord- und Südstaaten. Hauptsächlich ging es um die (wirtschaftliche) Macht in dem immer größer werdenden Staat. Ein Streitpunkt war aber auch die Sklaverei: In den Nordstaaten gab es einige Kritiker, die für eine Abschaffung der Sklaverei waren. Abraham Lincoln, der während des Krieges US-Präsident wurde, schaffte die Sklaverei ab. Die Nordstaaten gewannen den Krieg. Das hieß aber nicht, dass die afroamerikanische Bevölkerung nun die gleichen Rechte und Freiheiten wie die Weißen bekam. Viele Jahrzehnte herrschte eine starre Rassentrennung. Mittlerweile wurden diese diskriminierenden Vorschriften und Gesetze aufgehoben. Dennoch wird die afroamerikanische Bevölkerung bis heute diskriminiert.

M1 Barack Obama
Foto von 2008

Barack Obama (*1961) war der erste US-Präsident mit afroamerikanischen Wurzeln. Er studierte Politikwissenschaften und Jura und ist seit 1992 politisch aktiv. Von 2009 bis 2017 war er der 44. US-Präsident und setzte sich vor allem für die einfache Bevölkerung ein.

Das Foto zeigt ihn auf einer Wahlkampftour. Im Hintergrund ist ein Bild von Martin Luther King zu sehen.

M2 Meilensteine auf dem Weg zur Gleichberechtigung der Afroamerikaner

1955	Weigerung der Afroamerikanerin Rosa Parks, ihren Sitzplatz im Bus für einen Weißen freizumachen ➔ Festnahme ➔ Boykotte von Bussen ➔ Verbot der Rassentrennung
1963	Rede von Martin Luther King in Washington: „I have a dream"
1964	„Civil Rights Act": Diskriminierungsverbot; Friedensnobelpreis für Martin Luther King
1965	„Voting Rights Act": Verbot der Benachteiligung von Minderheiten bei Wahlen
1967	Abschaffen des Verbots von „Mischehen"
1973	Afroamerikanische Bürgermeister in Los Angeles, Atlanta und Detroit
1986	US-Kongress: Geburtstag von M. L. King wird Nationalfeiertag
1992	Brutales Zusammenschlagen eines Afroamerikaners von vier weißen Polizisten ➔ Freisprüche durch weiße Jury ➔ Massenunruhen in Los Angeles mit 53 Toten
2006	Verbot von Mindestquoten („affirmative action") für Afroamerikaner an Schulen
2009–17	Barack Obama (afroamerikanische Wurzeln) wird der 44. US-Präsident

Nach: „He Had a Dream", in: DIE ZEIT 35 (22. August 2013) – https://www.zeit.de/2013/35/infografik-martin-luther-king. [18.07.2019]

Q1 „I have a dream" – Auszug aus der Rede von Martin Luther King am 28.08.1963

Die folgende Rede hielt er vor dem Lincoln Memorial in Washington:

Wir können nicht zufrieden sein, solange unsere Kinder durch Schilder mit der Aufschrift „Nur für Weiße" ihrer Selbstbestimmung entzogen und ihrer Würde beraubt werden. Wir können nicht zufrieden sein, solange ein Schwarzer in Mississippi nicht wählen kann, und solange ein Schwarzer in New York glaubt, dass es nichts gibt, für das er seine Stimme geben könnte. [...] Daher sage ich Euch, meine Freunde, [...] habe ich einen Traum. Es ist ein Traum, der tief verwurzelt ist in dem amerikanischen Traum [...]: „Wir halten diese Wahrheit für selbstverständlich, dass alle Menschen gleich geschaffen sind." [...] Ich habe einen Traum, dass meine vier Kinder eines Tages in einer Nation leben werden, in der sie nicht nach ihrer Hautfarbe, sondern nach dem Wert ihres Charakters beurteilt werden. Ich habe heute einen Traum!

Nach: Martin Kaufhold, Die großen Reden der Weltgeschichte, Wiesbaden [5]2010, S. 208 ff.

M3 Was wurde aus Martin Luther Kings Traum? Ein Vergleich zwischen 1963 und 2013

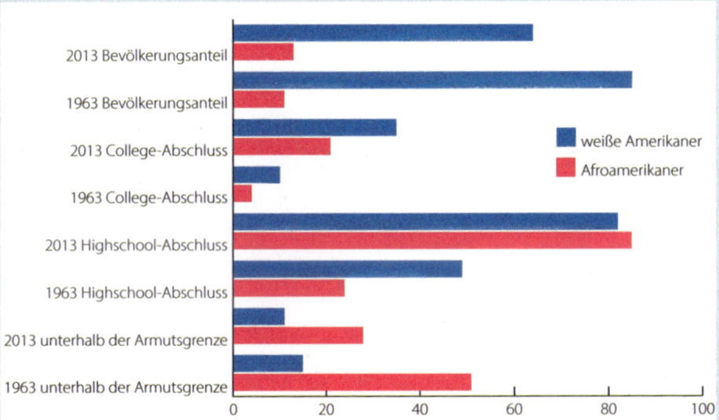

In dem Diagramm sind die Prozentzahlen angegeben.

Daten aus: https://www.bpb.de/izpb/181064/gesellschaftsstruktur-der-usa?p=all [18.07.2019]

Q2 Politisches Flugblatt von 1863

Dieses Flugblatt zeigt in der Mitte eine glückliche afroamerikanische Familie. Auf der linken Seiten werden Beispiele für die menschenunwürdige Behandlung dargestellt: ein Sklavenmarkt, das Auspeitschen einer Frau und die Brandmarkung (Einbrennen einer Nummer auf der Haut). Auf der rechten Seite sind Szenen für eine humane Behandlung abgebildet: Dunkelhäutige Kinder gehen auf öffentliche Schulen, Arbeiter erhalten ihren Lohn. Ganz unten ist US-Präsident Lincoln zu sehen, der sich gegen die Sklaverei ausgesprochen hatte. Der Begriff „emancipation" bedeutet nicht nur „Emanzipation/Gleichberechtigung", sondern auch „Freilassung".

Zur „I have a dream"-Rede von Martin Luther King siehe auch Mediencode 30023-05

1 Beschreibe, wie die afroamerikanische Bevölkerung vor dem Sklavereiverbot behandelt wurde (*VT*, *Q 2*) .

2 Erkläre, warum sich Barack Obama vor dem Bild von Martin Luther King (*M 1*) fotografieren ließ (*M 1*, *Q 2*).

3 Beurteilt, ob sich die Situation für die Afroamerikaner bis zu Obamas Präsidentschaft verbessert hat (*M 2*, *M 3*). Recherchiert auch im Internet.

4 Bewerte die Aussage des letzten Satzes des Verfassertextes („Dennoch … diskriminiert"). Berücksichtige dabei *M 3* und den Mediencode auf der linke Seite.

Das weiß ich – …

Zentrale Begriffe zur Aufklärung, zur Gründung der USA und zur Französischen Revolution

1 Lege eine Tabelle mit den Oberbegriffen „Aufklärung", „Gründung der USA" und „Französische Revolution" an. Ordne dann die oben genannten Stichworte in die passende Kategorie ein. → S. 190

2 Ergänze die Grafik, indem du Kurzdefinitionen zu den Begriffen: Volkssouveränität, Exekutive, Legislative und Judikative sowie Republik erstellst.

3 Fasst Gemeinsamkeiten und Unterschiede der Loslösung der amerikanischen Kolonien sowie der Französischen Revolution zusammen.

... das kann ich!

Grund- und Menschenrechte heute

Die Menschenrechte gelten heute in abgewandelter Form in vielen Ländern der Welt. Bei uns in der Bundesrepublik Deutschland stehen sie zusammen mit Bürgerrechten in den ersten 19 Artikeln unserer Verfassung, dem sogenannten „Grundgesetz". Diese „Grundrechte" bilden die Grundlage für unsere Rechtsordnung.
Mit der Nürnberger „Straße der Menschenrechte" soll daran erinnert werden, wie kostbar die „Menschenrechte" sind und dass sie in der Vergangenheit nicht immer eingehalten wurden und sehr oft noch immer nicht werden. Ein besonders negatives Beispiel findet man in der Nürnberger Geschichte. Denn die Stadt mit ihrer großen historischen Bedeutung war ein wichtiger Ort für die Nationalsozialisten. Hier wurden 1935 die „Rassegesetze" veröffentlicht, die die Menschenrechte außer Kraft setzten und so zu Diskriminierung vor allem gegen Juden und letztendlich zum Völkermord führten.

M1 Die Straße der Menschenrechte in Nürnberg (seit 1993)

Sie wurde von dem Künstler Dani Karavan gestaltet. Die Säulen tragen jeweils einen Auszug aus den Artikeln der Erklärung der Menschenrechte in deutscher und einer anderen Sprache.

M2 Die „Allgemeine Erklärung der Menschenrechte" der UNO (10.12.1948)

Im Folgenden sind einige Artikel aufgelistet:

Artikel 1: Alle Menschen sind frei und gleich an Würde und Rechten geboren. (Jiddisch)
Artikel 3: Recht auf Leben, Freiheit und Sicherheit der Person (Niederländisch)
Artikel 7: Gleichheit vor dem Gesetz (Englisch)
Artikel 10: Anspruch auf ein faires und öffentliches Gerichtsverfahren (Türkisch)
Artikel 14: Recht auf Asyl im Falle der Verfolgung (Armenisch)
Artikel 17: Recht auf Eigentum (Arabisch)
Artikel 18: Anspruch auf Gedanken-, Gewissens- und Glaubensfreiheit (Ful/Pulaar*)
Artikel 19: Recht auf freie Meinungsäußerung und Informationsfreiheit (Paschtu*)
Artikel 21: Recht auf allgemeine und gleiche Wahlen, Zulassung zu öffentlichen Ämtern und demokratische Mitbestimmung (Säuleneiche als Symbol für alle nicht verwendeten Sprachen)
Artikel 26: Recht auf Bildung (Japanisch)
Artikel 29: Verpflichtung des Individuums gegenüber der Gemeinschaft (Khechua Aimara*)

1. Recherchiert, wo man die „Straße der Menschenrechte" in Nürnberg findet, warum sie gebaut wurde und wer Dani Karavan ist (*VT*, *M 1*). → S. 190
2. Bastelt aus Küchenrollen eine „Straße der Grundrechte für eure Schulgemeinschaft". Orientiert euch an den UNO-Menschenrechten (*M 2*) und entwerft eigene Grundrechte, die in eurer Schule gelten sollen.
3. Alternativ könnt ihr auch eine „Schulcharta" entwerfen. Informiert euch dazu auch über die grundsätzlichen Rechte und Pflichten von Schülerinnen und Schülern in den Bestimmungen wie Schulordnung und Bayerischem Erziehungs- und Unterrichtsgesetz.

* **Ful/Pulaar**
Das sind afrikanische Dialekte.

* **Paschtu**
So spricht man in Teilen Afghanistans und Pakistans.

* **Khechua Aimara**
Das ist ein südamerikanischer Dialekt.

2 Napoleon und die Umgestaltung Europas

Q1 Napoleon
Ölgemälde von Jacques-Louis David, 1812
Das Bild zeigt den Kaiser der Franzosen in seinem Arbeitszimmer im Tuilerien-Palast.

Q2 Napoleon als Kaiser
Nachbildung einer Büste von Antoine-Denis Chaudet
Napoleon trägt einen Lorbeerkranz, wie ihn Caesar und die römischen Kaiser der Antike trugen.

Napoleon ist bis heute eine der umstrittensten Personen der Geschichte. Die einen bewundern ihn für seine militärischen und politischen Fähigkeiten. Denn er errang zahlreiche grandiose Siege bei Schlachten. Geboren auf der Insel Korsika wurde er nicht nur Alleinherrscher in Frankreich, sondern der mächtigste Mann in Europa.
Andere verabscheuen ihn, weil er skrupellos gewesen sei und für seinen Ruhm hunderttausende Soldaten und Zivilisten sterben mussten. Außerdem habe er die Ideale der Französischen Revolution verraten.
Tatsache ist, dass Napoleon Europa grundlegend umgestaltet hat. Die Folgen seiner Herrschaft sind großenteils heute noch wirksam. Das gilt besonders auch für Bayern. So haben es zum Beispiel die bayerischen Herrscher Napoleon zu verdanken, dass sie ab 1806 Könige waren.

Q3 Befreiungshalle bei Kelheim

Sie ist eines der drei großen Nationaldenkmäler, die der bayerische König Ludwig I. errichten ließ (neben der Walhalla bei Regensburg und der Ruhmeshalle in München). Ludwig I. war der Sohn des ersten bayerischen Königs. Er verabscheute schon früh Napoleon und wollte während seiner Herrschaft vergessen machen, dass Bayern zunächst ein Verbündeter Napoleons war.

Die Befreiungshalle sollte nicht nur die bayerischen, sondern alle deutschen Soldaten ehren, die Napoleon besiegt haben.

Q4 Berühmte Kopfbedeckung

Diesen Zweispitz trug Kaiser Napoleon auf seinem Russland-Feldzug 1812. Das Foto von 2015 zeigt ihn bei einer Ausstellung in Ingolstadt.

Q5 Inschrift

Sie ist an einer Triumphsäule am Place Vendôme (siehe S. 49) angebracht und lautet übersetzt:

Napoleon Imperator Augustus*,
widmete dieses Denkmal des Kriegs in Deutschland
im Jahre 1805,
vollendet in drei Monaten unter seiner Führung,
gemacht aus Bronze, die vom Feind erbeutet
wurde,
für den Ruhm der Großen Armee.

* **Augustus** nannte sich der erste römische Kaiser, der eigentlich Octavian hieß. „Augustus" bedeutet „der Erhabene".

Was weißt du schon?

- Erkläre, wofür die Kokarde auf dem Zweispitz (*Q4*) das Symbol ist. → S.190
- Sammelt die Informationen, die ihr auf diesen Seiten über Napoleon erfahrt (*Q1–Q5*).
- Diskutiert, welche Vorstellung von der Person Napoleons ihr bekommen habt.

Orientierung

Napoleon – Feldherr, Reformer und Kaiser

Nur elf Jahre nach der Hinrichtung von König Ludwig XVI. 1793 während der Revolution krönte sich Napoleon selbst zum Kaiser. Er wollte aber das, was in der Revolution erreicht wurde, nicht vollständig rückgängig machen. Im Gegenteil – er wollte die Errungenschaften dieser Zeit großenteils erhalten und in ganz Europa verbreiten.
Während des Aufstiegs Napoleons war Frankreich im Krieg mit feindlichen Staaten, vor allem mit den Großmächten Österreich, Preußen und Russland. Diese Monarchien verteufelten die Revolution und hofften, auf Kosten Frankreichs ihre Machtstellung verbessern zu können. Der junge Napoleon Bonaparte war ein begabter Soldat, machte Karriere und wurde zum mächtigsten Mann in Frankreich.
Auch in den 16 Jahren, in denen Napoleon Alleinherrscher Frankreichs war, führte Frankreich fast immer Krieg. Es gelang ihm, die Armeen der europäischen Großmächte Österreich, Preußen und Russland zu besiegen. Nachdem Preußen besiegt war, löste sich das Heilige Römische Reich Deutscher Nation auf, viele Staaten verschwanden für immer. Bayern hatte Napoleon unterstützt und wurde zum Königreich erhoben. Es bekam auch viele Gebiete dazu.

Am Ende des Kapitels könnt ihr

- erklären, wie Napoleon sein Kaisertum rechtfertigte;
- am Beispiel Napoleons erkennen, dass das Wirken historischer Persönlichkeiten Grenzen hat;
- nachvollziehen, dass der Widerstand gegen die napoleonische Herrschaft das Nationalbewusstsein der Deutschen förderte;
- erkennen, dass wichtige Grundlagen der gesellschaftlichen und politischen Strukturen des modernen Bayern in der napoleonischen Zeit gelegt wurden.

1793	1799	1802	1798–1802	1804	1804
Napoleon wird zum General der Revolutionsarmee ernannt	Napoleon wird Erster Konsul für 10 Jahre	Napoleon wird Erster Konsul auf Lebenszeit	Verwaltungsreform	Napoleon krönt sich selbst zum Kaiser	Einführung des Code civil

M 1 Das französische Kaiserreich um 1812

- Zähle die heutigen Staaten auf, die im Einflussbereich Napoleons lagen (*M 1*). Nimm dafür eine aktuelle Karte aus einem Erdkundeatlas oder aus dem Internet zu Hilfe.
- Benenne die auf der Karte abgebildeten Staaten, die heute nicht mehr existieren (*M 1*).
- Untersuche, welches Mächteverhältnis aus der Karte abgeleitet werden kann (*M 1*).
- Beurteile aufgrund der Informationen des Zeitstrahls, wie bedeutend Napoleons Wirken für die deutsche Geschichte war.

1806 Gründung des Königreiches Bayern

1806 Auflösung des Heiligen Römischen Reiches Deutscher Nation

1812 Der Feldzug gegen Russland endet katastrophal für die Grande Armee

1813 Niederlage Napoleons in der Völkerschlacht bei Leipzig

1814 Abdankung Napoleons und Verbannung nach Elba

1815 Endgültige Niederlage Napoleons bei Waterloo und Verbannung

Aufstieg Napoleons

Q 1 **Napoleon Bonaparte an der Brücke von Arcole**
Ölgemälde von Antoine-Jean Gros, 1796

Die insgesamt dreitägige Schlacht bei Arcole war einer der vielen Siege Napoleons als Oberbefehlshaber der französischen Armee.
Am ersten Tag hat Napoleon eine Fahne ergriffen und ist an der Spitze seiner Truppen gegen die österreichische Armee vorangestürmt.
Antoine-Jean Gros verherrlichte wie sein Lehrer Jacques-Louis David Napoleon in vielen Gemälden.

Napoleon
Napoleon Bonaparte (1769–1821) war in den Revolutionskriegen ein erfolgreicher General. Nach einem Staatsstreich errang er 1799 die Alleinherrschaft und krönte sich 1804 zum Kaiser der Franzosen. Mit seinen Truppen eroberte er fast ganz Europa. Der erfolglose Russlandfeldzug 1812 leitete das Ende seiner Herrschaft ein. 1815 wurde er bei Waterloo endgültig besiegt und auf die Insel St. Helena im Südatlantik verbannt.

Militärische Laufbahn

Der Mann, der als **Napoleon** berühmt wurde, hieß ursprünglich Napoleone Buonaparte. Seine Familie stammte aus Italien, gehörte dem niederen Adel auf der Insel Korsika an und lebte in ziemlicher Armut. Sein Vater unterstützte die Zentralregierung in Paris. Als Belohnung bekamen seine beiden ältesten Söhne Joseph und Napoleone eine militärische Ausbildung in Frankreich bezahlt.
Da Napoleon in den Militärschulen sehr gute Ausbilder hatte und selbst eine große Begabung für das Militär hatte, wurde er bereits mit 16 Jahren Offizier der königlichen Armee. Seine Unzuverlässigkeit in jungen Jahren hätte ihn beinahe seine Karriere gekostet. Denn zwischen 1785 und 1791 war er meist nicht bei seiner Einheit, sondern ließ sich immer wieder beurlauben. Meist mischte er in der Politik in seiner Heimat Korsika mit und kümmerte sich nach dem Tod seines Vaters um die Familie.

Erste Erfolge

Dass er seine Karriere in der Armee weiter fortsetzen konnte, verdankte Napoleon nicht nur seinen Fähigkeiten, sondern auch den beiden folgenden Gründen:

- Da der Krieg Frankreichs gegen die Großmächte einen ungünstigen Verlauf nahm und viele die Armee verlassen hatten, wurde jeder fähige Offizier gebraucht.
- Napoleon stand auf der richtigen Seite. 1793, als die radikalen Jakobiner die Herrschaft übernommen hatten, wurde er ihr Anhänger.

Im September 1793 bekam Napoleon eine große Chance – und er nutzte sie. Die strategisch wichtige französische Stadt Toulon hatte sich von der Regierung losgesagt und ihren Hafen für britische Schiffe geöffnet. Nachdem ihm das Kommando übertragen worden war, eroberte Napoleon mit einer militärischen Meisterleistung die abtrünnige Stadt und vertrieb die britischen Schiffe.

Italien-Feldzug

Als die französische Armee im Krieg gegen Österreich, Großbritannien und Russland Rückschläge erlitt, bekam Napoleon den Oberbefehl in Italien und war dabei sehr erfolgreich. Nach dem Sieg seiner Truppen musste Österreich Gebiete in Norditalien und die Niederlande abtreten.

An der Spitze des Staates

Das Direktorium – die Regierung in Paris – konnte die Probleme Frankreichs nicht lösen. In Paris gab es deshalb Auseinandersetzungen. Die Regierenden fürchteten um ihre Macht und riefen den erfolgreichen General Bonaparte zu Hilfe. Dieser übernahm aber 1799 mithilfe seiner Truppen selbst die Macht: Er erließ zwar eine Verfassung, die Wahlen und eine Mitbestimmung anderer vorsah. Er sorgte aber dafür, dass er als „Erster Konsul" tatsächlich die Macht im Staat hatte.

Wusstest du?

An der Militärschule wurde Napoleon von seinen Mitschülern gehänselt, weil er schwächlich wirkte und nur schlecht Französisch sprach. Außerdem las er viel lieber Bücher als mit seinen Kameraden etwas zu unternehmen. Napoleon lernte aber schnell, sich Respekt zu verschaffen.

Q2 Geheime Pläne

Einem französischen Diplomaten verrät Napoleon im Jahr 1797 seine Pläne:

Glauben Sie, ich hätte in Italien nur deshalb gesiegt, um den Anwälten im Direktorium* […] zu besonderer Größe zu verhelfen? Oder glauben Sie, es geschah, um eine Republik fester zu begründen? Welcher Gedanke! Eine Republik von 30 Millionen Menschen, mit unseren Sitten, unseren Lastern*! Das ist eine Chimäre*, in die die Franzosen selbst verrannt sind, die aber vorübergehen wird […]. Was sie [gemeint ist: die Franzosen] brauchen, das ist Ruhm, Befriedigung ihrer Eitelkeit; aber Freiheit? Davon verstehen sie nichts […]. Ich möchte Italien nur verlassen, um in Frankreich eine ähnliche Rolle zu spielen wie hier; dazu ist aber der Augenblick noch nicht gekommen, die Frucht ist noch nicht reif.

August Fournier, Napoleon I. Eine Biographie in drei Teilbänden, Band 1, Wien 1885, S. 134 f.; zitiert nach: Volker Ullrich, Napoleon, Reinbek [5]2017, S. 40 (leicht verändert)

*Das **Direktorium** war damals die Regierung Frankreichs und bestand aus fünf Personen.

***Laster** schlechte Eigenschaft, charakterliche Schwäche

***Chimäre** Wahnvorstellung

M1 Werdegang des Napoleon Bonaparte 1769–1799

Absolutismus in Frankreich	
1769	Napoleone Buonaparte wird geboren
1779	Beginn der militärischen Ausbildung
1785	Napoleon wird Offizier der königlichen Armee
Französische Revolution (1789–1799)	
1793	Ludwig XVI. wird hingerichtet Napoleon wird Anhänger der regierenden Jakobiner; Sieg über die abtrünnige Stadt Toulon
1796/97	Erfolgreicher Italienfeldzug des Oberbefehlshabers Napoleon
1799	

Napoleon setzt das Direktorium ab und übernimmt als „Erster Konsul" die Macht.
Er erklärt die Französische Revolution für beendet.

1 Erkläre, welchen Eindruck der Betrachter des Bildes (*Q 1*) von Napoleon bekommen soll.
➔ S. 190

2 Arbeite heraus, welche Einstellung und welche Charakterzüge aus der Äußerung *Q 2* hervorgehen.

3 Gib wieder, mit welchen Schwierigkeiten Napoleon bei seiner Karriere bis 1799 zu kämpfen hatte (*VT*, *M 1*).

4 Stelle anschaulich dar (z. B. in einer Mindmap oder Tabelle), was jeweils zum Aufstieg Napoleons bis 1799 beitrug:
a) eigene Fähigkeiten,
b) Entscheidungen anderer,
c) glückliche Umstände.

5 Stelle dir Folgendes vor: Du bist jemand, der sich für Politik interessiert und deshalb den Aufstieg Napoleons beobachtet. Schreibe eine Nachricht, bei der du den Werdegang Napoleons beschreibst und bewertest. Nutze dafür die Ergebnisse aus Arbeitsauftrag 4.

Methode

Historiengemälde deuten

Historiengemälde sind Kunstwerke, die vergangene Ereignisse, Sachverhalte oder Personen (meist Herrscher) darstellen. Dabei bilden sie meistens nicht die historische Wirklichkeit ab, sondern die Interpretation des Künstlers oder die Absichten des Auftraggebers. Sie verherrlichen, rechtfertigen oder kritisieren das, was dargestellt ist.

Historiengemälde sagen meistens mehr über die Zeit aus, in der sie entstanden sind, als über das, was dargestellt ist. Es gibt Darstellungen von Ereignissen aus früheren Zeiten, die zum Teil schon sehr lange zurückliegen. Davon kann man Darstellungen von einem Geschehen unterscheiden, das erst vor Kurzem stattgefunden hat. Auf diese Bilder nehmen oft Personen Einfluss, die auf dem Bild vorkommen und die mit dem Bild eine bestimmte Wirkung erzielen wollen. Ein Beispiel dafür ist das Gemälde auf dieser Seite.

Um ein Historiengemälde zu verstehen und zu deuten, benötigst du zusätzliche Informationen. Bilder, die kurz nach dem dargestellten Ereignis entstanden sind, sollte man unter anderem mit anderen Darstellungen und Erzählungen zu dem Ereignis vergleichen. Oft gibt es dafür zum Beispiel Berichte von Zeitgenossen.

M1 „Napoleon überschreitet den großen St.-Bernhard-Pass"
Ölgemälde von Jacques-Louis David, 1801

Beschreiben

- Nenne deine ersten Eindrücke und Gefühle beim Betrachten des Bildes. ①
- Beschreibe das Bild möglichst genau. Achte dabei auf Details wie Mimik und Gestik. Welche Teile fallen dir besonders auf? ②
- Nenne das Thema des Bildes. Dabei hilft dir meist der Titel des Bildes.
- Was kannst du dir nicht erklären?

① *Beim Betrachten des Bildes habe ich den Eindruck/fällt mir spontan ein, dass ….*

② *In der Mitte …. Auf der linken/rechten Seite sitzt/steht ….*

Besonders gut zu erkennen/Auffällig ist ….

Der Gesichtsausdruck von … ist…/drückt aus, dass ….

Untersuchen

- Um welche Art von Bild handelt es sich? Welche Farben und welche Technik verwendete der Maler? ①
- Was ist auf dem Bild wie dargestellt (Situation/Ereignis/Person usw.)? ②
- Wie ist das Bild aufgebaut? Welche Bildteile kannst du erkennen? Wie sind diese angeordnet? Was befindet sich im Mittelpunkt, was im Vorder- und Hintergrund? ③
- Welche Perspektive hat der Künstler gewählt? ④
- Sind im Bild Symbole enthalten? Was bedeuten sie? ⑤

① *Das Bild ist ein …. Verwendet werden vorwiegend dunkle/helle … Farben….*

② *Das Bild zeigt, wie …. Die Personen, die auf dem Bild dargestellt sind, sind ….*

③ *Das Bild kann in … Teile gegliedert werden, nämlich ….*

Der Teil … ist im Verhältnis zu ….

Im Mittelpunkt/Vordergrund/Hintergrund befindet sich ….

④ *Der Betrachter sieht … von oben/unten/von der Seite auf das Geschehen.*

⑤ *…, das … zu sehen ist, ist ein Symbol für ….*

Deuten

- Ordne das Bild in den geschichtlichen Zusammenhang ein. Beschaffe dir dafür die nötigen Informationen. (Hinweise zum historischen Hintergrund der Zeit, in der das Gemälde *M 1* geschaffen wurde, bietet die Doppelseite 40/41 mit dem Methodenzeichen)
- Wer hat das Bild gemalt? ①
- Warum entstand das Bild bzw. wer hat es in Auftrag gegeben? ②
- Welche Absicht verfolgte der Künstler bzw. der Auftraggeber? ③

Hinweis zum Gemälde *M 1*:
Es wird vermutet (ist aber nicht sicher), dass Napoleon selbst den Maler, der mit ihm befreundet war, beauftragt hat. Die erste Version des Bildes soll auch eine Warnung an den spanischen König gewesen sein. Es sollte so verstanden werden, dass Napoleon auch die Pyrenäen (Gebirge an der Grenze zwischen Frankreich und Spanien) überschreiten könne, wenn Spanien nicht weiterhin ein Bündnispartner bleibe.

- Welche anderen Berichte, Darstellungen oder Berichte von dem Dargestellten gibt es? Welche Schlüsse kann man ziehen, wenn man sie mit dem Bild vergleicht? ④

① *Das Bild stammt von ….*

② *Der Künstler/Die Künstlerin malte es, weil/nachdem ….*

Das Bild entstand im Auftrag von ….

③ *Mit dem Bild sollte … so dargestellt werden, dass ….*

④ *Im Vergleich zu … stellt das Bild einiges anders dar: ….*

Grund dafür könnte sein, dass ….

Kaiser Napoleon

Q1 Napoleon als Erster Konsul
Ölgemälde von Antoine-Jean Gros, 1799

Die Schärpe, die über seine rechte Schulter verläuft, ist das Zeichen für das Amt des Konsuls. Auch sonst trägt Napoleon Kleidung, die zu einem Republikaner passt: Staatsfrack, Hosen und Stiefel.

Napoleon sichert seine Macht

Napoleons Herrschaft in Frankreich war nicht gesichert. So sagte er einmal: „Ich fürchte Aufstände, die aus einem Mangel an Brot ausbrechen; ich habe weniger Angst vor einer Schlacht mit zweihunderttausend Mann." Napoleon versuchte deshalb, durch seine Politik beim Volk beliebt zu sein (siehe S. 46). Außerdem wollte er beweisen, dass er nur mit dem Willen des Volkes herrscht. So ließ er sich erst zum Konsul auf Lebenszeit machen, nachdem das Volk in einer Abstimmung dafür war.

*Salbung
Könige und Kaiser wurden – ähnlich wie Priester – mit einem besonderen Öl an Stirn, Brust, Schultern und Armen gesalbt. Damit sollte sichtbar werden, dass das Königtum eine heilige Würde ist.

Gefährlich werden konnte ihm auch das alte Herrschergeschlecht, die Bourbonen. Die hatten noch immer viele Anhänger in Frankreich und wollten ihre Monarchie wiederherstellen. Nachdem ein Attentatsversuch frühzeitig aufgedeckt worden war, ließ Napoleon die Verschwörer streng bestrafen und töten.

Krönung zum Kaiser

Schon lange hatte Napoleon geplant, eine erbliche Monarchie zu gründen und damit sich und seiner Familie die Macht auf Dauer zu sichern. 1804 wurde er Kaiser der Franzosen. Während im Mittelalter der Papst die Kaiser des Heiligen Römischen Reiches bzw. der Bischof von Reims die französischen Könige krönte, setzte sich Napoleon selbst die Krone auf. Damit wollte er zeigen, dass er nicht einer anderen Macht – der Kirche – die Krone zu verdanken hatte. Bei einer Abstimmung hatte wieder eine große Mehrheit der erblichen Monarchie Napoleon zugestimmt. So unterschied sich Napoleons Kaisertum auch grundlegend von den anderen Monarchien in Europa.

Neues Kaisertum mit alten Elementen

Napoleon sah sich als Kaiser, der vom Volk gewählt worden war. Trotzdem sollten mehrere Elemente aus der Antike und dem Mittelalter seinem Kaisertum zusätzlich Würde verleihen.
Schon als junger Mann hegte Napoleon große Bewunderung für Caesar, als Feldherr und als Alleinherrscher. Außerdem verehrte er Karl den Großen, der als Frankenkönig ein Reich beherrschte, das das heutige Frankreich, Deutschland und weite Teile Italiens umfasste. Dadurch dass er Herrschaftszeichen (Insignien) von Monarchen aus Antike und Mittelalter von ihm übernahm, wollte er die Würde seines Kaisertums noch steigern. Besonders wichtig war ihm dabei die Salbung*, die der Papst vornahm.

Wusstest du?

Napoleon und seine Frau Josephine mussten noch kurz vor der Kaiserkrönung kirchlich heiraten. Sonst hätte die Zeremonie mit dem Papst nicht stattfinden können.

Q2 **Napoleon I. auf dem Kaiserthron**
Ölgemälde von Jean-August Dominique Ingres, 1806

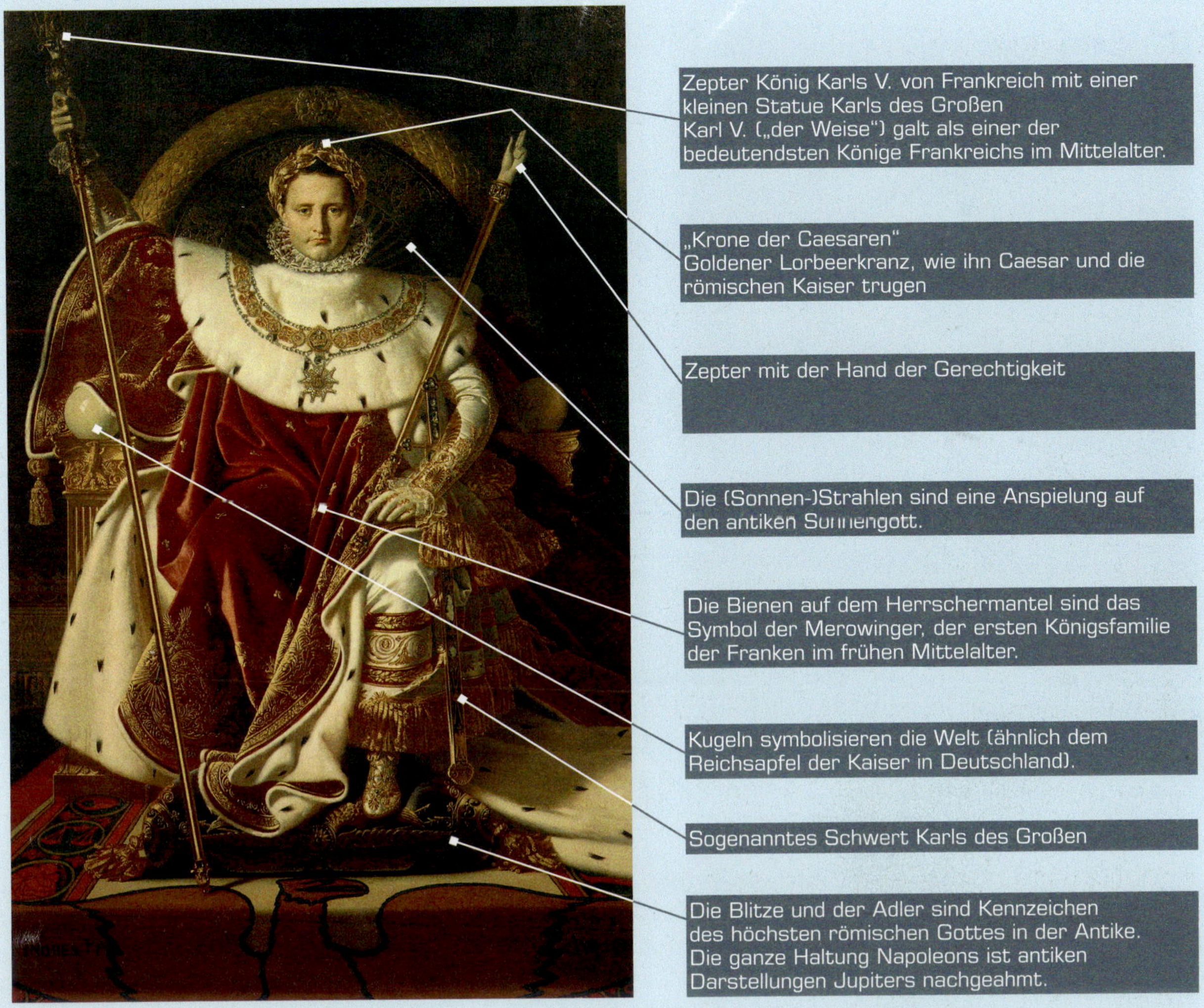

Bei seinem Gemälde folgte der Maler den Anweisungen des Kunstberaters Napoleons.

1 Auf dem Schreibtisch im Bild *Q 1* liegen Papiere und Schreibgeräte. Beurteile, warum Napoleon damit dargestellt wurde.

2 Vergleiche das Bild *Q 1* mit dem Gemälde auf S. 40. Welche Unterschiede fallen auf?

3 Nenne die Gründe, warum Napoleon Kaiser werden wollte (*VT*).

4 Prüfe, inwiefern sich das Kaisertum Napoleons von anderen Monarchien unterscheidet (*VT*, *Q 1*, *Q 2*).

5 Zähle auf, was Napoleon von anderen Krönungen bzw. Monarchien in der Antike und im Mittelalter übernommen hat (*Q 2*).

6 Erklärt, warum Napoleon gerade diese Übernahmen gemacht hat (*VT*, *Q 2*).

7 Napoleons Kaisertum wurde von anderen Monarchien als Anmaßung und als lächerlich empfunden. Gestaltet dazu ein Rollenspiel zwischen einem Gegner und einem Anhänger Napoleons. ➔ S. 190

Reformen unter Napoleon

M 1 Napoleon schreibt den Code civil
Ölgemälde von Jean-Baptiste Mauzaisse, 1833

Die Gestalt am rechten Bildrand, die Napoleon krönt, soll die Zeit darstellen.

*Departements
Verwaltungseinheiten in Frankreich, die der Zentrale in Paris untergeordnet sind. Sie bestehen noch heute.

Reformen in Frankreich

Als Napoleon 1799 seine Alleinherrschaft antrat, war die Wirtschaft Frankreichs in einem desolaten Zustand; der Staat hatte sehr große Schulden. Mit seinen Maßnahmen verfolgte Napoleon folgende Ziele:

- In Frankreich sollten Ruhe und stabile Verhältnisse herrschen.
- Mit seinen Maßnahmen wollte er seine Herrschaft sichern und seine Beliebtheit beim Volk steigern. Denn die Französische Revolution hatte gezeigt, dass Unzufriedenheit in der Bevölkerung für die Herrschenden gefährlich werden kann.
- Gegner wollte er entweder für sich gewinnen oder konsequent unterdrücken und verfolgen.

Verwaltung und Wirtschaft

Napoleon verbesserte die Steuerverwaltung. Dadurch floss wieder mehr Geld in die Staatskassen, obwohl es keine neuen Steuern gab. Im ganzen Land wurde eine neue einheitliche Währung eingeführt. Es wurden zahlreiche neue Straßen, Kanäle und Brücken gebaut, öffentliche Gebäude renoviert. Das förderte die Wirtschaft und schaffte Arbeitsplätze. Der Brotpreis sollte möglichst niedrig sein und wurde vom Staat festgesetzt.

Frankreichs Verwaltungsbezirke („Departements"*) wurden neu geordnet. An deren Spitze sollte jeweils ein Beamter stehen und eine enge Verbindung mit der Regierung garantieren. Außerdem wollte Napoleon eine gut ausgebildete Elite schaffen, die ihm treu ergeben war.

Der Code civil

Napoleon führte ein neues Gesetzbuch ein, den Code civil (auch „Code Napoleon" genannt). Darin waren einige Errungenschaften der Französischen Revolution festgeschrieben: u.a. Gleichheit vor dem Gesetz und Freiheit des Einzelnen. Anderes wurde aber zurückgenommen, z.B. die Abschaffung der Sklaverei.

Der Code civil wurde zum Vorbild für spätere Gesetzbücher. Dazu gehört auch das Bürgerliche Gesetzbuch (BGB) in Deutschland. So wurde z.B. übernommen, dass für Eheschließungen (Zivilehe) und die Registrierung von neugeborenen Kindern der Staat zuständig ist und nicht mehr die Kirchen.

Adel und Kirche

Klerus und Adel hatten durch die Revolution ihre Besitztümer und ihren Einfluss verloren. Ihnen gegenüber betrieb Napoleon eine Politik der Versöhnung. Mit der katholischen Kirche wurde ein Abkommen (Konkordat) geschlossen; aber die grundsätzliche Trennung von Kirche und Staat sowie die Religionsfreiheit blieben bestehen. Zehntausende von ausgewanderten Adligen durften nach Frankreich zurückkehren.

Schattenseiten

Wer kein begeisterter Anhänger des Kaisers war, wurde von einer allgegenwärtigen Polizei überwacht. Die Presse war durch strenge Kontrolle an der freien Meinungsäußerung gehindert. Vermutete oder tatsächliche Verschwörungen schlug Napoleon mit aller Härte nieder.

Wusstest du?

Das deutsche Bürgerliche Gesetzbuch (BGB) trat im Jahr 1900 in Kraft. Bis dahin galt der Code civil noch in einigen Teilen Deutschlands.

M2 Prinzipien des Code civil

Der Code civil garantierte allen männlichen Bürgern:

- Freiheitsrechte für jeden
- Gewerbefreiheit und freie Berufswahl
- Abschaffung des Zunftzwangs
- Gleichheit vor dem Gesetz
- Laizismus: vollkommene Trennung zwischen Kirche und Staat
- Aufzeichnung von Geburten und Todesfällen durch den Staat (und nicht wie bisher durch die Kirche)
- Schutz des Privateigentums
- rechtliche Basis für die Marktwirtschaft

M3 Über den Code civil

In einer Biografie von 2018 über Napoleon schreibt Adam Zamoyski zum Code civil:

Bonapartes persönlicher Hintergrund ist im Gesetzbuch spürbar, wenn es von der Familie als Grundlage der Gesellschaft ausgeht, und in der Art und Weise, wie sie funktionieren sollte. Seine eigenen Erfahrungen lassen sich in den Klauseln [= Bestimmungen] entdecken, die die Ehebeziehungen und die Rechte der Frauen regulieren. Dem Gesetzbuch zufolge hat der Ehemann die Pflicht, für die Frau zu sorgen und sie zu beschützen, aber sie muss ihm in allem gehorchen und darf ohne seine Erlaubnis keinen Rechtsakt vollziehen. [...] Die Sitzungsprotokolle enthüllen Bonapartes Einfluss, der sich aus seiner Enttäuschung über die Frauen ableitet, die in Joséphines Untreue und Verschwendungssucht ihren Ursprung hatte.

Adam Zamoyski, Napoleon. Ein Leben, München 2018, S. 352 (übersetzt von Ruth Keen und Erhard Stölting)

Q1 Der „Code civil" auf deutsch

Ausgabe von 1810

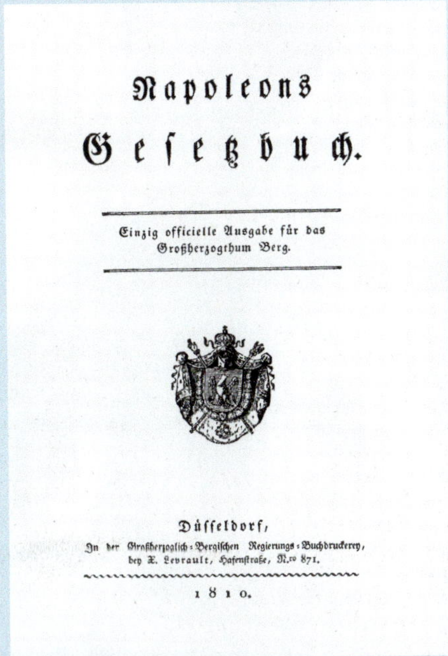

Napoleons Gesetzbuch.

Einzig officielle Ausgabe für das Großherzogthum Berg.

Düsseldorf,
In der Großherzoglich-Bergischen Regierungs-Buchdruckerey,
bey L. Levrault, Hafenstraße, N.ro 871.

1810.

Der Code civil wurde später auch in anderen Staaten eingeführt, die unter Napoleons Herrschaft standen. Dazu gehörte auch das Großherzogtum Berg, das später zu einem neuen Staat gehörte, dem Königreich Westphalen.

1 Fasse zusammen, in welchen Bereichen Napoleon Frankreich modernisiert hat (*VT*, *M 2*).

2 Erkläre, warum Napoleon vor allem bei den Unternehmern beliebt war (*VT*).

3 Nenne die Gründe dafür, dass Napoleon zum Teil frühere Verhältnisse wiederhergestellt hat (*VT*).

4 Der Code civil gilt für viele als die größte Leistung Napoleons (*VT*, *Q 1*, *M 2*). Erkläre warum.

5 Weise nach, dass viele Grundsätze des Code civil auch heute noch gelten (*VT*, *M 2*).

6 Zeige auf, dass Napoleon im Code civil auch persönliche Erfahrungen verarbeitet hat (*M 3*).

7 „Freiheit, Gleichheit, Brüderlichkeit" waren Schlagworte der Französischen Revolution. Beurteile, ob sie Napoleon umgesetzt hat (*VT*, *M 2*, *M 3*).

8 Untersuche, wie Napoleon auf dem Bild *M 1* verherrlicht wird. → S. 190

9 Viele haben Napoleon vorgeworfen, dass er die Französische Revolution verraten habe. Bildet euch in Partnerarbeit eine Meinung dazu und stellt euer Ergebnis in der Klasse vor. → S. 190

Geschichte hört nicht auf

Spuren Napoleons in Paris

M1 Moderner Stadtplan von Paris

Er zeigt die Innenstadt und einfache Zeichnungen der bedeutendsten Sehenswürdigkeiten. Die Ziffern bezeichnen die Stadtviertel.

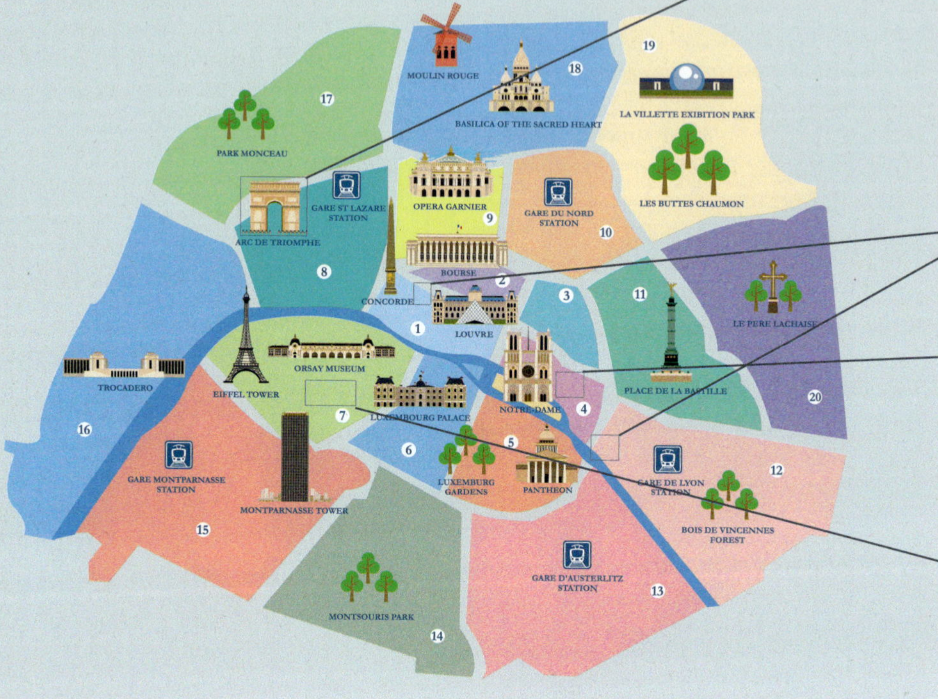

Paris als Hauptstadt

Paris ist für viele eine der schönsten Städte der Welt und zieht zahlreiche Touristen aus aller Welt an. In jedem Fall ist es eine der ältesten Hauptstädte der Welt. Schon der Frankenkönig Chlodwig machte Lutetia, wie der damalige Name lautete, zur Hauptstadt seines Reiches. 987 wurde es Hauptstadt des westfränkischen Reiches, des heutigen Frankreich.

Imperiale Hauptstadt unter Napoleon

Kurz bevor Napoleon Alleinherrscher über Frankreich wurde, soll er gesagt haben: „Wenn ich Herrscher Frankreichs wäre, dann würde ich aus Paris nicht nur die schönste Stadt machen, die es je gegeben hat, sondern die schönste Stadt, die es jemals geben kann." Später meinte er: „Es war mein beständiger Traum, Paris zur wahren Hauptstadt Europas zu machen." Immerhin war die Stadt unter dem Kaiser der Franzosen lange Zeit die Hauptstadt des mächtigsten Staates auf dem europäischen Festland.

Schon vor Napoleon versuchten Herrscher immer, ihre Residenzstädte umzugestalten, damit sich Menschen in späteren Zeiten an sie erinnern und sie bewundern. Beispiele dafür sind die Päpste in Rom oder der russische Zar Peter der Große, der sogar eine neue Stadt bauen ließ, St. Petersburg.

Napoleon wollte seine Hauptstadt monumental umgestalten und für ein besseres Leben in Paris sorgen. Bis zum Ende seiner Herrschaft konnte er jedoch nur einen Teil seiner Pläne umsetzen. Einiges erinnert aber noch immer an den ersten Kaiser der Franzosen, u.a. die logische Hausnummerierung. Einiges von dem, was sonst noch auf ihn zurückgeht, wird auf diesen Seiten vorgestellt.

Q1 Arc de Triomphe

Q2 und Q3 Säule der Großen Armee
Sie steht auf dem Place de Vendôme.

Q4 Pont Austerlitz
Kolorierter Kupferstich, um 1805

Das Bild zeigt die erste Brücke. Heute sieht die Brücke anders aus. Ganz in der Nähe der Brücke befindet sich der Bahnhof Gare d'Austerlitz.

Q5 Rue de Rivoli

Q6 Hotel des Invalides

1 Recherchiert in Gruppenarbeit Informationen zu den Orten und Bauten (*Q1–Q5*). Berücksichtigt dabei jeweils den Anlass, den Zweck und die Baugeschichte.

2 Fasst zusammen, warum es Napoleon wichtig war, Paris unzugestalten.

3 Erkundigt euch nach weiteren Spuren, die Napoleon in Paris hinterlassen hat. → S. 190

Methode

Entwicklungskarten lesen

Geschichtskarten sind dir im Geschichtsunterricht sicher schon oft begegnet. Sie zeigen dir u. a., wo in der Vergangenheit die Grenzen eines Gebietes lagen und welche Städte und Regionen es umfasste (siehe auch S. 188 hinten im Buch).
Entwicklungskarten sind eine besondere Form von Karten. Sie stellen mehrere Schritte einer historischen Entwicklung in einer Karte dar. Deshalb werden sie auch Längsschnittkarten oder Verlaufskarten genannt.

Eine Entwicklungskarte behandelt ein Thema über einen bestimmten Zeitraum. Häufig wird der Zuwachs bzw. die Abnahme von Herrschaftsgebieten in mehreren Phasen abgebildet (Gewinne/Verluste, Aufstieg oder Auflösung). Die verschiedenen Zeitpunkte werden z. B. durch unterschiedliche Flächen und Farben deutlich gemacht. Manchmal geben Pfeile die Richtung der Veränderungen an. Damit sie übersichtlich bleiben, haben Entwicklungskarten nur die wichtigsten Angaben zum Thema.

M1 Die Entwicklung des Gebiets von Bayern

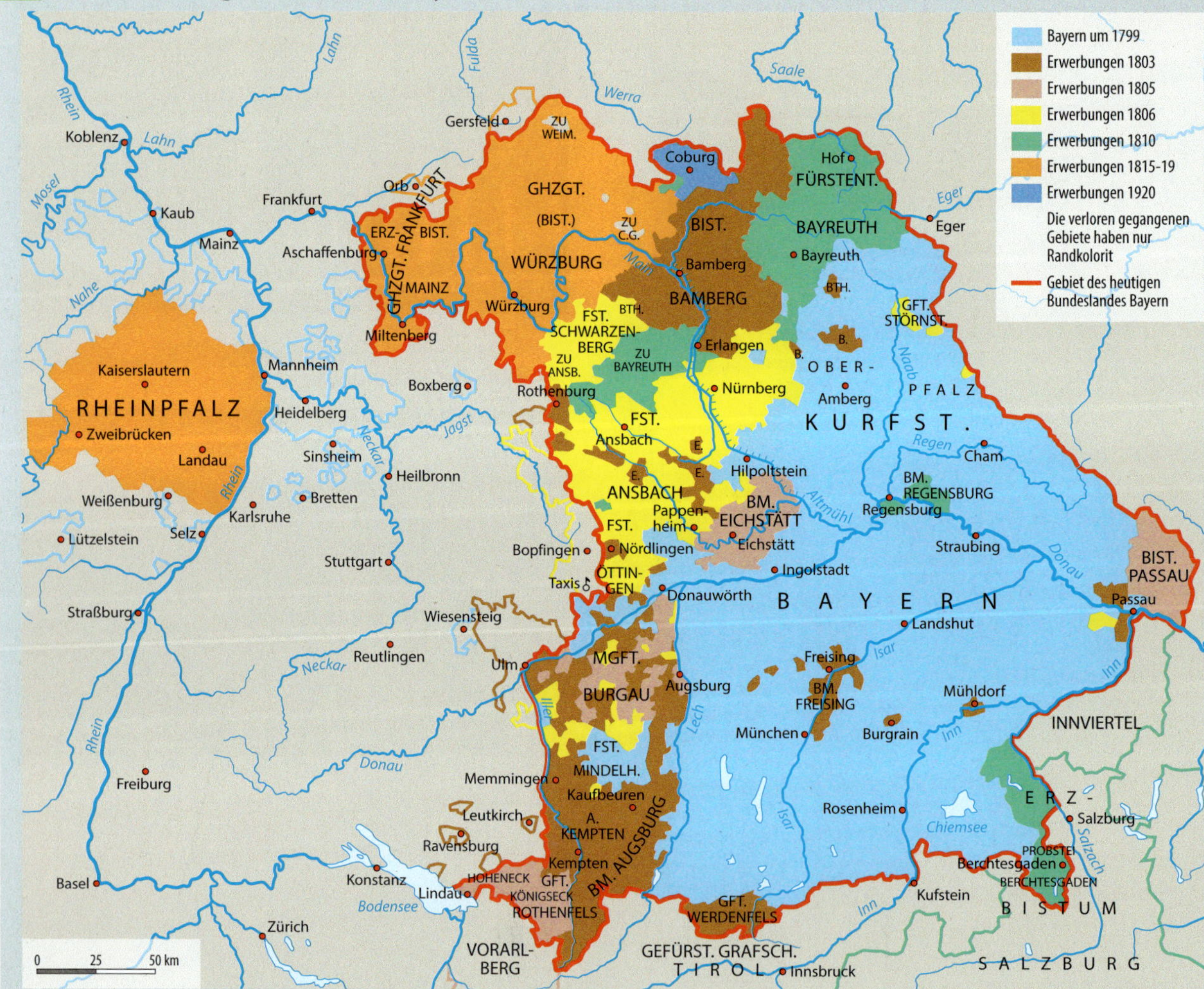

Beschreiben

- Benenne, um welches Thema und um welchen Zeitraum es geht.
  Dabei hilft dir die Über- bzw. Unterschrift oder die Legende der Karte. ①
- Welche Gebiete zeigt die Karte? Vergleiche ggf. mit geographischen Karten. ②
- Der Maßstab der Karte zeigt die Größenverhältnisse an und hilft, Entfernungen zu verstehen. ③
- Wie werden die unterschiedlichen Entwicklungsstufen in der Karte verdeutlicht? ④
- Welche Informationen gibt die Legende der Karte sonst noch? ⑤
- Sieh dir alle Informationen an und suche dazu jeweils ein Beispiel in der Karte.

① *Die Karte zeigt die Entwicklung von … in der Zeit von … bis … .*

② *Auf der Karte ist das Gebiet von … abgebildet. Es ist unterteilt in … .*

③ *Die Entfernung von … (z. B. München) nach … (z. B. Würzburg) beträgt etwa … Kilometer.*

④ *Die Entwicklung wird mithilfe von Farben/Pfeilen etc. gekennzeichnet.*

⑤ *Die Legende informiert außerdem über … .*

Das Staatsgebiet von Bayern im Jahr … ist … eingefärbt.

Untersuchen

- Hole die nötigen Informationen ein, um den historischen Hintergrund der Karte zu verstehen.
  Beispiel *M 1*: Warum gibt es die Gebietsveränderungen gerade in diesem Zeitraum? ① Lies dazu die Seiten 52–55.
- Was veränderte sich für den jeweiligen Staat bzw. die Bevölkerung? ② Das kann zum Beispiel folgende Aspekte betreffen:
  - Vergrößerung/Verkleinerung des Staatsgebiets
  - Zwischen Staatsgebieten, die bisher voneinander getrennt waren, gibt es nun eine Verbindung.
  - Teile der Bevölkerung bekommen ein neues Staatsoberhaupt.
  - …

① *Das Staatsgebiet von Bayern hat sich aus folgenden Gründen vergrößert: …*

Bayern wurde vom Kurfürstentum zu einer …, weil … .

② *Das Gebiet von … vergrößerte/verkleinerte sich um etwa … (ein Drittel, die Hälfte etc.). Neu hinzugekommen sind Gebiete um … .*

Deuten

- Begründe, warum in der Karte und in der Legende nur die jeweiligen Informationen eingetragen sind. Welche Informationen fehlen beispielsweise?
- Beurteile, ob die damaligen Änderungen für uns heute noch wichtig sind. ①

① *Die Karte zeigt, dass viele Gebiete in … erst im Zeitraum … neu hinzugekommen sind, z. B. … . Diese Gebiete gehörten vorher zu … .*

Napoleon gestaltet Europa neu

M1 Die deutschen Territorien um 1789

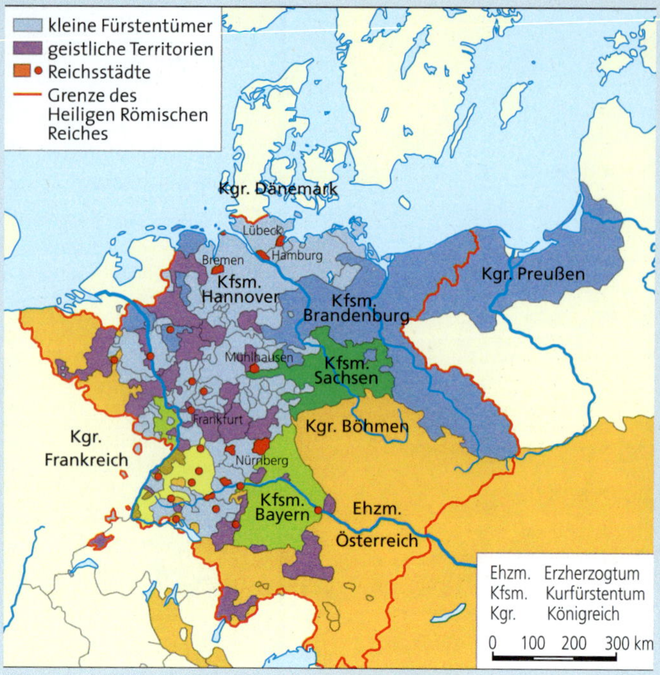

Hegemonie
Vorherrschaft eines Staates in einem Bündnis oder in einem Gebiet; sie kann auf militärischer, politischer oder wirtschaftlicher Stärke beruhen.

Säkularisation
(lat. saecularis: weltlich) Übernahme der Herrschaft in kirchlichen Gebieten durch weltliche Fürsten während der napoleonischen Herrschaft. Dabei handelte es sich um vier Erzbistümer, 18 Bistümer und etwa 300 Klöster. Diese verloren dabei auch das gesamte dazugehörige Eigentum, wie z. B. den Grundbesitz.

Ein Traum wird wahr

Seit 1792 verteidigte Frankreich seine Revolution gegen auswärtige Mächte. Napoleon gab sich damit nicht zufrieden, sondern wollte die **Hegemonie** über ganz Europa. In einer Reihe von Schlachten besiegte er die Großmacht Österreich, die von Großbritannien und Russland unterstützt wurde. Napoleon machte große Gebietsgewinne und verwirklichte den alten Traum Frankreichs, seine Grenze durchgehend bis zum Rhein vorzuschieben.

Säkularisation und Mediatisierung

Die deutschen Fürsten hatten dadurch alle linksrheinischen Gebiete an Frankreich verloren. Napoleon entschädigte sie durch die **Säkularisation** und die Mediatisierung*. Ihnen fiel dabei u. a. der große Grundbesitz zu, den vorher die Klöster und Bistümer hatten.

Ehemalige Kirchengüter wurden in Krankenhäuser oder Gefängnisse umgewandelt oder versteigert. Weite Teile der Bevölkerung konnten nun erstmals Grundbesitz erwerben.

Die Gebiets- und Bevölkerungsgewinne Bayerns übertrafen die linksrheinischen Verluste (Pfalz; siehe Karte auf S. 50) bei Weitem. Andere Gebiete profitierten zum Teil noch mehr. So gewann Württemberg das Vierfache und Baden das Siebenfache seiner Verluste.

Das Ende des Alten Reiches

Napoleon wollte die deutschen Staaten mittlerer Größe als seine Verbündeten so stark machen, dass sie zwar Frankreich nicht gefährlich werden konnten, aber ein starkes Gegengewicht zum Kaiser des Heiligen Römischen Reiches Deutscher Nation bildeten. Dieser hatte außerdem mit den geistlichen Fürsten und den Reichsstädten wichtige Verbündete verloren.

1806 traten die mit Napoleon verbündeten Staaten aus dem Alten Reich aus und gründeten den „Rheinbund", der unter der Schutzherrschaft Frankreichs stand. Kaiser Franz II. dankte daraufhin ab und war nun nur noch Kaiser von Österreich. Damit endete 1806 nach fast 1000 Jahren das Heilige Römische Reich.

Hegemonie über Europa

In einem weiteren Krieg besiegte Napoleon Preußen, das sich u. a. mit Russland verbündet und gegen Napoleon gestellt hatte. Preußen verlor einen großen Teil seiner Gebiete und war keine Großmacht mehr. Russland wechselte die Seiten und arbeitete nun mit Frankreich zusammen. Nachdem Napoleon 1808 auch noch Spanien erobert hatte, war Frankreich die weitaus größte Macht auf dem europäischen Festland.

Nicht besiegen konnte Napoleon allerdings seinen Erzfeind England, gegen das er 1804 in der Schlacht von Trafalgar eine große Niederlage erlitt. Er wollte das Inselreich aber auf anderem Weg besiegen: Die sogenannte Kontinentalsperre verbot allen Staaten in Europa den Handel mit Großbritannien.

Q 1 „Tiddy-Doll, der große französische Pfefferkuchenbäcker …"
Radierung des englischen Zeichners James Gillray, 1806

Der Pfefferkuchenbäcker Tiddy-Doll war als Londoner Original berühmt. Napoleon holt aus dem Ofen die frisch gebackenen Könige von Bayern und Württemberg sowie die Großherzöge von Baden und Hessen-Darmstadt.

M 2 Die deutschen Territorien um 1806

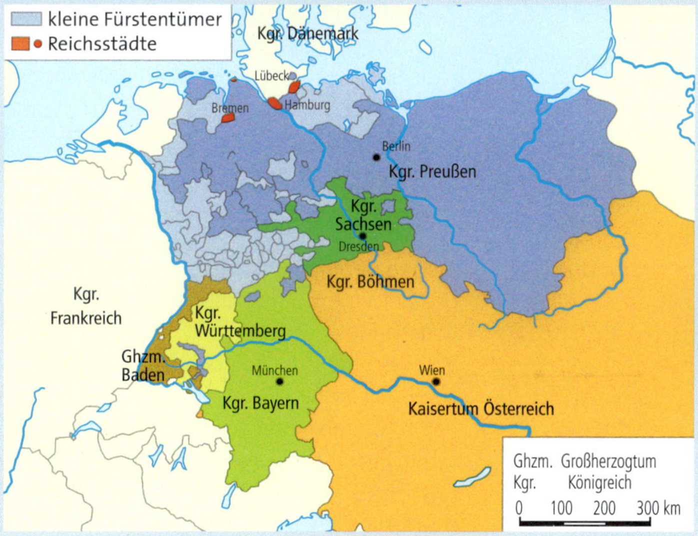

*Mediatisierung
(lat. mediatus: in der Mitte)
kleine weltliche Herrscher wie Reichsritter und die meisten Reichsstädte verloren ihre Reichsunmittelbarkeit (bei der sie nur dem Kaiser unterstanden). Sie wurden größeren Gebieten zugeschlagen.

Zu einem Erklärfilm zum Thema „Napoleon und die Deutschen" führt dich Mediencode 30023-06

1 Vergleicht die Karten *M 1* und *M 2*. Berücksichtigt dabei besonders Bayern. ➜ S. 190

2 Begründe, warum in Österreich die Verärgerung über Bayern groß war (*M 1* und *M 2*).

3 Erkläre, warum Napoleon die Säkularisation und die Mediatisierung angeordnet hat.

4 Untersuche, welche Rolle nach Meinung des englischen Karikaturisten die Monarchen in Deutschland haben (*Q 1*).

5 Rheinbundstaaten wie Bayern wurde vorgeworfen, dass sie das Heilige Römische Reich Deutscher Nation verraten und zerstört haben. Bewerte diese Meinung.

Bayern wird Königreich

Einen Radiobeitrag zu Bayern in der napoleonischen Zeit findest du unter Mediencode 30023-07

Q1 König Max I. Joseph
Gemälde von Franz Xaver Kleiber, nach 1818

Die rechte Hand des Königs stützt sich auf die Verfassung.

Einen Hörtext zur Säkularisation in Bayern am Beispiel Benediktbeuern bietet Mediencode 30023-08

Folgen der Säkularisation

Nachdem Bayern viele ehemalige geistliche Gebiete übernommen hatte, verkaufte es auch alle Klöster, die dazugehört hatten. Neben dem Zuwachs an Staatsgebiet und Bevölkerungszahl hatte die Säkularisation noch weitere Folgen:

- Die landwirtschaftlichen Flächen und Bauern, die vorher geistlichen Grundherrschaften unterstanden hatten, wechselten den Eigentümer.
- Das Königreich Bayern eignete sich selbst wertvolle Besitztümer an. Ein Großteil des heutigen bayerischen Staatswaldes z. B. wurde in dieser Zeit von Klöstern übernommen.
- Der Staat bekam zusätzliche Pflichten. So musste er sich um die Aufgaben und Einrichtungen kümmern, die zuvor von den Klöstern betreut wurden, z. B. Schulen und Einrichtungen für Kranke und Arme.
- Vereinheitlichung von Steuern und Rechtsprechung

Königreich Bayern

1805 hatte sich eine neue Koalition gegen Napoleon gebildet, unter anderem aus den Großmächten Großbritannien, Österreich und Russland. Zu den Verbündeten des Kaisers von Frankreich gehörten unter anderem die süddeutschen Staaten Bayern, Württemberg und Baden. Zum Dank für seine Treue wurde der bayerische Kurfürst 1806 von Napoleon zum König erhoben.

Reformen „von oben"

Der bayerische Herrscher setzte eine Reihe von Reformen um und wurde dabei von seinem wichtigsten Minister unterstützt, dem Grafen Montgelas, der gleichzeitig ein Anhänger der Monarchie als Staatsform und von Ideen der Aufklärung war.
Die Maßnahmen in Frankreich, die Napoleon ergriffen hatte, waren ein wichtiges Vorbild für die Reformen in Bayern. Deren Ziele waren:

- Das Staatsgebiet mit den neu hinzugekommenen Teilen sollte möglichst gut, gerecht und einheitlich verwaltet werden.
- Für eine kompetente Beamtenschaft und eine leistungsfähige Wirtschaft sollte die Bildung verbessert werden. Entscheidend für Beruf und Karriere sollte allein die Leistung sein und weder die Abstammung noch persönliche Beziehungen oder Vermögen.
- Durchsetzung von modernen Vorstellungen der Aufklärung. Dazu gehörte u. a. der Grundsatz, dass alle vor dem Gesetz gleich sind und dieselben Chancen haben sollten.

Folgen der Reformen

Die Reformen durch den Staat sollten Bayern voranbringen und eine Revolution durch das Volk verhindern. Dennoch gab es viel Widerstand in der Bevölkerung dagegen. Besonders das Vorgehen gegen Einrichtungen der katholischen Kirche und Klöster, die Beschränkung der Feiertage und das teilweise Verbot von religiösen Gebräuchen (z. B. Prozessionen) führte zu heftigen Protesten. Unmut erregte auch die Abschaffung der Selbstverwaltung der Städte.

Wusstest du?

In der Verfassung von 1808 war eine Volksvertretung vorgesehen. Da aber der König und Montgelas um ihre Reformen fürchteten, wenn das Parlament mitbestimmt, fanden zunächst keine Wahlen statt. Erst nach Montgelas gab es in Bayern eine Volksvertretung.

M1 Aufhebung des Klosters Niederaltaich

Im folgenden Text wird dargestellt, wie das Kloster Niederaltaich (Niederbayern) seinen Besitz während der Säkularisation verloren hat:
Der Staat wollte nun aus dem Verkauf des Klosterbesitzes möglichst viele Einnahmen bekommen. Die klösterlichen Waldungen (ca. 16 000 ha), die wertvollsten Stücke der Archive der Bibliothek (allein nach München in die Kurfürstliche Bibliothek kamen in 11 großen Kisten 37 Handschriften, 386 Inkunabeln*, 1166 Bücher) sowie ein kleiner Teil der Kunstgegenstände sollten in staatlichem Besitz bleiben. Schon im April 1803 begannen die Versteigerungen, zuerst der Liegenschaften*, dann der Mobilien*. Es folgten die Vorräte an Getreide und Wein und schließlich die Grundstücke. Der Lokalkommissär* von Rüdt dachte sogar daran, die Klosterkirche abbrechen zu lassen. Die Landesdirektion lehnte diesen Vorschlag aber ab: „Einen so auffallenden Vandalismus will sich wenigstens die unterzeichnete Stelle nicht zu Schulden kommen lassen."

Johannes Hauck, Benediktinerabtei Niederaltaich

Q2 Montgelas

Gemälde von Joseph Hauber, 1804

Maximilian Joseph Graf von Montgelas hatte zwischen 1799 und 1817 drei Ministerämter, von 1803 bis 1809 sogar gleichzeitig. Nachdem die Kritik an seinen Reformen immer lauter wurde, entließ ihn 1817 König Max I. Joseph.

M2 Maßnahmen zur Modernisierung Bayerns (Auswahl)

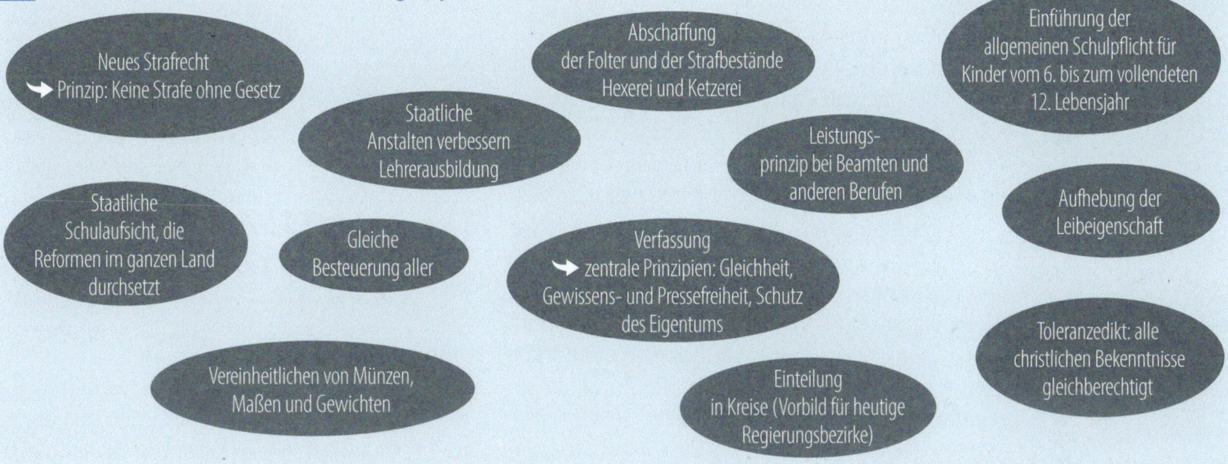

1. Fasse die Folgen der Säkularisation zusammen (*VT*, *M 1*).
2. Bewerte, wie die Säkularisation durchgeführt wurde (*VT*, *M 1*).
3. Stelle dir vor, du sollst einem Museumsbesucher erklären, warum sich der erste bayerische König so darstellen ließ (*Q 1*). Was sagst du? ➔ S. 190
4. Ordnet die einzelnen Maßnahmen den Bereichen Politik/Recht, Verwaltung und Bildung zu (*M 2*). Welche Begriffe passen in mehrere Kategorien?
5. Erkundigt euch, ob in eurer Gegend auch ein Kloster säkularisiert wurde und welche Geschichte es seitdem hatte.
6. Die Volksvertretung, die eigentlich in der Verfassung von 1808 enthalten war, wurde zunächst nicht einberufen („Wusstest du?"). Bewerte die Einstellung, die dadurch deutlich wird.

***Inkunabeln**
Druckerzeugnis aus der Frühzeit des Buchdruckes (2. Hälfte des 15. Jh.)

***Liegenschaften**
bebaute und unbebaute Grundstücke

***Mobilien**
beweglicher Besitz (im Gegensatz z. B. von Gebäuden/Immobilien)

***Lokalkommissär**
hoher Beamter

Widerstand gegen die Fremdherrschaft

M 1 Erschießung von Andreas Hofer
Bildpostkarte, um 1910

Der Wirt Andreas Hofer führte die Widerstandsbewegung gegen die bayerische und französische Besatzung Tirols an. 1809 wurde er auf Befehl Napoleons in Mantua hingerichtet.

Preußen reformiert sich

Nach den Niederlagen gegen Napoleon hatte Preußen fast die Hälfte seines Staatsgebiets verloren und musste hohe Zahlungen an Frankreich leisten. Die trostlose Lage des Landes veranlasste den König, Reformen in Gang zu setzen. Der Grundgedanke war, dass sich alle Kräfte frei entfalten und dadurch das Gemeinwohl steigen sollten. Ziel war, wieder zu einer Großmacht aufzusteigen und Frankreich zu besiegen. Bauern sollten nicht mehr von Grundherren abhängig sein und statt des Zwanges, einer Zunft* anzugehören, sollte es für Handwerker Gewerbefreiheit geben. Die Bildung wurde für alle Teile der Bevölkerung verbessert, u.a. durch die Gründung von Volksschulen und einer Universität.

Ohne ein besseres Heer war ein Aufstieg Preußens undenkbar. Durch die Einführung der Wehrpflicht sollten nun in erster Linie nicht mehr fremdländische Söldner für Preußen kämpfen, sondern das eigene Volk. Der Chef des Kriegsministeriums, General von Scharnhorst, schaffte außerdem entehrende Strafen wie die Prügelstrafe ab. Darüber, wer Offizier werden durfte, sollte fortan die Leistung und nicht der Adelstitel entscheiden.

***Zunft**
Zusammenschluss von Meistern derselben Handwerke. Die Zunft achtete auf die Interessen und Regeln ihrer Handwerker. Es gab z. B. die Bäckerzunft, die Weberzunft etc.

Materialien zur Herrschaft Napoleons über Kontinentaleuropa bietet Mediencode 30023-09

Völker erheben sich

Die Völker empfanden die französische Vorherrschaft immer stärker als Unterdrückung ihrer Nation. Der Hass wuchs durch die hohen Steuern. Außerdem mussten die Länder viele Soldaten für die Kriege Napoleons stellen. In Spanien fügten ab 1808 Freiheitskämpfer, unterstützt von Großbritannien und Portugal, der französischen Armee hohe Verluste zu. Ein österreichischer Versuch, die französische Herrschaft abzuschütteln, scheiterte ebenso wie der Tiroler Volksaufstand unter dem Südtiroler Wirt Andreas Hofer.

Unmut in den deutschen Staaten

Obwohl die Rheinbundstaaten weiterhin auf der Seite Napoleons standen, regten sich immer mehr Kritik und Widerstand. Die Abhängigkeit von Frankreich und die Verpflichtung, für die französische Armee deutsche Truppen stellen zu müssen, schürten Abneigung und sogar Hass auf die Besatzungsmacht. Gleichzeitig entstand ein Zusammengehörigkeitsgefühl. National gesinnte Schriftsteller und Dichter verbreiteten in ihren Schriften die Vorstellung einer gesamten deutschen Nation.

Die antifranzösische Stimmung verstärkte sich noch, als Napoleon mit seiner „Grande Armee" (Großen Armee) 1812 auszog, um das russische Zarenreich zu unterwerfen. Nur 30 Prozent der Armee bestand aus Franzosen. Der Rest stammte aus anderen Ländern, der größte Teil von ihnen aus Deutschland. Viele von ihnen kamen in Russland um.

Q1 Des Deutschen Vaterland

Dieses Gedicht von 1813 war damals sehr bekannt. Verfasst hat es Ernst Moritz Arndt (1769–1860). Hier Auszüge daraus:

1. Was ist des Deutschen Vaterland?
Ist's Preußenland? Ist's Schwabenland?
[...]
O nein, o nein, o nein, o nein!
Sein Vaterland muss größer sein!

2. Was ist des Deutschen Vaterland?
Ist's Bayerland? ist's Steirerland?
[...]
O nein, o nein, o nein, o nein!
Sein Vaterland muss größer sein!

[...]

7. Was ist des Deutschen Vaterland?
So nenne endlich mir das Land!
So weit die deutsche Zunge klingt
Und Gott im Himmel Lieder singt:
Das soll es sein! Das soll es sein!
Das wackrer Deutscher, nenne dein!

[...]

9. Das ist des Deutschen Vaterland,
Wo Zorn vertilgt den welschen* Tand*,
Wo jeder Franzmann* heißet Feind,
Wo jeder Deutsche heißet Freund.
Das soll es sein!
Das ganze Deutschland soll es sein!

Hans Bernd Spies, Die Erhebung gegen Napoleon, a. a. O., S. 256 f.

Q2 Vaterlandsliebe

In einer Flugschrift vom Mai 1813 äußert sich der Buchhändler Friedrich Perthes über die Lage in Deutschland folgendermaßen:

Die Franzosen waren unüberwindlich, als sie von Vaterlandsliebe beseelt [...] die besten stehenden Heere Europas besiegten, die ihnen ein verhasstes Joch* aufbürden wollten. Eine schlimmere Tyrannei hat sie aber nach und nach so herabgewürdigt [...]. Was sie noch sind, sind sie durch die Barbarei ihrer Anführer [...]. [...] Jetzt sind die Deutschen von derselben Liebe des Vaterlandes beseelt, die damals die Franzosen entflammte, und werden ebenso leicht die besten Linientruppen schlagen, als es damals die Franzosen taten.

Hans-Bernd Spies, Die Erhebung gegen Napoleon 1806–1814/15, Darmstadt 1981, S. 273 f.

M2 Theodor Körner vor Lützower Jägern

Historiengemälde von Richard Knötel, um 1912

Der Maler hat den Dichter Theodor Körner dargestellt, wie er eines seiner nationalen Lieder vorliest.

Die Lützower Jäger waren eine Truppe aus Freiwilligen für den Kampf gegen die französische Armee. Der preußische Offizier von Lützow stellte sie 1813 außerhalb von Preußen auf. Unsere Nationalfarben gehen auf die Farben der Uniformen zurück. Sie bestand nämlich aus schwarzen Uniformröcken, die Messingknöpfe glänzten golden und an den Hosenbeinen und am Kragen gab es rote Teile.

1 Erkläre, welche Wirkung der Zeichner mit *M 1* erzielen wollte. → S. 191

2 Begründe, warum das Ereignis noch über 100 Jahre später auf einer Postkarte verbreitet wurde. → S. 191

3 Fasse zusammen, warum und wie Preußen umfassende Reformen umsetzte (*VT*).

4 Entscheide, welche Einstellung der Maler von *M 2* gegenüber dem Dichter Theodor Körner hat (*M 2*).

5 Nenne die Frage, die im Gedicht *Q 1* im Mittelpunkt steht.

6 Erkläre, welche Antwort darauf gegeben wird. → S. 191
Übertrage die Erklärung in deine eigenen Worte.

7 In diesem Gedicht geht es nicht nur um Vaterlandsliebe (Patriotismus), sondern auch um Nationalismus. Begründe, warum dieser gefährlich ist.

8 Begründe, warum der Nationalismus in der napoleonischen Zeit wuchs (*VT*, *Q 2*, *M 2*).

***welsch**
abwertend hier für „französisch"

***Tand**
wertloses Zeug

***Franzmann**
abwertend für Franzose

***Joch**
Hier ist ein Teil eines Geschirrs gemeint, das auf dem Nacken von Zugtieren auflag und mit dessen Hilfe schwere Lasten transportiert wurden.

Das Ende der napoleonischen Herrschaft

Q1 Gedenken an bayerische Soldaten

Dieses Denkmal wurde errichtet für die bayerischen Soldaten aus Traunstein, die im Russlandfeldzug von 1812 ums Leben gekommen waren.
Der Schriftzug unten lautet: „Errichtet von dem Verein der beabschiedeten [= verabschiedeten] Soldaten".

Darstellungen zur Geschichte Napoleons findest du auch unter Mediencode 30023-10

Gegen Russland

Napoleon wollte auch den russischen Zaren unter seine Herrschaft zwingen. Denn dieser hatte sich nicht an die von Napoleon verhängte Kontinentalsperre gegen Großbritannien gehalten. Im Juli 1812 marschierte der Kaiser der Franzosen mit seiner „Grande Armée" in Russland ein und hoffte auf einen schnellen Sieg. Die gewaltige Streitmacht von etwa 600 000 Mann, an der auch etwa 30 000 Soldaten aus Bayern beteiligt waren, sollte einen erfolgreichen Feldzug garantieren.

In der einzigen Schlacht behielt zwar Napoleon die Oberhand und rückte bis Moskau vor. Eine endgültige Entscheidung war allerdings noch nicht gefallen. Napoleon zog in die Hauptstadt Moskau ein, die aus Angst vor Gräueln der Feindtruppen von den Einwohnern verlassen worden war und später in Brand gesetzt wurde. Dadurch fehlten Nahrung und Unterkünfte für die Soldaten.
Nachdem der russische Zar nicht die erhofften Friedensgespräche angeboten hatte, trat Napoleon den Rückzug an. Ständigen Angriffen, Krankheiten und der extremen Kälte von bis zu minus 50 °C ausgesetzt, starben hunderttausende Soldaten ohne Kampfhandlungen. Napoleon hatte seinen Ruf verloren, unbesiegbar zu sein.

Die Befreiungskriege

Der russische Zar wollte nun die Befreiung Europas von der napoleonischen Herrschaft erreichen. Preußen schloss sich der Befreiungsbewegung an. Getrieben von nationaler Begeisterung meldeten sich viele Freiwillige zum Militärdienst. Auch Österreich, Großbritannien und Schweden traten dem Bündnis bei. Nach und nach wechselten auch die Rheinbundstaaten die Seite.
In der Völkerschlacht bei Leipzig 1813 kämpften 500 000 Soldaten. Es war die bis dahin größte Schlacht der Weltgeschichte. Napoleons Truppen mussten sich zurückziehen. Am 31. März 1814 besetzten die verbündeten Armeen Paris. Napoleon musste abdanken und wurde auf die Insel Elba verbannt. Ein Jahr später riss Napoleon nochmals die Herrschaft an sich. Endgültig besiegt wurde er daraufhin in der Schlacht von Waterloo in Belgien. Danach wurde er auf die Insel St. Helena im Südatlantik verbannt. Dort starb er 1821.

Q2 „An mein Volk!"

In einem Aufruf erklärt König Max I. Joseph am 28. Oktober 1813 unter anderem:

Ich habe mit Europas mächtigsten Fürsten Mich verbunden zur Behauptung Unserer Unabhängigkeit, zur Herstellung des allgemeinen Friedens, zur Begründung eines [...] Gleichgewichts der Mächte, welches den freien Handel schützen soll, den Gewerbefleiß neu belebe und so den gesunkenen Wohlstand der Völker wieder aufrichte. Eure Söhne, Eure Brüder sind [...] ausgezogen, um den heiligen Kampf für diese großen Zwecke zu bestehen. Der Himmel wird unsere Waffen segnen! [...] Die Edelsten der Nation seien die Ersten, sich um ihn [seinen Kronprinz Ludwig, den späteren König Ludwig I., der die bayerischen Truppen anführte] zu versammeln. [...]
Erhaltet Euch würdig der Achtung der Völker, die mit Euch verbunden sind, und wenn sich die Gefahr unsern Grenzen nähert, so tretet ihr kühn entgegen und kämpft heldenmütig für den eigenen Herd, für Ehre und Vaterland!

Hans-Bernd Spies, Die Erhebung gegen Napoleon 1806–1814/15, Darmstadt 1981, S. 286 (vereinfacht)

Q3 Stufenleiter

Karikatur von 1814

So stellte sich der Zeichner den Werdegang Napoleons vor. Auf den Schildern steht: Corsischer Knabe – Militär-Schüler – Glücksritter zu Paris – General – Erster Consul – Kaiser der Franzosen – Abzug aus Spanien – Rückreise aus Moskau – Abschied von Deutschland – Ende

1 Erkläre, warum sich bayerische Soldaten an dem Russlandfeldzug des französischen Kaisers beteiligen mussten (*VT*, *Q 1*). ➔ S. 191

2 Erkläre, welche Nation in *Q 2* gemeint ist.

3 Arbeite heraus, wie König Max I. Joseph begründet, dass er sich gegen seinen ehemaligen Verbündeten Napoleon stellt (*Q 2*).

4 Beurteile, warum der Russlandfeldzug Napoleons gescheitert ist (*VT*).

5 Recherchiert, wo in Bayern sonst noch an Soldaten aus Bayern erinnert wird, die in den Befreiungskriegen gefallen sind (*Q 1*).

6 Erstellt in Gruppenarbeit eine Zeitleiste zur Karriere Napoleons.

7 Vergleicht eure Ergebnisse mit *Q 3*.

Click in Geschichte

M1 Aus der Startseite von „segu Geschichte"

Geschichte selber denken!

Geschichte ist dann spannend, wenn du eigene Fragen an die Vergangenheit stellst oder selbst erforschst, wie die Menschen früher gelebt haben.

Was ist segu?

segu Geschichte ist eine Lernplattform für einen offenen Geschichtsunterricht. Sie hat das Ziel, dass im Geschichtsunterricht digitale Medien sinnvoll eingesetzt werden. Mit den einzelnen Bausteinen zu unterschiedlichen Themen könnt ihr euch selbstständig mit Geschichte auseinandersetzen.

Da die Materialien als OER (Open Educational Resources) gestaltet sind, dürfen sie – ohne dabei gegen Urheberrechte zu verstoßen – auch von euch verändert werden. Sie können auf allen Geräten bearbeitet werden. Die Angebote unterscheiden sich nach Bearbeitungszeiten, Methoden, Medien und Schwierigkeitsgraden.

Zur Startseite von segu Geschichte führt dich Mediencode 30023-11

M2 Startseite von segu Geschichte
Bei diesem Bild ist das Menü geöffnet, was unter „Lernmodule" zu finden ist.

Wie ist segu aufgebaut?

Auf der Startseite findest du ganz oben eine Leiste. Wenn du mit dem Cursor über die einzelnen Begriffe fährst, öffnen sich sogenannte Menüs mit den einzelnen Angeboten:

- Wie du in *M2* siehst, sind die Inhalte bei den *Lernmodulen* chronologisch geordnet.
- Geht man in die *Schlagwortsuche*, kann man entweder nach „Themen und Begriffen" suchen oder unter dem Schlagwort „Geschichte lernen" unterschiedliche Aspekte wie „verstehen und urteilen" oder „Quellen untersuchen" finden. Auch lassen sich hier drei Schwierigkeitsgrade filtern.
- Bei *Lernen mit segu* könnt ihr viele interessante Bausteine zu Themen wie Politik und Herrschaft, Gesellschaft, Kultur etc. entdecken.

Beispiel Völkerschlachtdenkmal

Nun könnt ihr mithilfe der Lernplattform das Völkerschlachtdenkmal untersuchen. Es wurde 1913 zur Erinnerung an die Völkerschlacht bei Leipzig (siehe S. 58) errichtet.

Auf die entsprechende Seite bei segu Geschichte kommst du mithilfe des Mediencodes auf dieser Seite.

Die Seite enthält einen kurzen Text mit Informationen zum Denkmal. Wenn man auf dem Foto die einzelnen Punkte anklickt, erscheinen Hintergrundinformationen zu den einzelnen Bestandteilen des Denkmals (siehe das Beispiel rechts unten).

Auf den Seiten von segu findest du jeweils auch Aufgaben. Sie geben dir Hinweise, wie du dich mit den Materialien beschäftigen kannst.

M3 Aufgabenseite von segu zum Völkerschlachtdenkmal

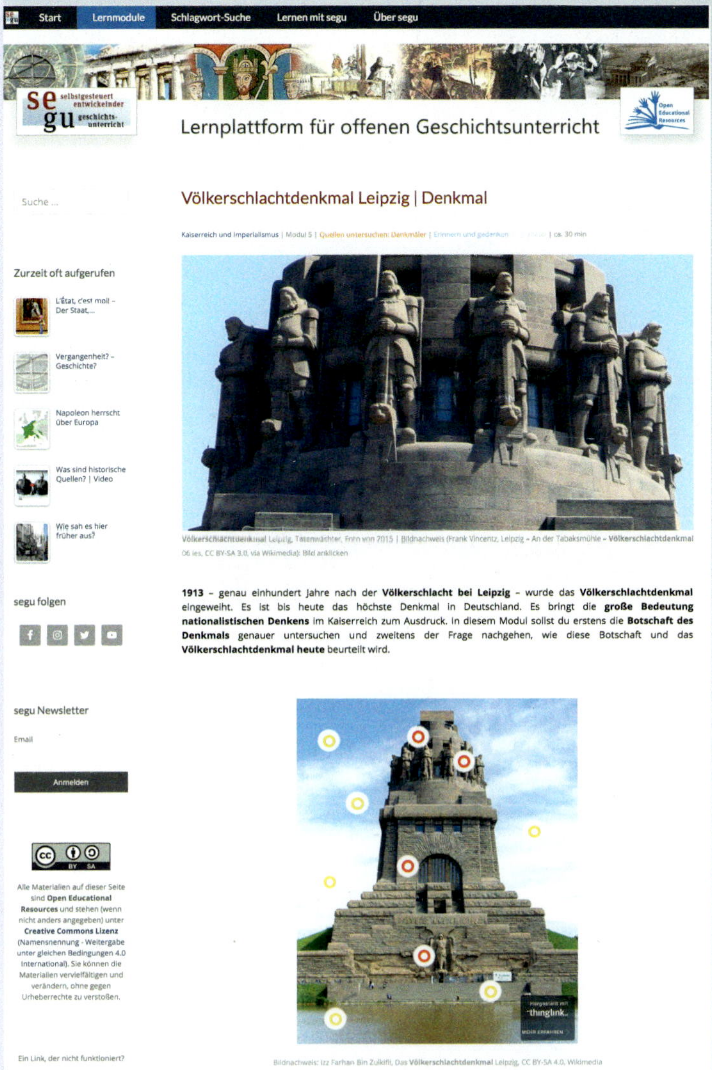

Auf die Seite von segu Geschichte zum Völkerschlachtdenkmal in Leipzig gelangst du mithilfe des Mediencodes 30023-12

M4 Hinweise auf weitere Denkmäler

Dieser Kasten ist ebenfalls auf der segu-Seite zum Völkerschlachtdenkmal zu finden.

Geschichte querDenken

Tipp

In der Modulserie **Denk Mal! Denkmäler untersuchen** kannst du noch andere Denkmäler kennen lernen – zum Beispiel das **Hermannsdenkmal** bei Detmold oder das **Holocaust-Mahnmal** in Berlin.

1 Erkläre einem Mitschüler, der segu Geschichte noch nicht kennt, was sich hinter diesem Angebot verbirgt.

2 Setze dich mit den Aufgaben auf der Seite zum Völkerschlachtdenkmal auseinander. Was erfährst du? (*M 3*, Mediencode auf der rechten Seite) ➔ S. 191

3 Überzeuge ihn mithilfe des Beispiels vom Völkerschlachtdenkmal davon, dass bei segu Fakten und Zusammenhänge anschaulich dargestellt werden. Nutze dazu auch dein historisches Vorwissen (S. 56–59).

4 Als Computerexperte hast du sicher noch eine Idee, wie man das Angebot verbessern könnte. Entwickle entsprechende Vorschläge.

5 Eine Forderung von segu lautet: „Geschichte ist dann spannend, wenn du eigene Fragen stellst …“ (*M 1*). Überprüfe, ob diese Forderung umgesetzt wird.

Das weiß ich – …

Aufstieg und Ende Napoleons

Das napoleonische Zeitalter

Kontinentalsperre gegen Großbritannien

Napoleon in Frankreich

Erfolgreicher Feldherr
- Zurückschlagen der Großmächte, die Frankreich bedrohen
- Expansion in andere Staaten

Alleinherrschaft
- Reformen in Verwaltung und Rechtssystem („Code civil")

Kaiser der Franzosen

Verbannung

Hegemonie

Modernisierung

Die übrigen Länder Kontinentaleuropas

Besatzungsherrschaft in vielen Ländern

Neuordnung Deutschlands:
- Rheinbund
  1806 Auflösung des Heiligen Römischen Reiches
- Rangerhöhung bei treuen Mittelmächten, u. a. 1806 Gründung des Königreiches Bayern
- Säkularisation und Mediatisierung

Reformen in Politik und Verwaltung

Wachsender Nationalismus und Widerstand; Befreiungskriege

1 Nenne die Karriereschritte Napoleons.

2 Erläutere die langfristigen Folgen der Herrschaft Napoleons für Frankreich und die übrigen Staaten Europas.

3 Fasse zusammen, welche Charaktereigenschaften und Fähigkeiten Napoleon zu seinen Erfolgen verhalfen.

4 Beurteile, welche Charaktereigenschaften und Aspekte, die er nicht beeinflussen konnte, für seinen Abstieg verantwortlich waren.

… das kann ich!

Eine Position beziehen: War Napoleon ein guter Herrscher?

Napoleon ist eine sehr umstrittene Persönlichkeit der Geschichte. Auch Geschichtsforscher diskutieren intensiv darüber, ob er ein guter Herrscher war. Die einen bewundern seine Karriere, bei der er es bis zum Kaiser der Franzosen gebracht hat. Andere sind sehr kritisch. Dabei führen sie unter anderem seine Eroberungskriege und seinen Egoismus als Argumente an.
Wer sich eine Meinung zu der Frage bilden will, ob Napoleon ein guter Herrscher war, muss viele Bereiche berücksichtigen: die Situation Frankreichs zu Beginn seiner Karriere und in seiner Zeit als Alleinherrscher, seine politischen Maßnahmen und Methoden, die Folgen für Bayern und Deutschland insgesamt sowie für Europa. Entscheidend dabei ist immer auch, wie man Napoleon moralisch einschätzt.
Bei der folgenden Methode sollt ihr euch selbst eine Meinung bilden und im wahrsten Sinne des Wortes eine Position beziehen. Dabei könnt ihr folgendermaßen vorgehen:

1. Schritt
In einem Raum werden drei Linien (= Positionen) gezogen, zum Beispiel mithilfe eines Klebebandes. Die drei Positionen stehen für „ Ich stimme voll zu" – „Ich stimme überhaupt nicht zu" – „Ich bin unentschieden" (siehe Grafik rechts).

2. Schritt
Bildet Dreiergruppen und beratet gemeinsam die Frage „War Napoleon ein guter Herrscher?". Sammelt dabei jeweils bis zu vier Argumente, die eurer Meinung nach am stärksten dafür bzw. dagegen sprechen.

3. Schritt
Bilde dir nach eurer Diskussion dein eigenes Urteil.

4. Schritt
Jeder Einzelne von euch bezieht nun seine Position zu der Frage.

5. Schritt
Bis zu fünf Schülerinnen und Schüler von jeder Seite bringen nun ihre Argumente vor, warum sie sich so entschieden haben. Dabei wechseln sich beide Seiten ab.

6. Schritt
Entscheidet, ob ihr nach der Diskussion eure bisherige Position beibehalten wollt oder euch woanders hinstellen wollt.

1 Führt die Methode „Positionslinie" durch, wie sie oben beschrieben ist.

2 Fasst zusammen
a) welche Position nach der Diskussion (Schritt 5) noch zusätzlich Schülerinnen und Schüler für sich gewinnen konnte;
b) welche Position am Ende die meisten Befürworter hatte.

3 Deutschland von der Restauration bis zur Revolution

Q1 Die Heilige Allianz
Malerei von Heinrich Olivier, 1815.
Dargestellt sind der Kaiser von Österreich, der König von Preußen und der russische Zar. Sie schworen sich gegenseitige Unterstützung, wenn eine ihrer Monarchien bedroht ist. Fast alle europäischen Fürsten traten der „Heiligen Allianz" bei. Das Wort „Allianz" bedeutet Bündnis.

Q2 Germania
Lithografie nach einer Zeichnung von Fritz Bamberger, 1848.
Diese Figur war ein Sinnbild für Deutschland. Der Eichenlaubkranz ist ein Symbol für Treue, der Ölzweig für Friedfertigkeit und das Reichsschwert für Wehrhaftigkeit. Das Bild hing groß im ersten deutschen Parlament in der Frankfurter Paulskirche.

Napoleon hatte Europa massiv umgestaltet. Nachdem er besiegt war, war die Frage, wie der Kontinent neu geordnet werden konnte und was rückgängig gemacht werden sollte. Zu den wichtigsten Siegern über Napoleon gehörten der Kaiser von Österreich, der König von Preußen und der Zar in Russland, aber auch Großbritannien.

In der Zeit ab 1815 kämpften neue Bewegungen um mehr Rechte für die Bevölkerung, 1848 sogar in einer Revolution. Vieles von dem, was sie damals wollten, ist für uns heute selbstverständlich.

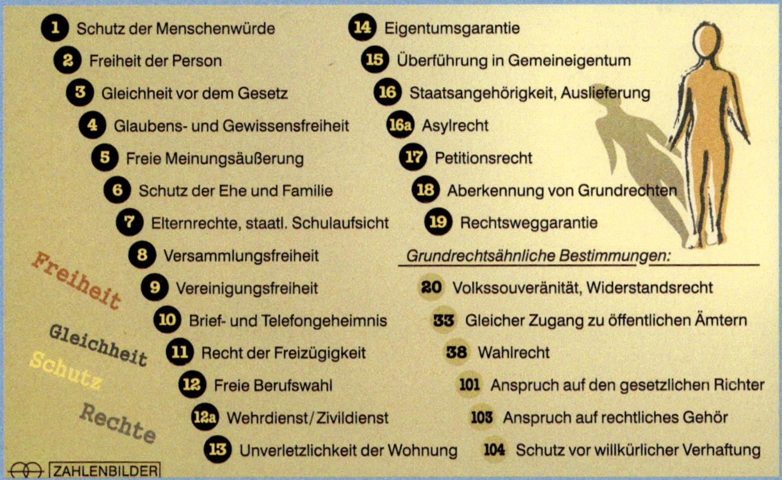

M 1 Grundrechte im Grundgesetz
Die Grundrechte begrenzen die Macht des Staates und dürfen nicht außer Kraft gesetzt werden.

M 2 Die deutsche Nationalhymne
Den Text der Hymne verfasste 1841 der Dichter Heinrich Hoffmann von Fallersleben

M 3 Der Deutsche Bundestag

Was weißt du schon?

- Beschreibe, wie die Herrscher von Österreich, Preußen und Russland in *Q 1* dargestellt werden.
- Der Maler greift auf eine Epoche in der Vergangenheit zurück (*Q 1*). Nenne sie und erläutere die Gründe für die Entscheidung des Malers. ➔ S. 191
- Nehmt Stellung, wie Deutschland in *Q 2* dargestellt wird.
- Diskutiert, wie ihr heute eine Figur Deutschlands gestalten würdet.
- Zählt auf, bei welchen Gelegenheiten euch die deutsche Flagge (*Q 2*) und die Nationalhymne (*M 2*) schon begegnet sind.
- Besprecht untereinander, wann *M 1* bis *M 3* in eurem Alltag wichtig werden.

Orientierung

Der Vormärz – Zeit für politische Neuerungen

1815 ging ein kriegerisches und blutiges Zeitalter zu Ende. Mit der Schlacht von Waterloo endete die Vorherrschaft Napoleons über Europa endgültig. Doch in seinem Innern war der Kontinent schwer geschädigt: Hunderttausende von Menschen waren tot, das Land war verwüstet, die Produktion ziviler Güter lag darnieder. Die Napoleonischen Kriege waren zwar zu Ende; die wirtschaftlichen, gesellschaftlichen und politischen Folgen dieses Zeitalters des Blutvergießens und der Seuchen waren jedoch noch nicht abzusehen. Entscheidende Fragen waren nun,
- wie man mit den tiefgreifenden Änderungen, die Napoleon in Europa durchgesetzt hatte, umgehen sollte;
- wie sich der aufkommende Nationalismus in Deutschland und Europa entwickelt und wie die Fürsten darauf reagieren.

Q1 **„Die Radikalkur"**
Karikatur von 1814
Die Soldaten im Vordergrund stammen aus verschiedenen Ländern und zwingen Napoleon, die eroberten Gebiete wieder auszuspucken.

Am Ende des Kapitels könnt ihr

- erklären, welche Friedensordnung nach den Napoleonischen Kriegen für Europa geschaffen wurde;
- verstehen, warum die Menschen in Deutschland ganz unterschiedlich auf diese Friedensordnung reagierten;
- verstehen, was die Begriffe „Freiheit" und „Nationalismus" bedeuten und warum sie bis heute wichtig sind;
- die deutsche Revolution von 1848/49 erklären und ihre Bedeutung für das Werden der Demokratie in Deutschland einschätzen.

1814/15 – Neuordnung Europas auf dem Wiener Kongress

1817 – Wartburgfest

1819 – Die Karlsbader Beschlüsse richten sich gegen die liberale und demokratische Bewegung

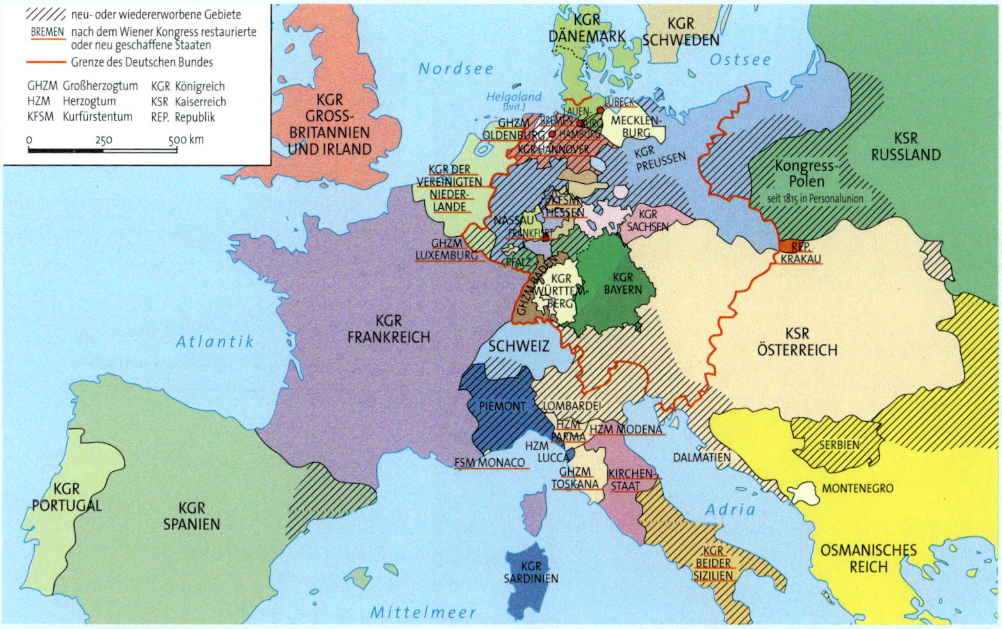

M 1 Karte 1815

Nach dem Sieg über Napoleon wollten die vier großen Siegermächte Großbritannien, Russland, Österreich und Preußen wieder Frieden und Ordnung in Europa herstellen. Das Heilige Römische Reich Deutscher Nation wurde nicht wiederhergestellt. Stattdessen gab es nun den Deutschen Bund.

- Diskutiert, welche Wünsche und Hoffnungen die Menschen in den europäischen Staaten nach dem Sieg über Napoleon gehabt haben könnten.
- Nehmt auch Stellung dazu, ob die Ergebnisse aus Aufgabe 1 zu verwirklichen waren.
- Vergleiche mit der Karte auf S. 39: Welche der Großmächte ist wieder erstarkt? Welche Gründe findet ihr dafür?
- Beurteilt, vor welchen Herausforderungen diese Großmächte standen, als sie sich in Wien trafen, um Europa nach der napoleonischen Fremdherrschaft neu zu ordnen.
- Der Friede, der 1815 in Wien geschlossen wurde, hielt fast 100 Jahre bis zum Ausbruch des Ersten Weltkriegs. Diskutiert, welche Voraussetzungen für eine stabile und erfolgreiche Zusammenarbeit in Europa früher wie heute wichtig sind.
- Sucht mithilfe einer aktuellen Deutschland-Karte Orte, die in diesem Kapitel von Bedeutung sein werden, und ordnet sie der Karte von 1815 zu: Wien, Hambach, Wartburg, Karlsbad, Berlin, Wien, Frankfurt.

1830 – Julirevolution in Frankreich

1848 – Februarrevolution in Frankreich

1848 – Ausbruch der deutschen Revolution

1849 – Nationalversammlung in der Frankfurter Paulskirche

Der Wiener Kongress ordnet Europa neu

Q1 „Der Wiener Kongress"
Kolorierter Holzstich von Jean-Baptiste Isabey, 1815

Am Wiener Kongress nahmen bis zu 15 Kaiser und Könige, 200 weitere Fürsten und über 120 Diplomaten aus fast allen Staaten Europas teil. Die Hauptvertreter der vier großen Siegerstaaten sowie Frankreichs sind:

1 Klemens von Metternich (Österreich); er leitete den Kongress
2 Karl August von Hardenberg (Preußen)
3 Karl Robert von Nesselrode (Russland)
4 Robert Stewart, Viscount Castlereagh (Großbritannien)
5 Charles-Maurice de Talleyrand (Frankreich)

***Restauration**
(lat. restaurare: wiederherstellen): Wiederherstellung früherer, politischer und gesellschaftlicher Verhältnisse, die oft durch eine Revolution beseitigt worden waren. So wird auch die Epoche in der Zeit von 1815 bis 1848 genannt, in der die Fürsten durch eine restaurative Politik versuchten, alle nationalen und liberalen Bestrebungen zu unterdrücken.

⚠ Wiener Kongress
1814/15 versammelten sich die europäischen Mächte in Wien, um in einer neuen Friedensordnung das Gleichgewicht der Staaten auf dem Kontinent und die Macht der Fürsten wiederherzustellen.

Freiheitsgefühl der europäischen Völker

Unter großen Entbehrungen, aber auch voller Leidenschaft hatten Menschen aus ganz Europa an den Kriegen gegen Napoleon teilgenommen. Der gemeinsam errungene Sieg über den französischen Fremdherrscher und das dadurch entstandene Freiheitsgefühl gab den europäischen Völkern Sicherheit und Selbstvertrauen. Sie erhofften sich jetzt auch in ihren eigenen Ländern mehr Mitsprache. Das lehnten die europäischen Fürsten ab und wollten weiterhin allein regieren. Denn das entsprach nicht ihren Vorstellungen von einer guten Staatsordnung.

Die „Alten" ordnen Europa neu

1814/1815 versammelten sich Fürsten und Staatsmänner aus ganz Europa auf dem **Wiener Kongress**, um eine stabile Friedensordnung für Europa zu schaffen. Das von Napoleon zerstörte Gleichgewicht sollte wiederhergestellt werden. Kein Staat sollte noch einmal die Vorherrschaft in Europa erringen können. Dementsprechend sollten Gebiete und Machtverhältnisse so verteilt werden, dass kein Staat zu mächtig wurde. Die wichtigsten Kongressteilnehmer kamen aus den fünf Großmächten Österreich, Preußen, Russland, England und Frankreich. Unter der Führung des österreichischen Fürsten von Metternich legten die Herrscher drei wichtige Grundsätze fest:

- Das *Prinzip der Restauration** garantierte den Fürsten, dass sie ihre Macht behielten. Viele der seit der Französischen Revolution eingetretenen gesellschaftlichen und politischen Veränderungen wurden wieder rückgängig gemacht.
- Das *Prinzip der Legitimität* garantierte, dass allein die Fürsten im Recht sind zu herrschen, weil nur sie von Gott für dieses Amt bestimmt waren. Damit wollten die Herrscher verhindern, dass die Völker, wie bereits in den USA verwirklicht, selbst ihre Regierung bestimmten.
- Um diese Monarchien auch zukünftig vor möglichen Veränderungen zu schützen und um sich gegenseitig zu unterstützen, schlossen die Monarchen von Russland, Preußen und Österreich 1815 ein Bündnis. Dieser „*Heiligen Allianz*" traten fast alle europäischen Herrscherhäuser bei.

Die Wiener Friedensordnung hielt fast 100 Jahre bis zum Ausbruch des Ersten Weltkriegs im Jahr 1914.

M 1 „Immer im Gleichgewicht"?

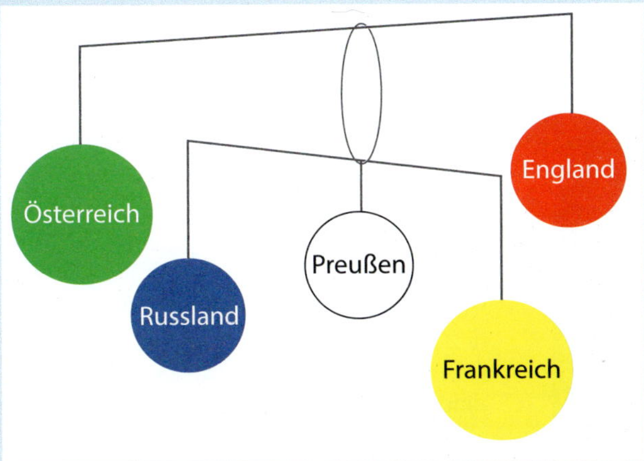

Ähnlich wie die frei und ausbalanciert hängenden Kugeln durch die leichtesten Bewegungen unruhig werden, konnte nach 1815 ein langfristiger Frieden nur dann funktionieren, wenn die Großmächte – hierfür stehen symbolisch die Kugeln des Mobiles – im Gleichgewicht blieben.

Q 2 „Der tanzende Kongress"

Französische Karikatur, um 1815

Der Wiener Kongress dauerte fast ein Jahr. Viele Beobachter hatten den Eindruck, dass es den Staatsmännern nicht darum ging, schnell eine neue Friedensordnung zu erreichen, sondern sich zu vergnügen.
Die abgebildeten Figuren stehen für die Staatsmänner Frankreichs, Großbritanniens, Österreichs, Preußens, Russlands, Sachsens und Genuas (von links nach rechts).

1 Bei dem Bild *Q 1* hat der Maler zwei Gruppen (Kreise) von Personen gezeichnet (links und rechts). Erkläre, was das über die Bedeutung Frankreichs aussagt.

2 Diskutiert, welchen Rang der Maler den Vertretern der vier anderen Großmächte zugeteilt hat (*Q 1*).

3 Betrachte das Mobile (*M 1*), dessen Kugeln das Gleichgewicht der Kräfte in Europa darstellen soll. Was könnte die Kugeln bzw. Großmächte aus dem Gleichgewicht bringen? Erläutere.

4 Diskutiert, ob ihr evtl. die Anordnung der Mächte verändern würdet. Begründet jeweils.

5 Die auf dem Wiener Kongress geschaffene Friedensordnung hielt 100 Jahre bis zum Ausbruch des Ersten Weltkriegs. Diskutiert, ob dies auch gelungen wäre, wenn man den Wunsch der europäischen Völker nach mehr politischer Mitbestimmung berücksichtigt hätte.

6 Trotz neuer Friedensordnung: Die Wünsche der europäischen Völker nach Freiheit und Selbstbestimmung blieben unberücksichtigt. Erörtert, welche Folgen dies für die Länder Europas haben könnte.

Der Deutsche Bund

M1 Deutscher Bund
Vergrößerter Ausschnitt der Karte von S. 67

⚠ Deutscher Bund
auf dem Wiener Kongress gegründeter lockerer Staatenbund*, dem anfangs 35 souveräne Fürstentümer und vier freie Städte (Lübeck, Hamburg, Bremen und Frankfurt am Main) angehörten. Die Fürsten meinten, dass ihre Macht von Gott gegeben war, und sahen dies als Grundlage dafür, allein und ohne das Volk zu herrschen.

*** Staatenbund**
Zusammenschluss unabhängiger (souveräner) Staaten. Ein Staatenbund hat zwar gemeinsame Institutionen. Anders als bei einem Bundesstaat (wie zum Beispiel die Bundesrepublik Deutschland), der eine gemeinsame Regierung hat, bleiben die Staaten in einem Staatenbund eigenständig.

„Deutschland" ist ein loser Staatenbund

Auch die deutschen Gebiete mussten auf dem Wiener Kongress neu geordnet werden. Denn unter Napoleons Herrschaft war das „Heilige Römische Reich Deutscher Nation", das 1000 Jahre existiert hatte, mit der Niederlegung der Kaiserkrone durch Franz II. im Jahr 1806 untergegangen.
Die Gebiete des alten Reiches blieben bei der Neuordnung Deutschlands weitreichend bestehen, bekamen aber einen neuen politischen Rahmen. Vor allem um sich gegenseitig besser schützen und um einen möglichen Volksaufstand schneller niederschlagen zu können, schlossen sich 35 Einzelstaaten und vier freie Städte zu einem losen Staatenbund*, dem **Deutschen Bund**, zusammen. Die Staaten behielten dabei ihre Selbstständigkeit.

Die Fürsten bleiben stark und selbstständig

Eine gemeinsame Regierung, die einheitliche Regelungen für den gesamten Bund traf, gab es genauso wenig wie eine einheitliche Verfassung und grundlegende Gesetze – zu weit klafften die politischen Einzelinteressen der Staaten auseinander. Viele Staaten bekamen eigene Verfassungen und eigene Gesetze.
Die Mitgliedstaaten trafen sich aber regelmäßig in Frankfurt am Main und berieten sich in der Bundesversammlung. Den Vorsitz hatte Österreich.

Der Deutsche Bund schafft Probleme

Bei der Vielzahl an selbstständigen Staaten und ihren unterschiedlichen Interessen blieb es allerdings schwierig, eine gemeinsame Lösung bei wichtigen Entscheidungen zu treffen. Auch die Rivalität zwischen den beiden mächtigsten Staaten, Preußen und Österreich, und die Frage, welcher der beiden in Zukunft die Führung des Deutschen Bundes übernehmen sollte, stellten eine Belastung dar.
Der Deutsche Bund stärkte die Macht der Fürsten. Er war damit auch ein Instrument, um Leute, die politische Veränderungen wollten, zu verfolgen. Viele Deutsche wollten aus diesem Grund den Deutschen Bund nicht mehr und sehnten sich stattdessen nach einem einheitlichen Staat, der die Interessen aller Bürger wahrnahm. Auch kleinere Staaten wie z.B. Bayern lehnten den Deutschen Bund ab. Sie befürchteten, dass Preußen zu dominant werden würde.

Eine deutsche Großmacht?

Losgelöst von den deutschen Wünschen und Problemen, darf nicht vergessen werden, dass ein einheitlicher deutscher Staat das Gleichgewicht der Mächte in Europa gefährdet hätte.

Wusstest du?

Am 15. April 1815 brach auf der indonesischen Insel Sumbawa der Supervulkan Tambora aus und spuckte gigantische Mengen an Staubteilchen in die Atmosphäre, die sich in den folgenden Monaten rund um den Globus verteilten und das Sonnenlicht absorbierten. Vulkanologen stufen diese Eruption deutlich höher ein als den Ausbruch des Vesuv im Jahr 79 n. Chr. Die Folge: Das Klima veränderte sich. Bis zum Sommer 1817 erlebten die Menschen in Mitteleuropa katastrophale Hungersnöte mit weitreichenden Folgen.

Q1 Kritik an der „Bundesverfassung“

Am 7. Mai 1815 steht in dem von Joseph Görres herausgegebenen „Rheinischen Merkur“:

Es ist endlich bekannt geworden, welche Verfassung man dem Bunde geben will [...]. Man hat die Völker bei seiner Errichtung nicht um Rat gefragt; man scheint auf sie und ihre Stimme nicht hören zu wollen. [...] Dennoch ist es unsere Pflicht, uns zu erheben gegen das Verderbliche, damit wir ohne Schuld sind an dem Unglück des Vaterlands. [...] Man wird zur Vermutung gezwungen, dass man Deutschland nicht als organisches Ganzes, als einen Staat betrachte, sondern nur als einen Staatenbund [...]. Aber man höre doch nur den Ruf aller deutschen Volksstämme. Einmütig erklären sie: „Wir wollen nicht länger bloß Preußen, Hannoveraner, Hessen bleiben, wir wollen Deutsche werden!“ Der künstliche Bund aber, der nicht gestützt ist auf die Liebe und den Gemeingeist des deutschen Volkes, wird bald durch seine eigene Schwäche zusammenfallen! [...] Anmerkung: Es könnte gut sein, wenn die deutschen Vereine und Städte Unterschriften sammeln würden zu einer Bittschrift um Einführung deutscher Reichsstände. Die Stimme des Volkes dringt so schwer durch zu den Ohren der Fürsten [...].

Rheinischer Merkur, Nr. 234 vom 7. Mai 1815, S. 1 f. (leicht vereinfacht und Rechtschreibung angepasst)

M2 Die Bundesrepublik Deutschland mit ihren Bundesländern

M3 „Frei statt Bayern“

Foto von 2009

Teile der Bevölkerung Frankens wollen noch immer ein eigenes Bundesland.

1 Vergleiche mithilfe der Karte *M 1* das Gebiet des Deutschen Bundes mit der heutigen Bundesrepublik Deutschland (*M 2*) und arbeite Unterschiede heraus.

2 Arbeite mithilfe des Verfassertextes heraus, welche Aufgaben der Deutsche Bund hatte und vor welchen Herausforderungen er stand.

3 Arbeite die Vorstellungen des Verfassers von *Q 1* heraus. Wie begründet er seine Ausführungen und wie sollen sie durchgesetzt werden?

4 Beurteilt, welche Vor- und Nachteile es hatte, mit dem Deutschen Bund einen Staatenbund und keinen Bundesstaat zu schaffen (*M 1*, *M 2*, *VT*). → S. 191

5 Auf dem Aufkleber (*M 3*) steht der Ausspruch „Frei statt Bayern“. Erkläre, was damit gemeint ist. Was ist der besondere Wortwitz an diesem Slogan?

6 Erörtert gemeinsam, ob die Forderung, Franken zu einem eigenen Bundesland zu machen (*M 3*), sinnvoll ist oder nicht.

7 Entwerft einen Aufkleber, der für die Beibehaltung des Bundeslandes Bayern in seiner jetzigen Form – ohne die Abspaltung Frankens – wirbt.

„Einigkeit und Recht und Freiheit“

M1 „Einigkeit und Recht und Freiheit“
Briefmarke von 1957

Anlass war die erste Sitzung des Parlaments in der Bundesrepublik Deutschland.

„Freiheit“ ist nicht selbstverständlich

„Einigkeit und Recht und Freiheit für das deutsche Vaterland“ – so beginnt unsere heutige Nationalhymne, die August Heinrich Hoffmann von Fallersleben 1841 als dritte Strophe seines „Lieds der Deutschen“ verfasste. Die darin besungenen Begriffe „Einigkeit“ und „Freiheit“ sind heute wichtige Werte der deutschen Demokratie. Was für uns heute selbstverständlich ist, entwickelte sich erst allmählich im 19. Jh. und begann für viele Menschen in den verschiedenen deutschen Staaten immer wichtiger zu werden. Sie wollten die rückwärts gewandte Politik der Fürsten und die damit verbundene Unterdrückung des Volkswillens nicht akzeptieren.

In einem gemeinsamen Deutschland leben

„Einigkeit“ umschrieb damals die Sehnsucht vieler Deutscher nach Zusammengehörigkeit – ein Gefühl, das sie durch den gemeinschaftlich errungenen Sieg über Napoleon ja gerade erfahren hatten. Es stärkte die Deutschen in ihrem Bewusstsein, eine Nation zu sein. Viele waren der Meinung, dass ein Volk mit derselben Sprache, Geschichte und Kultur auch in einem gemeinsamen, einheitlichen, nationalen Staat zusammenleben sollte. Dies nennt man „Nationalismus“.

Freiheit für alle

Wichtig war dabei aber auch die Idee des Liberalismus (lat. „liber“: „frei“). Dabei sollte den Menschen nicht länger vom Staat vorgeschrieben werden, was sie zu denken und zu glauben hatten. Der Mensch sollte, solange er nicht die Rechte eines anderen Menschen verletzte, selbst entscheiden, was er für richtig hielt. Der **Liberalismus** forderte die Durchsetzung von Grund- und Menschenrechten, z.B. von Meinungs- und Gewissensfreiheit, Pressefreiheit, und betonte die Gleichheit aller Menschen vor dem Gesetz. Bei uns in Deutschland sind diese Rechte heute in der Verfassung festgeschrieben. Durch freie Wahlen – auch das ist ein weiterer Grundsatz des Liberalismus – bestimmt das Volk außerdem die Politik in Deutschland mit.
Nach dem Wiener Kongress hatte aber nicht das Volk, sondern der Adel die Macht. Immer mehr Deutsche schlossen sich den Ideen des Nationalismus und Liberalismus an.

M2 „150 Jahre Deutschlandlied“
Briefmarke von 1991

Wusstest du?

Der Rhein hatte in der Nationalbewegung eine große Bedeutung, aus folgenden Gründen: Der Fluss durchzieht Deutschland von Süden bis Norden. An ihm liegen zahlreiche Burgen und Städte aus der deutschen Geschichte. Um die Landschaften am Rhein entstanden viele Sagen und Mythen. Das westliche Nachbarland Frankreich versuchte, sein Staatsgebiet bis an den Rhein auszudehnen.

⚠ Nation
(lat. natio: Herkunft, Abstammung):
Als Nation wird seit dem 18. Jh. eine große Gruppe von Menschen mit gleicher Abstammug, Geschichte, Sprache, Kultur oder mit gemeinsamer Regierung und Staatsordnung (Verfassung) in einem Staat bezeichnet. Nationen sind keine natürlichen Gebilde, sondern Konstruktionen.

⚠ Nationalismus
Einstellung, die die eigene Nation oder den eigenen Staat hochschätzt.
Damit verbunden ist der Anspruch auf nationale Selbstständigkeit.
Heute wird mit dem Begriff Nationalismus ein Nationalgefühl bezeichnet, das gleichzeitig Menschen anderer Völker abwertet.

⚠ Liberalismus
(lat. liber: frei): Nach dieser Lehre soll sich jeder Einzelne aus religiösen und politischen Abhängigkeiten lösen und sein Leben frei gestalten können. Seit dem Ende des 18. Jh. fordern Liberale den Schutz von Menschenrechten und Verfassungen, die den Bürgern politische Mitsprache einräumen.

M3 „Einigkeit und Recht und Freiheit“

Im unteren Bild ist im Hintergrund der Rhein zu sehen.

Q1 „Und es wird kommen der Tag …“

Aus der Rede des Journalisten Siebenpfeiffer auf dem Hambacher Fest 1832 (siehe S. 74):

Und es wird kommen der Tag [...] wo der Deutsche vom Alpengebirg und der Nordsee, vom Rhein, der Donau und Elbe den Bruder im Bruder umarmt, wo die Zollstöcke* und die Schlagbäume*, wo alle Hoheitszeichen der Trennung und Hemmung und Bedrückung verschwinden; [...] wo das deutsche Weib* nicht mehr die dienstpflichtige Magd des herrschenden Mannes, sondern die freie Genossin des freien Bürgers, unsern Söhnen und Töchtern schon als stammelnden Säuglingen die Freiheit einflösst; [...] wo der Bürger nicht in höriger Untertänigkeit den Launen des Herrschers, [...] sondern dem Gesetz gehorcht und auf den Tafeln des Gesetzes den eigenen Willen liest [...].

Johann Georg August Wirth, Das Nationalfest der Deutschen zu Hambach, Neustadt a. d. H. 1832, Nachdruck der Originalausgabe Neustadt a. d. W. 1981, S. 34, 38 und 40

***Zollstock**
Zollstelle an einer Landesgrenze

***Schlagbaum**
Grenzübergang mit Kontrollposten

***Weib**
im 19. Jh. das normale Wort für „Frau“, nicht verächtlich gemeint

1 Arbeite heraus, wovon der Redner in *Q 1* träumt.

2 1952 wurde das Deutschlandlied wieder offizielle Nationalhymne. Begründet, warum heute nur die dritte Strophe gesungen wird (*M 1*, *M 2* und *M 3*). → S. 191

3 Beschreibe, welche Eindrücke von Deutschland die Postkarte (*M 3*) vermittelt.

4 Diskutiert, was für euch „typisch deutsch“ ist.

5 „Einigkeit und Recht und Freiheit“ – so beginnt unsere Nationalhymne. Erkläre diese Begriffe mithilfe des Verfassertextes und erläutere, warum sie für unser demokratisches Zusammenleben wichtig sind (*VT*, *M 2*).

6 Sicher sind auch Mitschüler anderer Nationalitäten in eurer Klasse. Wie sehen deren Hymnen aus? Spielt sie euch gegenseitig auf „YouTube“ vor und vergleicht sie miteinander. Wie wirkt die Melodie auf euch, welche Gemeinsamkeiten oder Unterschiede findet ihr in den Hymnen?

7 Diskutiert, wann nationale Gefühle für euch wichtig sind und wann sie gefährlich werden können.

Kampf um Veränderungen

Q1 Der Zug zur Hambacher Schlossruine
Kolorierte Lithografie, 1832

In den Staaten des Deutschen Bundes fanden 1832 rund 30 ähnliche Veranstaltungen statt.

Q2 Verbrennung restaurativer Elemente
Zeitgenössischer Kupferstich

Auf dem Wartburgfest verbrannten einige Studenten Symbole der Adelsherrschaft: fürstentreue Schriften, den Zopf einer Perücke, einen Teil einer preußischen Uniform und einen österreichischen Korporalstock, Symbol der Militärherrschaft.

Das Wartburgfest

Auf dem Wartburgfest bei Eisenach protestierten 1817 fünfhundert Studenten und Professoren gegen die Politik der Fürsten. Sie demonstrierten für ein geeintes, freies Deutschland.

Karlsbader Beschlüsse

1819 ermordete der Student und Burschenschaftler* Sand den Dichter Kotzebue. Das war für die Fürsten ein willkommener Anlass, um gegen alle freiheitlichen Studenten und Professoren vorzugehen. In den „Karlsbader Beschlüssen" wurden die liberalen Vereinigungen und Burschenschaften verboten. Besonders radikale Studenten wurden verhaftet, einige Professoren aus dem Dienst entlassen. Die Presse, also alle Zeitungen und Zeitschriften, wurde nun überwacht. Artikel, die liberale Ideen enthielten oder Herrscher kritisierten, wurden verboten.

***Burschenschaft**
„Burschen" war im 19. Jh. eine Bezeichnung für Studenten. Burschenschaften sind Studentenverbindungen.

Neuer Protest auf dem Hambacher Fest

Die nächste öffentliche Protestveranstaltung war das „Hambacher Fest" 1832. Mit 30 000 Demonstranten war es die größte politische Veranstaltung, die es je in Deutschland gegeben hatte. Die Menschen forderten dabei vor allem die nationale Einheit und soziale Gerechtigkeit.
Und wieder schlugen die Fürsten zurück: Sie verschärften die Pressezensur noch weiter und hoben die Rede- und Versammlungsfreiheit* auf. Viele Gegner der Fürstenherrschaft und Verdächtige wurden mit Gefängnis bestraft oder flohen ins Ausland.

***Rede- und Versammlungsfreiheit**
sind Grundrechte und sehr wichtig in einer Demokratie.

Die Situation in Bayern

König Ludwig I. (1786–1868) unterstützte zu Beginn seiner Herrschaft liberale Gedanken und widersetzte sich zunächst der rückwärtsgewandten Politik anderer Fürsten. Er war für die 1818 eingeführte Verfassung; denn er war überzeugt, dass die Rechte, die diese Verfassung den Bürgern gab, ihre Treue zum König förderten. Die Pressezensur hob er auf, da sie der in der Verfassung festgeschriebenen Meinungsfreiheit widersprach. Neue Zeitungen wurden gegründet, 25 waren es allein in München. Damit war Bayern zunächst relativ fortschrittlich.1830 änderte Ludwig I. seinen innenpolitischen Kurs. Aus Angst, dass es nun auch in Bayern einen Aufstand geben könnte, führte er die Pressezensur wieder ein. Liberale Politiker, die für eine friedliche Reform der Verfassung eintraten, ließ er nun verfolgen und verhaften.

Wusstest du?

Kripo im Museum

Kriminaldirektor und Hobby-Historiker Manfred Leopold, 54, beseitigte Zweifel, dass der Student Carl Ludwig Sand tatsächlich den Dichter August Kotzebue getötet hatte. Das Geständnis Sands war nicht erzwungen, die Tatwaffe, ein Dolch, echt. „Weiterer Ermittlungen" bedarf laut Polizeibericht die Frage, ob der Mörder „möglicherweise Mittäter" hatte.

Q3 Der Hessische Landbote

Der Student und spätere Schriftsteller Georg Büchner kritisierte die politischen Zustände in Hessen scharf. Es folgten Durchsuchungen und Verhaftungen. Büchner wurde verhört, konnte aber fliehen und wurde nun polizeilich gesucht. Am 19. Februar 1837 starb er in Zürich an Typhus. In seiner Flugschrift „Der Hessische Landbote" heißt es u. a.:

Friede den Hütten! Krieg den Palästen!

Im Jahr 1834 sieht es so aus, als würde die Bibel Lügen gestraft. Es sieht so aus, als hätte Gott die Bauern und Handwerker am fünften Tage und die Fürsten und Vornehmen am sechsten gemacht, und als hätte der Herr zu diesen gesagt: Herrschet über alles Getier, das auf Erden kriecht, und hätte die Bauern und Bürger zum Gewürm gezählt. Das Leben der Vornehmen ist ein langer Sonntag, sie wohnen in schönen Häusern, sie tragen zierliche Kleider, sie haben feiste* Gesichter und reden eine eigene Sprache; das Volk aber liegt vor ihnen wie Dünger auf dem Acker. Das Leben des Bauern ist ein langer Werktag; Fremde verzehren seine Äcker vor seinen Augen, sein Leib ist eine Schwiele*, sein Schweiß ist das Salz auf dem Tisch der Vornehmen.

Georg Büchner, Werke und Briefe, hrsg. v. Karl Pörnbacher u. a., München 1988, S. 40 f.

Q4 „Der Denker-Club". Auch eine deutsche Gesellschaft

Karikatur, um 1829

An der Wand stehen folgende Gesetze des Klubs: „Schweigen ist das erste Gesetz dieser gelehrten Gesellschaft." „Auf dass kein Mitglied in Versuchung geraten mögen, seiner Zunge freien Lauf zu lassen, so werden beim Eintritt Maulkörbe verteilt."

*feist
dick

*Schwiele
Beule, Narbe

1 Auch heute noch gibt es viele Burschenschaften. Sammelt Informationen über sie im Internet und diskutiert im Klassenverband über ihren heutigen Sinn und Zweck.

2 Nach dem Erscheinen des „Hessischen Landboten" wurde die Schrift als „hochverräterisch" und als „eine der bösartigsten revolutionären Schriften überhaupt" eingestuft. Büchner wurde als Staatsverräter gesucht. Begründe mithilfe des Textauszuges in *Q3*, warum der Dichter verfolgt wurde.

3 Die Menschen haben von 1815 bis 1848 für bestimmte Rechte gekämpft. Skizziere, wofür es sich heute lohnen würde zu kämpfen. Entwerft dazu passende Demonstrationsplakate mit einprägsamen Schlagwörtern.

4 Erkläre die Karikatur (*Q4*). Die Leitfragen auf der Methodenseite S. 83 können euch hierbei helfen.

5 Stellt die Situation auf der Karikatur (*Q4*) nach: Acht Schüler setzen sich schweigend um einen Tisch. Hinter ihnen stehen acht andere, die das laut sagen, was nur gedacht werden darf. Tauscht anschließend die Rollen.

6 Wären vielleicht statt der Unterdrückungsmaßnahmen andere Maßnahmen der Fürsten sinnvoll gewesen, um die Unzufriedenheit in der Bevölkerung zu verringern und die eigene Herrschaft zu retten? Diskutiert.

Rückzug ins Privatleben – das Biedermeier

Q1 Familienidylle
Lehrtafel für Kinder, 1840

Die Tafel stellt ein idyllisches Familienleben dar, wie es für einen Großteil der damaligen Bürger ideal war. Oft saß die ganze Familie am Esstisch und genoss das häusliche Glück im Kreise der Ihren.

*Biedermeier
Bezeichnung für den bürgerlichen Lebensstil zwischen 1815 und 1848. Kennzeichen waren Verbundenheit mit Heimat und Familie, Religion und Interesse an deutscher Geschichte, Literatur und Musik.

Familienidylle

Enttäuscht über den Ausgang des Wiener Kongresses und aus Angst vor den scharfen Maßnahmen der Karlsbader Beschlüsse zogen sich große Teile des Bürgertums aus der Politik ins Privatleben zurück und verbrachten viel Zeit mit der Familie. Das kleine Glück war bescheiden: ein Haus im Grünen, gelb gestrichen und mit grünen Fensterläden. Die typische Bürgerfamilie, bestehend aus Vater, Mutter, Sohn und Tochter, musizierte viel gemeinsam und unternahm sonntägliche Spaziergänge. Ostern und Weihnachten waren jährliche Höhepunkte im Familienkalender. Diese häusliche und geborgene, aber zugleich auch enge, sehr geordnete und spießige Zeit nennt man Biedermeier*.

Q2 Theresienhain in Bamberg
Zeichnung von Eugen Napoleon Neureuther, 1821

Unpolitische Kunst- und Literaturszene

Auch in der Kunst- und Literaturszene der Zeit spiegelte sich der Wunsch nach dieser idyllischen Welt wider. In der Kunstepoche der Romantik* konzentrierten sich Maler wie Caspar David Friedrich auf Natur- und Landschaftsbilder. Statt sich mit dem politischen Geschehen auseinanderzusetzen, beschäftigten sich viele Dichter der Zeit mit Naturschilderungen und beschrieben romantische Gefühle; die Religion war tief verwurzelt und der Glaube an übersinnliche Phänomene war weit verbreitet.

Nicht alle Künstler passen sich an

Unter der scheinbar biederen Oberfläche brodelte es weiter. Die Unzufriedenheit und das Bedürfnis nach Freiheit konnte auch in der Biedermeierzeit nicht erstickt werden. So sammelte sich unter der Bezeichnung „Junges Deutschland" eine Gruppe von Journalisten, Schriftstellern und Dichtern, die die Missstände der Zeit öffentlich anprangerten. Sie wehrten sich in ihren Schriften gegen soziale Ungerechtigkeiten und kritisierten die politischen Verhältnisse, vor allem die scharfe Zensur und Überwachungspraxis der Restaurationspolitik. Zu ihnen gehörten Dichter wie Heinrich Heine, Georg Büchner und Hoffmann von Fallersleben, der 1841 das Gedicht „Lied der Deutschen" verfasste (siehe S. 72). 1835 wurden ihre Schriften verboten. Viele Dichter wurden verfolgt und mussten ins Ausland fliehen.

Wusstest du?

In der Zeit des Biedermeier wurden zahlreiche Parks wie zum Beispiel der **Theresienhain in Bamberg** (*Q2*) angelegt (die Zeichnung links stammt von 1821). Sie gaben den Familien Gelegenheit für ihre Spaziergänge.

Q3 Mode im Biedermeier

Gemälde von Johann Michael Weder, 1836

Q4 Frauenideal

Die folgende Ansicht des Schweizer Juristen Johann Caspar Bluntschli (1808–1881) war zur damaligen Zeit weit verbreitet:

Als ich Clementine zuerst sah, bewunderte ich ihren hellen Verstand. Aber gerade dieser scharfe, blendende Verstand machte mich stutzig, da ich diese Kraft sonst nur bei Männern liebe. So gerne ich mit gescheiten Frauen spreche und den Umgang mit solchen hoch schätze, so wenig war ich geneigt, bei meiner Geliebten vorzüglich hervorragenden und herrschenden Verstand zu suchen. Jüngst hatte ich unter jungen Männern geäußert: Ich möchte um keinen Preis eine Frau, die mich an Verstand überträfe. [...] In der Tat, die Schärfe und Stärke des Verstandes bleibt auf ewig der Vorzug der Männer. Frauen können sich nur von ferne annähern. Es bleibt in ihrem Verstand immer eine gewisse Schwäche zurück.

Nach: Volker Schult, Der Bürger als „Held" auf der Bühne der Epoche. Mode im Biedermeier, in: Geschichte lernen. Kleidung und Mode, Heft 89 (2001), S. 51

Q5 Kreidefelsen auf Rügen

Gemälde von Caspar David Friedrich, 1818

Es ist typisch für die romantische* Verehrung der Natur in der Biedermeierzeit.

*Romantik
Kunstepoche in der ersten Hälfte des 19. Jh. In der Malerei und Literatur waren die eigenen Gefühle, Liebe, unerklärliche Erscheinungen, alte Sagen und Natur zentrale Themen. Herausragende Vertreter sind der Maler Caspar David Friedrich, die Dichter Eduard Mörike und Joseph von Eichendorff sowie der Komponist Franz Schubert.

1 Beschreibe die Inneneinrichtung, die Aufstellung und die Tätigkeiten der dargestellten Personen (*Q 1*). Achte dabei auf Mimik und Gestik.

2 Beschreibe, was dir sonst auffällt.

3 Vergleiche die Mode des Biedermeier (*Q 3*) mit heute. Was sind heutzutage „Must-haves" bei Männern und Frauen und welche Gründe findest du für dieses Modeideal?

4 Fasse *Q 4* mit eigenen Worten zusammen. Beschreibe dabei das Idealbild einer Frau und nenne mögliche Gründe dafür.

5 Vergleicht dieses Idealbild mit dem bzw. mehreren heutigen Frauenidealen (*Q 4*).

6 Wählt einen entweder im Verfassertext genannten oder sonstigen Dichter und Denker der Romantik aus. Informiert euch über seinen Lebensweg und seine Werke und stellt ihn anschließend der Klasse vor. Arbeitet dabei besonders heraus, welche Merkmale seiner Werke typisch für die Romantik waren.

7 Das Biedermeier war eine Zeit, in der sich der Großteil der Bürger nicht mit Politik beschäftigte. Diskutiert, welche Gründe es im Vergleich dazu heute gibt, politisch uninteressiert zu sein, und nehmt Stellung dazu.

Revolution in den deutschen Staaten!

Q1 Barrikadenkämpfe
Lithografie von F.C. Nordmann, 1848

Das Bild stellt Barrikadenkämpfe in Berlin dar, die am 18. und 19. März 1848 stattfanden.
Im Vordergrund werden aus einer Bleiverglasung bei Fenstern Kugeln gegossen.

Q2 Lola Montez
Gemälde, 1847

Ein Video mit Karten (siehe Mediencode 30023-13) erklärt, dass es 1848 nicht nur in Deutschland Revolutionen gab.

Die Lage spitzt sich zu

Zum beständig hohen politischen Druck von unten kam nun noch die Unzufriedenheit „unterer" Bevölkerungsschichten. Wegen hoher Abgaben und schlechter Ernten waren viele Bauern in Not geraten. Als im Februar 1848 Frankreich die Republik ausrief, schwappte die Revolutionswelle auch nach Deutschland über. Im März kam es in weiten Teilen des Landes zu massiven Auseinandersetzungen. Das war der Beginn der Revolution von 1848/49. Überall wurden wieder Versammlungs- und Redefreiheit, Pressefreiheit, gleiche politische Rechte für alle Staatsbürger und die Einheit Deutschlands gefordert.

Gibt der König nach?

Aus Angst vor Aufständen machte der preußische König seinen Untertanen Zugeständnisse: Er hob die Pressezensur auf und versprach eine Verfassung. Als sich Tausende von Berlinern am 18. März auf dem Schlossplatz versammelten, um sich zu bedanken, lösten sich Schüsse aus den Reihen der bereitstehenden Soldaten. Die Menschen fühlten sich verraten. Daraufhin kam es zu blutigen Barrikadenkämpfen. Hierbei beteiligt waren vor allem Handwerker, Fabrikarbeiter und Dienstboten. Auch einige Kaufleute und mittlere Beamte schlossen sich an. Akademiker waren aber kaum vertreten. Traurige Bilanz der Kämpfe in Berlin: 230 Tote. Schockiert über diese Entwicklung zog der König seine Truppen ab. Am 22. März verneigte er sich auf Druck der Bevölkerung vor den auf dem Schlossplatz aufgebahrten Gefallenen. Auch in anderen Staaten kam es zu revolutionären Unruhen.

Der König von Bayern ist verliebt

In Bayern verschärfte sich die revolutionäre Lage durch die Affäre König Ludwigs I. mit der Tänzerin Lola Montez. Zwar hatte es Anfang 1848 in Bayern auch schon Unruhen aufgrund von Missernten und hohen Brotpreisen gegeben. Deswegen kam es in München zu Protesten, als der König seiner Geliebten ein Palais errichten ließ und ihr auch sonst einen aufwändigen Lebensstil ermöglichte. Als sich Ludwig I. über einige protestierende Professoren und Studenten ärgerte und daraufhin Universitäten schließen ließ, kam es auch in Augsburg und Nürnberg zu Aufständen. Ludwig machte Zugeständnisse, seine Geliebte musste München verlassen. Der König dankte am 10. März 1848 freiwillig ab. Denn er war der Meinung, dass Parlament und Regierung seine Macht zu sehr einschränkten.

Wusstest du?

Bier war in Bayern schon immer eine ernste Angelegenheit. 1844 erhöhte König Ludwig I. aufgrund schlechter Getreideernten zuerst den Brot- und wenig später den Bierpreis. Während die Bayern die höheren Brotkosten noch einigermaßen gelassen hinnahmen, kam es nach der Bekanntgabe des Aufschlags auf Bier zu Ausschreitungen. In München stürmten und verwüsteten etwa 2000 aufgebrachte Bürger zahlreiche Brauereigebäude.
Da das Militär sich weigerte, gegen die Aufständischen vorzugehen, nahm Ludwig I. die Preiserhöhung am 5. März zurück. Im Oktober 1844 ordnete er sogar eine Senkung der Preise im Münchner Hofbräuhaus an.

Q3 Erstürmung des Zeughauses in München

Lithografie von Valentin Ruths, 1848

Obwohl König Ludwig I. in der Affäre um Lola Montez nachgegeben hatte, verstärkte das Bürgertum den Druck auf den Monarchen. Als Militär in der Stadt postiert wurde, stürmte eine Volksmenge das Zeughaus. Dort wurden Waffen gelagert.

Q4 Straßenkampf in Berlin

Über die Ereignisse im März 1848 berichtet ein Zeitgenosse in seinen Lebenserinnerungen:

Bald waren in allen Richtungen die Straßen mit Barrikaden gesperrt. Die Pflastersteine schienen von selbst aus dem Boden zu springen und sich zu Brustwehren [Barrikaden] aufzubauen, auf denen dann schwarz-rot-goldene Fahnen flatterten – und hinter ihnen Bürger aus allen Klassen [...] – hastig bewaffnet mit dem, was eben zur Hand war Kugelbüchsen, Jagdflinten, Pistolen, Säbeln, Äxten, Hämmern usw. Es war ein Aufstand ohne Vorbereitung, ohne Planung, ohne System. [...]

Und hinter den Barrikaden waren die Frauen geschäftig, den Verwundeten beizustehen und die Kämpfenden mit Speis und Trank zu stärken, während kleine Knaben eifrig dabei waren, Kugeln zu gießen oder Gewehre zu laden [...].

Carl Schurz, Lebenserinnerungen, Bd. 1, Berlin 1906, S. 123 f.

1 Stelle fest, aus welcher Gesellschaftsschicht die abgebildeten Aufständischen kamen. Beachte dabei die Kleidung (*Q 1*).

2 Vergleiche das Bild *Q 3* mit *Q 1*.

3 Nenne Gründe, warum die reichen Bürger an den Aufständen kaum beteiligt waren.

4 Arbeitet heraus, wofür Berliner Studenten und Arbeiter demonstrierten, und fertigt dazu Demonstrationsplakate an.

5 Schreibe zu den Ereignissen in Berlin am 18./19. März (*VT*, *Q 1*, *Q 4*) einen Brief, einen inneren Monolog oder einen Tagebucheintrag (jeweils aus der Sicht eines Augenzeugen). → S. 191

6 Erstelle mithilfe des Internets ein Porträt von Lola Montez (*Q 2*).

7 Weitere „berühmte" Affären waren im 20. Jh. die von König Eduard VIII. und Wallis Simpson, John F. Kennedy und Marilyn Monroe oder Bill Clinton und Monica Lewinsky. Trage zu einer der Affären Informationen zusammen (Internet) und stelle sie der Klasse vor.

8 Die Zeit von 1815 bis zur Revolution 1848 nennen Historiker „Vormärz". Erkläre, was mit diesem Begriff ausgedrückt werden soll.

Das erste deutsche Parlament

Informationen zur Frankfurter Paulskirche findest du unter Mediencode 30023-14

Zu den Grundrechten in der Bundesrepublik Deutschland führt dich Mediencode 30023-15

Q1 Feierlicher Einzug in die Paulskirche
Holzstich von 1896 nach einer Lithografie von 1848

Nationalversammlung

In fast allen deutschen Staaten fanden nach den Erfolgen der Revolution Wahlen zum ersten deutschen Parlament, der Nationalversammlung*, statt.

Salutschüsse und Glockengeläut begrüßten die Abgeordneten, die am 18. Mai 1848 in die Frankfurter Paulskirche einzogen. Einig war man sich in den Forderungen nach Einheit und Freiheit, die konkrete Umsetzung stellte sich aber als schwierig dar. Deswegen dauerten die Debatten und Verhandlungen in der Paulskirche auch fast ein Jahr. Problematisch war dabei bereits die Zusammensetzung der Nationalversammlung. Menschen aus ärmeren Schichten, die in den deutschen Großstädten auf die Straße gegangen waren und ihr Leben riskiert hatten, waren in Frankfurt nicht vertreten. Stattdessen diskutierten größtenteils Männer aus dem gehobenen Bürgertum – Akademiker (Professoren, Lehrer und Rechtsanwälte), Staatsdiener (Beamte, Richter und Offiziere) und Vertreter der Wirtschaft (Kaufleute und Unternehmer).

***Nationalversammlung**
Gewählte Vertretung des Volkes. Sie soll die Interessen des Volkes vertreten und Verfassungen und Gesetze erlassen.

Mit oder ohne Monarch? Mit oder ohne Österreich?

Zunächst galt es zu klären, ob das geeinte Deutschland Monarchie bleiben oder Republik werden sollte. Auch das Gebiet des neuen Staates war noch festzulegen: Sollten die deutschsprachigen Gebiete Österreichs dazugehören (großdeutsche Lösung) oder nicht (kleindeutsche Lösung)? Am 28. März 1849 verabschiedete die Nationalversammlung die Verfassung des Deutschen Reiches. Sie sah eine **konstitutionelle Monarchie** vor. Man hatte sich für die kleindeutsche Lösung entschieden und wollte die Monarchie erhalten. Reichsoberhaupt als Kaiser sollte der preußische König Friedrich Wilhelm IV. werden.

⚠ Konstitutionelle Monarchie
Bei dieser Regierungsform ist der Monarch (z. B. ein König) an eine Konstitution (= Verfassung) gebunden. Seine Macht ist dadurch gesetzlich begrenzt (siehe auch S. 28).

Die Fürsten wieder fest im Sattel

Inzwischen hatten die Fürsten ihre Macht aber wieder stärken können und revolutionäre Umtriebe erfolgreich bekämpft. Im Herbst 1848 waren Wien und Berlin beispielsweise wieder völlig unter Kontrolle der Monarchen. Als 1849 Vertreter der Nationalversammlung dem preußischen König die Krone anboten, lehnte dieser ab. Denn für ihn war es mit seiner Würde als Herrscher „von Gottes Gnaden" nicht vereinbar, dass ihm Bürger „von unten" dieses Amt übertragen. Enttäuscht legten die Abgeordneten ihr Amt nieder, die Arbeit der Paulskirche war gescheitert. Die Anhänger der Revolution wurden verhaftet, hingerichtet oder flohen aus Deutschland. Der Deutsche Bund bestand weiter.

Q2 Germania
Kupferstich von Julius Hübner, 1850

Wusstest du?

Die Paulskirche in Frankfurt am Main ist ein nationales Symbol für Freiheit und Demokratie in Deutschland. Deshalb wurde sie als eines der ersten Gebäude in Frankfurt nach dem Zweiten Weltkrieg wieder aufgebaut. Am 18. März 1948, dem 100. Geburtstag der Nationalversammlung, wurde sie feierlich wiedereröffnet.

Q3 Die Nationalversammlung in der Paulskirche

Lithografie, 1848

Über dem Sitz des Präsidenten befand sich ein Transparent mit der Germania, dem Sinnbild Deutschlands (siehe S. 64).

M1 Politische Richtungen in der Nationalversammlung

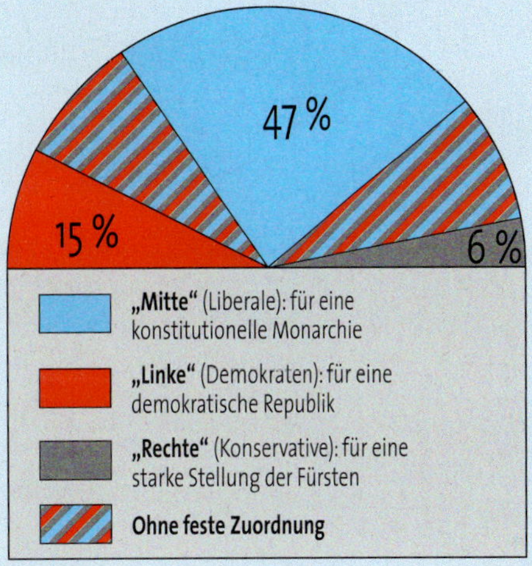

M2 Sitzverteilung im deutschen Bundestag 2017

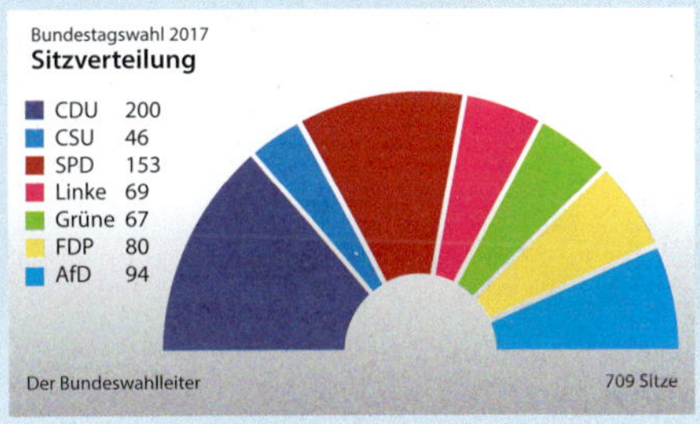

Q4 Aus den Grundrechten von 1848

Die Grundrechte wurden Teil der Verfassung von 1849.

§ 137 Vor dem Gesetze gilt kein Unterschied der Stände. [...] Die Deutschen sind vor dem Gesetze gleich. [...] Die öffentlichen Ämter sind für alle Befähigten gleich zugänglich. [...]

§ 138 Die Freiheit der Person ist unverletzlich. [...]

§ 139 Die Todesstrafe [...] sowie die Strafen des Prangers, der Brandmarkung und der körperlichen Züchtigung sind abgeschafft.

§ 140 Die Wohnung ist unverletzlich. [...]

§ 142 Das Briefgeheimnis ist gewährleistet. [...]

§ 143 Jeder Deutsche hat das Recht, durch Wort, Schrift, Druck und bildliche Darstellung seine Meinung frei zu äußern. Die Pressefreiheit darf unter keinen Umständen und in keiner Weise [...] aufgehoben werden.

§ 144 Jeder Deutsche hat volle Glaubens- und Gewissensfreiheit. [...]

§ 164 Das Eigentum ist unverletzlich.

Udo Sautter, Deutsche Geschichte seit 1815: Daten, Fakten, Dokumente, Bd. II: Verfassungen, Tübingen/Basel 2004, S. 68–72

1 Debattiert mithilfe des Verfassertextes und der Karte auf der Orientierungsseite (S. 67) zunächst in Kleingruppen und anschließend im Klassenverband folgende Aufgaben der Paulskirche: „kleindeutsche" oder „großdeutsche Lösung", „Republik" oder „Monarchie"? Zu welchem Ergebnis kommt ihr? Welche Schwierigkeiten sind im Diskussionsverlauf aufgetaucht?

2 Untersuche, welchen Eindruck *Q 1* und *Q 3* von der Nationalversammlung vermitteln sollen.

3 Erläutere die Aussage und die Einstellung des Künstlers bei *Q 2*. ➔ S. 191

4 Arbeite mithilfe des Verfassertextes heraus, warum die deutsche Revolution scheiterte.

5 Begründe, warum es in der Politik sinnvoll ist, sich zu Gruppierungen (Parteien) zusammenzuschließen (*M 1* und *M 2*).

6 Es gilt als große Errungenschaft, dass die Nationalversammlung Grundrechte festgeschrieben hat. Welche Grundrechte sind damals wie heute eurer Meinung nach besonders wichtig? Begründet eure Ansicht.

Methode

Karikaturen interpretieren

Karikaturen sind Zeichnungen, die Ereignisse in Politik und Gesellschaft oder auch Alltägliches kommentieren und bewerten. Auf humorvolle und witzige Weise zeigen sie Schwächen von Personen und bemängeln Zustände und Entwicklungen. Ein Karikaturist stellt meist eine einfache Szene dar, damit seine Meinung deutlich wird.

Karikaturisten setzen verschiedene Mittel ein:
- Reale Personen werden verzerrt und lächerlich dargestellt. Zum Beispiel werden körperliche Merkmale betont, die Kleidung, bestimmte Gegenstände oder Charaktereigenschaften hervorgehoben.
- Tiere stehen für ein ganzes Land (z. B. der russische Bär für Russland).
- Figuren mit typischen Merkmalen stellen ein Volk dar (zum Beispiel der „deutsche Michel" mit Schlafmütze für Deutschland).
- Symbole (z. B. die Waage für Gerechtigkeit oder die Krone für einen König bzw. für die Monarchie).
- Manchmal fügt der Zeichner eine erläuternde Zeile hinzu oder legt einer Figur eine Äußerung in den Mund.

Q1 Andere Zeiten – andere Sitten
Karikatur von 1849

Bei dem König, der dargestellt wird, handelt es sich um Friedrich Wilhelm IV. von Preußen. Auf dem rechten Bild trägt er eine sogenannte Pickelhaube. Sie ist ein Symbol für Preußen.

Beschreiben

- Nenne die Zeit, in der die Karikatur gezeichnet wurde.
- Beschreibe die dargestellte Szene(n). Falls ein Bildtitel oder ein Text dabei sind, können sie vielleicht weiterhelfen. ①
- Arbeite heraus, wie die Personen dargestellt sind und was besonders auffällig ist. ②

① *Bei der Szene verbeugt sich .... Im Zentrum des Bildes steht .... Am linken Bildrand/am rechten Bildrand .... Zu erkennen sind folgende Tiere und Gegenstände: .... Außerdem sind ... vermutlich Symbole, die für etwas stehen.*

② *Bei der Person ... ist ... besonders auffällig. Sie ist folgendermaßen gekleidet: .... Außerdem trägt sie / hat in der Hand ....*

Untersuchen

- Erkläre, welche Person(en) dargestellt ist/sind und woran das zu erkennen ist. ①
- Untersuche, warum die Personen in der Karikatur so dargestellt werden. Was wird dadurch besonders hervorgehoben? ②
- Erkläre, wofür die Tiere, Gegenstände und Symbole stehen. Gibt es Personen, die für eine Gruppe oder ein Volk stehen? Informiere dich ggf. im Internet oder in einem Lexikon. ③
- Erläutere, auf welches Ereignis bzw. auf welchen Sachverhalt die Karikatur anspielt.

Nutze dafür dein Vorwissen. Bei der Karikatur *Q 1* können dir die beiden vorherigen Doppelseiten mit dem Symbol oben rechts weiterhelfen (S. 78–81).

① *Bei dem Mann/der Frau handelt es sich um .... Das ist an der Gestalt/der Kleidung ... zu erkennen.*

② *Bei ... wird ... besonders hervorgehoben. Dadurch soll er/sie leichter erkennbar sein./Dadurch wird auf folgende Charaktereigenschaft angespielt: ....*

③ *Das Tier ... steht für .... Ein Symbol für ... ist ....*

Deuten

- Deute, welche Meinung bzw. Kritik der Zeichner ausdrückt. ①
- Beurteile, warum der Zeichner gerade diese Szene(n) gewählt hat.

① *Dadurch, dass der Karikaturist die Person .../das Ereignis ... so (lächerlich) darstellt, kritisiert er Folgendes: ....*

Geschichte hört nicht auf

Demokratie und Grundrechte

In unserer Verfassung, dem Grundgesetz, sind die Grundrechte ein wesentlicher Bestandteil. Sie stehen am Anfang und können nicht außer Kraft gesetzt werden, auch wenn eine große Mehrheit im Parlament das ändern möchte. Das ist auch deshalb so, weil es in der deutschen Geschichte sehr schlimme Erfahrungen gab. Denn zu Beginn der nationalsozialistischen Diktatur hat das Parlament 1933 zugestimmt, dass die Grundrechte nicht mehr gelten sollen. Damit wurde nicht nur die Demokratie abgeschafft. Die Menschen durften ihre Meinung nicht mehr frei äußern. Wer das tat, wurde verfolgt. Außerdem wurden viele Menschen, die das Regime benachteiligen und verfolgen wollte, eingesperrt und sogar ermordet.

Bürgerinnen und Bürger sollen in einer Demokratie mitwirken, frei ihre Meinung sagen und mithilfe von vielen Argumenten einen eigenen Standpunkt entwickeln. Dafür soll der Staat sorgen und sich nicht unnötig in das Leben der Bevölkerung einmischen. Grundrechte sind deshalb immer auch Abwehrrechte der Bürgerinnen und Bürger gegen den Staat.

Grundrechte in der Geschichte

Immer wenn Demokratien oder konstitutionelle Monarchien mit Verfassungen entstanden, wurde auch über Grundrechte debattiert. Das war auch in der Nationalversammlung so. Dort dauerte es etwa ein halbes Jahr, bis der endgültige Text feststand. Denn es gab u. a. gegensätzliche Ansichten darüber,

- welche Grundrechte überhaupt gelten sollten,
- ob sie die Regierung nicht zu sehr einschränken und behindern,
- für wen Grundrechte gelten sollten.

M1 Gedankenstriche

Seite aus einem Buch des Dichters Heinrich Heine, 1827

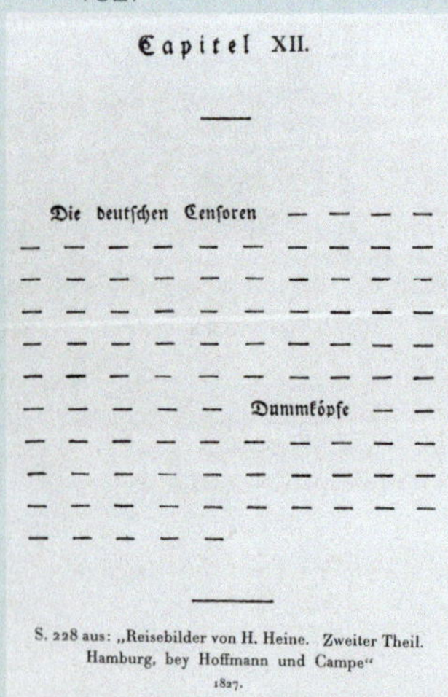

Capitel XII.

—

Die deutschen Censoren — Dummköpfe —

—

S. 228 aus: „Reisebilder von H. Heine. Zweiter Theil. Hamburg, bey Hoffmann und Campe" 1827.

Heinrich Heine war ein scharfer Kritiker der politischen Zustände in Deutschland. Deshalb war er von der Zensur stark betroffen.

Mit Gedankenstrichen wie in dem Buch konnte man kennzeichnen, wenn der Zensor ein Wort oder einen Satz gestrichen hatte.

M2 „Hitlers Beauty-Geheimnis"

Titelblatt der Zeitschrift „Titanic", Juli 2011

Adolf Hitler war von 1933 bis 1945 Diktator in Deutschland. Er ist für den Tod von Millionen von Menschen verantwortlich und begann den Zweiten Weltkrieg.

Diskussionen über Grundrechte auch heute

Es gibt einige Beispiele dafür, wie in Ländern Grundrechte abgeschafft oder nicht eingehalten werden. Dabei behaupten Machthaber, dass es für den Staat schädlich sei, wenn bestimmte Meinungen verbreitet werden.
Das Frauenwahlrecht, das es in der Verfassung von 1849 noch nicht gab und das in Deutschland erst 1918 eingeführt wurde, ist ein gutes Beispiel dafür, dass Grundrechte immer weiterentwickelt wurden. Über sie wird auch heute immer weiter nachgedacht. Ein Beispiel dafür ist, dass lebhaft über Grenzen der Meinungsfreiheit diskutiert wird.

M3 Schulverweis

Die Süddeutsche Zeitung berichtet von einem Konflikt, den es 1980 an einer Schule gab:

Für Christine Schanderl war 1980 das Schuljahr zwei Wochen früher zu Ende als für die anderen: Sie flog im Juli vom Gymnasium in Regensburg, weil sie sich mit Strauß* angelegt hatte – zwar nur indirekt, aber das reichte auch: Die 18-Jährige hatte im Unterricht einen „Stoppt Strauß"-Button getragen, der unter Jugendlichen damals so verbreitet war wie selbst gedrehte Zigaretten oder lange Haare. „Schanderl, Sie verlassen jetzt sofort das Schulgelände, sonst rufe ich die Polizei und erstatte Anzeige wegen Hausfriedensbruchs", sagte der Direktor zum Abschied. Doch Schanderl beugte sich nicht, sondern klagte sich durch alle Instanzen bis vor das Bundesverfassungsgericht.

Zitiert aus: Majestät sind schwer beleidigt. Warum der Fall Böhmermann nicht neu ist, SZ vom 18.4.2016

M4 Meinungsfreiheit – Deinungsfreiheit

Karikatur von Martin Erl, 13. April 2016

Dargestellt ist der türkische Staatspräsident Erdoğan. Er wurde u. a. dafür heftig kritisiert, dass er Kritiker einsperren ließ und unliebsame Zeitungen verbot.

1 Beschreibe, wie Heine die Zensur kritisiert (*M 1*).

2 Begründe, warum Zensur bei Machthabern ein beliebtes Mittel ist.

3 Die Satire*-Zeitschrift „Titanic" provoziert immer wieder mit ihrem Titelblatt. Diskutiert, ob die Meinungsfreiheit in *M 2* zu weit geht. ➔ S. 191

4 Arbeite heraus, was die Karikatur (*M 4*) ausdrücken soll.

5 Diskutiert, ob es Grenzen von Meinungsfreiheit gibt. Berücksichtigt dabei auch eine Aussage von Rosa Luxemburg: „Freiheit ist immer die Freiheit des Andersdenkenden."

6 Auch heute ist das Grundrecht der Meinungsfreiheit nicht überall auf der Welt selbstverständlich. Finde Beispiele, wo es missachtet wird.

7 Stelle Vermutungen an, wie das Bundesverfassungsgericht den Fall Christine Schanderl 1980 entschieden haben könnte (*M 3*). Schreibe ein begründetes Urteil.

8 Recherchiere, wie die Klage ausging (*M 3*).

9 Der griechische Staatsmanns Perikles, der sich schon vor zweieinhalbtausend Jahren mit dem Begriff „Freiheit" auseinandersetzte, sagte: „Das Geheimnis des Glücks ist die Freiheit, das Geheimnis der Freiheit ist der Mut." Erläutere, was mit diesem Ausspruch gemeint ist und warum diese Aussage immer noch aktuell ist. Beziehe hierzu auch *M 3* und *M 4* ein.

* **Franz Josef Strauß**
bayerischer Ministerpräsident 1978–1988

* **Satire**
Durch Spott, Ironie und Übertreibung werden bestimmte Personen, Anschauungen, Ereignisse oder Zustände kritisiert oder verächtlich gemacht.

Das weiß ich – …

Die deutsche Revolution

Hier sind noch einmal die Märzforderungen aus dem Jahr 1848 aufgelistet.
Erklärt, was aus jedem Punkt der Gedankenblase nach dem Scheitern der Revolution 1849 in der Sprechblase geworden ist.

... das kann ich!

M 1

M 2

M 3

M 4

M 5

„TABU"

Das Spiel TABU ist vom Namen her ideal für den Abschluss dieses Kapitels. Denn viele Dinge waren auch in der Zeit des Vormärzes „tabu", durften also nicht gesagt werden. Deshalb sollst du das Thema mithilfe von dir selbst gebastelten TABU-Karten vertiefen:

Spielregeln TABU: Zwei Mannschaften (pro Mannschaft etwa fünf Personen) wetteifern darum, die meisten Begriffe zu erklären bzw. zu erraten. Zu jedem gesuchten Begriff gibt es fünf verwandte Begriffe (Tabu-Wörter), die bei der Erklärung nicht benutzt werden dürfen.

Methode:
Gruppenpuzzle mit fünf Gruppen mit Stamm- und Expertengruppen

Material:
Karteikarten oder weiße Blättchen mit entsprechender Größe

Durchführung:
Jede Expertengruppe bekommt eine Briefmarke/ein Bild zugeordnet und findet heraus, um welches Ereignis es sich hier handelt (*M 1–M 5*).
Erstellt nun eine TABU-Karte zu diesem Ereignis nach dem vorgegebenen Muster (*M 6*).
TABU-Wörter können Personen, Dinge und Jahreszahlen sein.

Spielanleitung in den Stammgruppen:
Teilt euch in zwei Gruppen auf. Einer zieht eine Karte, die er den anderen aus seiner Gruppe nicht zeigen darf. Einer aus der gegnerischen Mannschaft kontrolliert, dass der Sprecher keines der Tabuwörter verwendet. Der Sprecher hat nun 2 Minuten Zeit, den Begriff seiner Gruppe zu erklären.
Verwendet der Sprecher dabei eines der Tabuwörter oder bricht die Spielregeln (siehe oben), darf der Beobachter der gegnerischen Mannschaft auf den Tisch klopfen. Die Zeit wird gestoppt und der Beobachter erklärt kurz, warum er geklopft hat. Diese Karte zählt dann für die gegnerische Mannschaft. Ein Spielzug ist beendet, wenn die Zeit abgelaufen ist. Nach jedem Durchgang notieren beide Teams ihre Punkte auf einem Notizblock.
Anschließend ist die gegnerische Mannschaft dran usw.

Wer gewinnt?
Es gewinnt das Team, das zuerst 10 Punkte erreicht hat.

M 6 Beispiel für TABU-Karte

Absolutismus

Ludwig XIV.
Sonnenkönig
Ludwig XVI.
Alleinherrschaft
Versailles

1 Bildet fünf Gruppen mit Stamm- und Expertengruppen und führt das Spiel durch, wie es oben beschrieben ist.

2 Ergänzt euer TABU-Spiel um weitere wichtige Begriffe der Zeit, wie z. B. Nationalismus, Liberalismus, und fertigt weitere TABU-Karten an.
Jede Gruppe sollte mindestens 5 TABU-Karten entwickeln. Tabu sind dabei die anderen Ereignisse von *M 1* bis *M 5*, da diese ja in anderen Expertengruppen ausgearbeitet werden.
Wichtig: Jeder in der Expertengruppe fertigt eine eigene Karte an, weil er damit später in seine Stammgruppe geht, um das Spiel zu spielen.

4 Industrialisierung und Soziale Frage

Q1 Textilproduktion in Heimarbeit
Gemälde, um 1900
Das Gemälde zeigt die vorindustrielle Textilproduktion mit Spinnrad (vorne) und Webstuhl. In einigen Gegenden wurden auch nach der Industrialisierung auf diese Art Textilien hergestellt.

Q2 Arbeiterin an der „Spinning Jenny"
Holzschnitt, 1880
1768 erfand James Hargreaves die Spinnmaschine „Spinning Jenny". Mit ihr war es möglich, wesentlich mehr Garn herzustellen und damit mehr Textilien.

Kleider machen Leute – Leute machen Kleider

Das Sprichwort „Kleider machen Leute" zeigt, dass Hemd und Hose, Rock und Bluse nicht nur zum Schutz vor Kälte, Hitze oder Schmutz dienen: Kleider machen eben Leute! Heute geben wir in Deutschland fast 75 Milliarden Euro jährlich für Kleidung und Schuhe aus. Aber auch die Art und Weise, wie Leute Kleider machten, wandelte sich im Laufe der Jahrhunderte grundlegend. Neue Herstellungsverfahren kamen ab etwa 1760 mit der Industrialisierung in Europa in Gang.

Während der Industrialisierung entwickelten sich nicht nur neue Produktionsformen. Mit ihr vollzog sich auch ein radikaler Wandel der Lebensbedingungen. Das hatte auch Auswirkungen auf die Politik, die noch heute wirksam sind.

M 1 **Kinder in einer Textilfabrik**
Foto vom 4. Juni 2017
Das Bild zeigt Kinder, die in einer Fabrik in Bangladesch (Asien) Textilien herstellen. Ein Großteil der Kleidungsstücke wird in Deutschland und anderen europäischen Ländern verkauft

M 2 **„Rocket" mit Tender (Nachbau, Modell)**
Die „Rocket" wurde zwischen 1814 und 1829 von George und Robert Stephenson entwickelt. Diese Dampfeisenbahn war der „Urahn" aller Lokomotiven. Sie erreichte eine Spitzengeschwindigkeit von 46,5 km/h.

Was weißt du schon?

- Kleider machen Leute? Welchen Stellenwert haben „Klamotten" für dich? Tausche dich anschließend mit deinem Nachbarn aus.
- Erkläre mithilfe von *Q 1*, wie Menschen ihre Kleidung jahrhundertelang fertigten.
- Beschreibe ausgehend von *Q 1* und *Q 2* den grundlegenden Wandel in der Herstellung von Textilien.
- Erkläre, auf welche Probleme das Foto *M 1* aufmerksam macht.
- Begründe, warum die Erfindung von Lokomotiven bahnbrechend war. → S. 191

Orientierung

Die Industrialisierung prägt unsere Welt bis heute

Industrialisierung
Entwicklung, bei der aus einer Agrargesellschaft eine Industriegesellschaft wird und der größte Teil der Erwerbstätigen in Industriebetrieben arbeitet. In Deutschland fand sie im 19. Jh. statt. Begleitet wurde die Industrialisierung von einer Bevölkerungsexplosion, einer Verstädterung (Urbanisierung), dem Entstehen der Sozialen Frage und des Sozialismus.

*zünftig
nach den Regeln der Zunft. Nur wer Mitglied einer Zunft war, durfte ein Handwerk ausüben.

Das Land, in dem wir leben, ist heute eine der führenden Industrienationen. Noch vor zweihundert Jahren sah Deutschland aber ganz anders aus.
Die meisten Menschen arbeiteten ihr Leben lang auf dem Feld oder im Stall. Sie verbrachten ihr ganzes Leben an dem Ort, wo sie geboren waren. Im Handwerk ging es noch „zünftig"* zu. Textilien und andere Güter wurden in mühevoller Handarbeit hergestellt (siehe S. 88 *Q 1*) und mit Pferdefuhrwerken oder Schiffen befördert. Hundert Jahre später transportierten Eisenbahnen Mensch und Material. In den Städten rauchten die Schlote der Fabriken, Waren wurden an Börsen gehandelt. Die Menschen zogen der Arbeit hinterher in Großstädte wie Berlin oder in industrielle Zentren wie das Ruhrgebiet. In ihren Wohnungen brannten Glühbirnen statt Kerzen. In weniger als hundert Jahren hatte sich die Gesellschaft grundlegend gewandelt – von einer Agrar- zur Industriegesellschaft. Diesen Wandel nennt man **Industrialisierung**. Manche Historiker sprechen sogar von der Industriellen Revolution. Sie vergleichen die Industrialisierung mit der Sesshaftwerdung des Menschen ab etwa 10 000 v. Chr. und der damit einhergehenden Entwicklung von Ackerbau und Viehzucht.
Die Industrialisierung begann in England. Bis 1900 konnte Deutschland Großbritannien in vielen Bereichen ein- und in manchen sogar überholen. Dieser rasante Wandel, der das gesamte Leben der Menschen erfasste, hatte aber seine Schattenseiten. Die Gefahr, „unter die Räder zu kommen", war groß in jener Zeit des Umbruchs.

Am Ende des Kapitels könnt ihr

- die Industrialisierung in England und Deutschland beschreiben und ihre Ursachen und Folgen für die Menschen und die Umwelt beurteilen;
- untersuchen, welche Ursachen und Auswirkungen die Industrialisierung für uns in Bayern hatte;
- die Sozialgesetzgebung zur Zeit der Industrialisierung im historischen Zusammenhang diskutieren und auch mit Blick auf eine moderne staatliche Sozialpolitik beurteilen;
- die grundlegenden Begriffe Industrialisierung, Proletariat, Soziale Frage, Sozialgesetzgebung und Sozialismus richtig anwenden;
- erklären, warum der Übergang zur Industriegesellschaft einen epochalen Einschnitt in der Menschheitsgeschichte darstellt.

um 1760	1834	1835	ab ca. 1840	1848/1849	ab 1850
Beginn der Industrialisierung in England	Gründung des Deutschen Zollvereins	Erste deutsche Eisenbahnlinie zwischen Nürnberg und Fürth	„Durchbruchsphase" der Industrialisierung in Deutschland	Revolution in deutschen Staaten	Gründung von Großbanken auf Aktienbasis

M1 Die industriellen Standorte in Deutschland um 1900

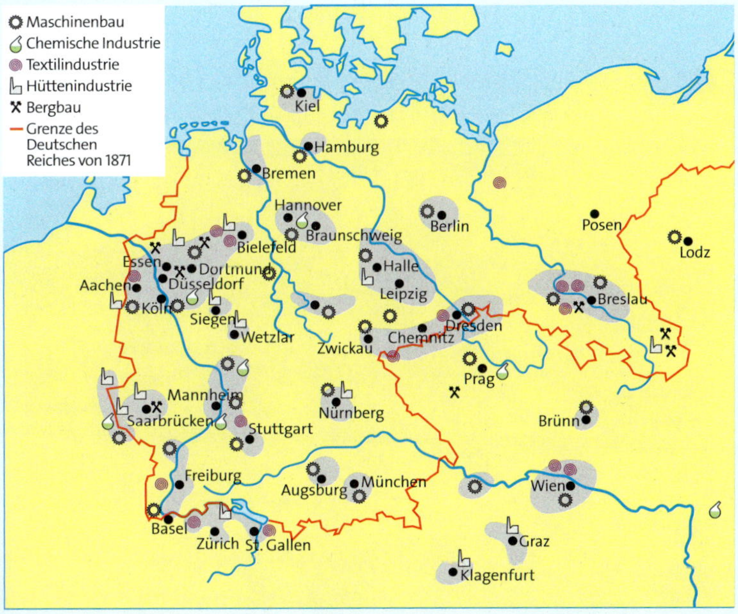

M2 Die industriellen Standorte in Deutschland um 2014

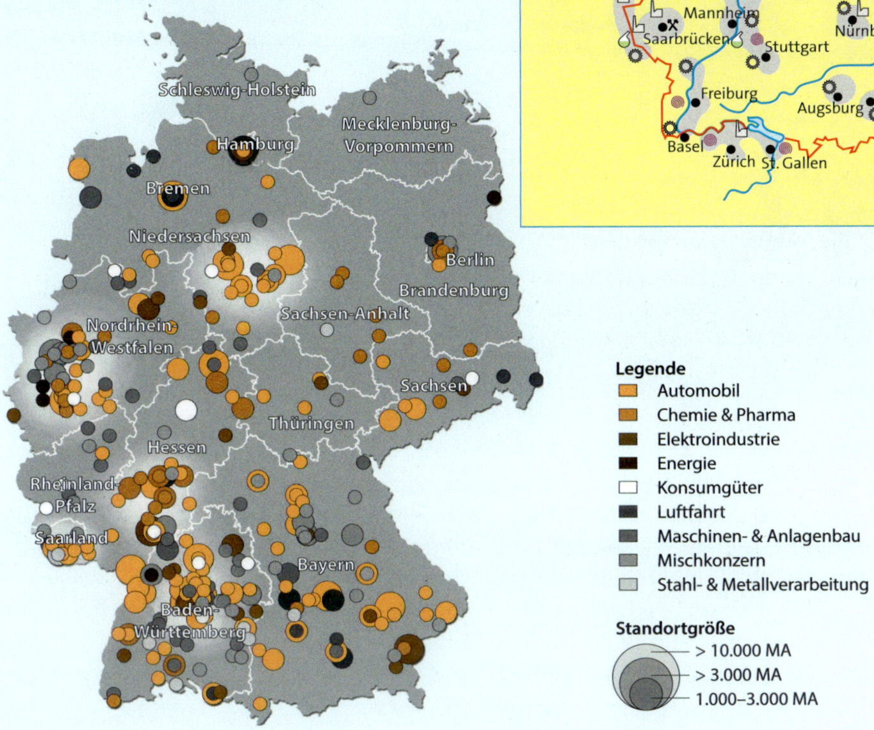

- Das Handwerk war „zünftig" organisiert. Erkläre, was damit gemeint ist.
- Beschreibt mithilfe von *M 1* und des Zeitstrahls, welche Industriezweige und -standorte in Deutschland ab 1900 eine Rolle spielten.
- Vergleicht dann mit der Gegenwart (*M 2*) und diskutiert mögliche Ursachen der Veränderungen.

1869	1871	ab ca. 1875	1883 bis 1889/heute	ab 1890/95	1895 bis 1913/heute
Gründung der Sozialdemokratischen Arbeiterpartei (SDAP)	Gründung des Deutschen Kaiserreiches	industrielle Ballungszentren und Massenproduktion	Einführung staatlicher Sozialgesetze	Aufschwung der „modernen Industrien" (Elektrotechnik, Chemie und Maschinenbau) und Aufstieg Deutschlands zu einer der größten Industrienationen	Freizeitaktivitäten und Massenkonsum durch wachsendes Einkommen

Industrialisierung in England

Q 1 Baumwollspinnerei
Stich nach der Zeichnung von Thomas Allom, 1834

Great Britain first?

England gilt als das Mutterland der Industrialisierung. Dafür, dass sich gerade dort das traditionelle Wirtschaften zuerst wandelte, gibt es mehrere Gründe: Anders als im übrigen, meist absolutistisch regierten Europa ließ die parlamentarische Monarchie in England der Wirtschaft deutlich mehr Spielraum. So war mehr Kapital für technische Entwicklungen vorhanden. Der englische Adel investierte in neue Industrien, während sich der Adel in Deutschland auf Landbesitz und Landwirtschaft konzentrierte. Außerdem war England z. B. im Gegensatz zu Deutschland ein einheitliches Zollgebiet ohne Handelsschranken. Die Kolonien in Übersee unterstützten die Industrialisierung doppelt – als Quelle für Rohstoffe sowie als Absatzmärkte für Fertigwaren. Beschleunigt wurde die Industrialisierung ab der Mitte des 18. Jh. dadurch, dass die Bevölkerung in England dank der Fortschritte in Medizin und Landwirtschaft deutlich schneller als im restlichen Europa wuchs. Dies war in zweifacher Hinsicht ein Motor der Industrialisierung; einerseits gab es ein großes Angebot an Arbeitskräften, andererseits stieg die Nachfrage nach landwirtschaftlichen und gewerblichen Produkten (z. B. Textilien) immer mehr.

Maschinen und Fabriken statt Handarbeit

Vor allem jedoch der „Hunger nach Textilien" war mit der traditionellen Herstellung per Hand (vgl. *Q 1* auf S. 88) nicht mehr zu stillen. Erst die Erfindung von Spinnmaschinen sowie eines mechanischen Webstuhls beendeten den Engpass. Aber die industrielle Herstellung erforderte viel Platz und noch mehr Energie. Die Produktion fand fortan in Fabriken statt. Dort trieben zunächst Wasser und Wind die neuen Maschinen an. Ab 1785 stand James Watts deutlich leistungsstärkere Dampfmaschine als Energiequelle zur Verfügung. Kleidung ist seither ein Massenprodukt.

Kohle, Eisen und die Eisenbahn

Mit dem Einsatz der Dampfmaschine als unabhängige Antriebsquelle stieg wiederum der Bedarf an Kohle und Eisen stark an. Dies feuerte die Schwerindustrie* zusätzlich an, neue Bergwerke und Hütten* entstanden. 1784 war es Henry Cort gelungen, Stahl herzustellen. Seitdem ist dieses Material z. B. aus dem Maschinenbau, der Architektur, aber auch aus der Waffenherstellung nicht mehr wegzudenken.
Anfang des 19. Jh. trat die Eisenbahn als Lokomotive der Industrialisierung ihren Siegeszug um die Welt an. Niemals zuvor konnten Menschen so schnell reisen und Güter so schnell in großen Mengen über weite Entfernungen transportiert werden. Das war wichtig, um Rohstoffe zur Verarbeitung in Fabriken zu bringen und die Produkte von dort zu den Käufern.

Wusstest du?

Der Name der ersten Spinnmaschine lautete „Jenny". Bis heute ist nicht ganz klar, warum Hargreaves seine Erfindung so nannte. Als Namensgeber kommen entweder seine Tochter oder seine Frau infrage, die beide Jenny hießen. Als Maschinenname klingt „Jenny" aber auch wie das englische Wort „engine" („Maschine").

***Schwerindustrie**
Sammelbegriff für die Eisen-, Bergbau- und Stahlindustrie

***Hütte**
Eine Hütte ist ein Eisenwerk, in dem Roheisen und Stahl aus Eisenerz und Kohle hergestellt werden.

Q2 Besuch in einer Spinnerei

Johanna Schopenhauer bereist zwischen 1803 und 1805 Großbritannien. Sie schreibt über den Besuch einer Fabrik in Manchester:

Wir besuchten eine der größten Baumwollspinnereien […]. Uns schwindelte in diesen großen Sälen bei dem Anblicke des mechanischen Lebens ohne Ende. In jedem derselben sahen wir einige Weiber beschäftigt, die nur selten reißenden Fäden der unaufhörlich sich drehenden Spindeln wieder anzuknüpfen; Kinder wickelten und haspelten* das gesponnene Garn […]. Alles wird hier auf die leichteste Weise durch Maschinen bewirkt, deren jede uns ein Wunder der Industrie erschien. So sahen wir zum Zusammendrehen und Einpacken der fertigen Stücke Garn ganz eigene Vorrichtungen. Eine andere, einer Schnellwaage ähnliche Maschine zeigte vermittelst eines Zeigers die Nummer und zugleich den Grad der Feinheit der daran gehängten Garnspule. Alles in der Fabrik, auch das Geringste, geschieht mit bewunderungswerter Genauigkeit und Zierlichkeit, dabei mit Blitzesschnelle. Am Ende schien es uns, als wären alle diese Räder das eigentlich Lebendige und die darum beschäftigten Menschen die Maschinen.

Johanna Schopenhauer, Reise durch England und Schottland, Stuttgart 1965, S. 52 f.

M1 Die Industrie in England, Wales und Schottland 1770–1830

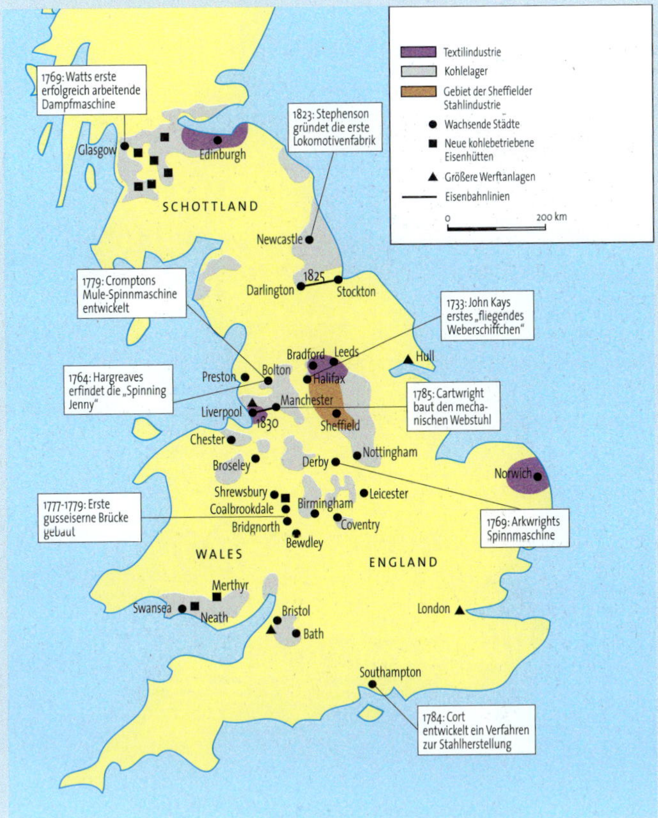

*haspeln: aufwickeln

1 Die Arbeit in einer Spinnerei war anstrengend und gefährlich. Erkläre aus Sicht einer der abgebildeten Personen (*Q 1*).

2 Beschreibe, wie die Industrialisierung in England verlief (*VT*).

3 Johanna Schopenhauer steht der technischen Entwicklung ausschließlich positiv gegenüber (*Q 2*). Nimm zu ihrer Aussage kritisch Stellung. → S. 191

4 Erkläre, warum die Industriestandorte sich gerade in den jeweiligen Regionen entwickelt haben (*M 1*).

5 Erläutere, weshalb die Eisenbahn die Industrialisierung in doppelter Weise beschleunigte. → S. 191

6 Fasse in einem Cluster zusammen, warum die Industrialisierung gerade in England begann.

Industrialisierung in den deutschen Ländern

Q1 Bau des Münchener Hauptbahnhofs 1879

*Aktiengesellschaft
Organisationsform der meisten Unternehmen. Aktionäre beteiligen sich über den Kauf von Aktien am Gewinn und Verlust des Unternehmens. Sie ermöglichen durch den Kauf der Aktien den Auf- und Ausbau von Unternehmen.

*Dreifelderwirtschaft
Anbaumethode im Mittelalter bis weit in die Neuzeit

Dynamisches England, verschlafenes Deutschland

Im Gegensatz zu England hinkten die deutschen Staaten lange hinterher. So gab es hierzulande keine einheitlichen Münzen, Maße oder Gewichte. Zölle an den Landesgrenzen riegelten die Märkte vielerorts voneinander ab. Es gab noch lange kein ausgebautes Verkehrs- und Eisenbahnnetz. Dies erschwerte den Handel zusätzlich. Der Rückstand zum Mutterland der Industrialisierung war groß.

Deutschland holt auf

Um aufzuholen und von englischen Importen unabhängig zu werden, förderte man den Maschinenbau sowie die technische Ausbildung. Zudem betrieb man in Deutschland gezielte Industriespionage. Durch die Gründung eines Zollvereins 1834 unter Führung Preußens wurden viele Zölle abgeschafft. Binnen der folgenden 50 Jahre entstand ein einheitlicher Markt mit industriellen Zentren wie dem Ruhrgebiet und Großstädten wie Berlin oder München. Der eigentliche Wachstumsmotor für die Industrialisierung war aber die Lokomotive. 1835 fuhr die erste Eisenbahn die sechs Kilometer von Nürnberg nach Fürth. Nur kurze Zeit später durchpflügten immer mehr Bahngleise die deutschen Lande, um Güter und Menschen zu transportieren.

Es entstand ein Kreislauf, der sich gegenseitig verstärkte: Mehr Eisenbahnen lieferten mehr Kohle zu den Hochöfen der neuen Fabriken, um dort noch mehr Stahl herzustellen – für noch mehr Schienen, Lokomotiven und Waggons. Da der Bau von Fabriken und Eisenbahnen sehr teuer war, übernahmen Aktiengesellschaften* die Finanzierung. Gleichzeitig wuchs auch die Bevölkerung in Deutschland von 30 (1830) auf knapp 70 Millionen (1910) sehr stark an. Der Wirtschaft standen immer mehr Menschen zur Verfügung – sowohl als Arbeitskräfte als auch als Verbraucher.

Die Industrialisierung erfasst weitere Bereiche

Der rasante Bevölkerungsanstieg hatte seine Ursache in den tiefgreifenden Veränderungen in der Landwirtschaft: Durch die Weiterentwicklung der Dreifelderwirtschaft*, die Verwendung von Maschinen bei der Feldarbeit, vor allem aber durch den Einsatz von Kunstdünger konnten die Erträge immer weiter gesteigert werden. Große Hungersnöte wie noch zu Beginn des 19. Jh. gab es – mit Ausnahme von Kriegsfolgen – nicht mehr, Mangelernährung wurde seltener. Gegen Ende des 19. Jh. begann in Deutschland eine neue Phase der Industrialisierung. Die Chemie- und Elektroindustrie mit Firmen wie Siemens und AEG wurde zum neuen Motor des Fortschritts.

Wusstest du?

Die Bezeichnung „Made in Germany" wurde in der Frühphase der Industrialisierung von der englischen Regierung als Kopierschutz eingeführt, um das Land vor minderwertigen deutschen Importen zu schützen. Im Laufe der Zeit steigerte sich die Qualität der deutschen Waren. „Made in Germany" wurde zum Qualitätssiegel.

M 1 Fahrzeiten

km	Strecke	Reisedauer in Stunden	
		Schnellpost (1841)	Eisenbahn (1851)
290	Berlin Hamburg	31 ½	8
320	Berlin Hannover	32	6
174	Berlin Dresden	17	5 ½
215	Berlin Leipzig	17 ¼	7
35	Halle Leipzig	6 ½	1
75	Augsburg München	6 ½ (1845)	2 ½ (1845)

Nach: Klaus Hermann, Die Personenbeförderung bei Post und Eisenbahn ..., in Scripta Mercatura, 2/1977, S. 10 (ergänzt)

Q 2 Dampfdreschmaschine

Plakat um 1900

M 2 Bereiche des industriellen Wachstums in Deutschland

Jahr	Eisenbahnnetz (km)	Roheisenproduktion (Tonnen)	Steinkohleproduktion (Tonnen)	Dampfmaschinen (Zahl)	(PS)
1840	469	173 000	3 200 000		
1850	856	212 000	5 200 000	1415	26 354
1860	11 088	545 000	12 300 000	12 113	185 000
1870	19 000	1 400 000	26 400 000		

Nach: Richard Tilly, Kapital, Staat und sozialer Protest in der deutschen Industrialisierung. Gesammelte Aufsätze, Göttingen 1980, S. 30 (gekürzt; die Angaben wurden ab- bzw. aufgerundet und beziehen sich in der Regel auf Deutschland in den Grenzen von 1871)

1 Versetze dich in die Lage eines Arbeiters, der am Abend seiner Familie auf dem Land vom Bau des neuen Bahnhofs erzählt (*Q 1*). Nutze dafür auch den Verfassertext.

2 Beschreibe, wie die Industrialisierung in Deutschland verlief (*VT*).

3 Nenne Zeichen der Industrialisierung, welche auf dem Bild (*Q 2*) zu erkennen sind.

4 Vergleiche die Reisedauer Augsburg-München mit der Schnellpost, mit der Eisenbahn und mit dem ICE heute (*M 1*).

5 Erkläre den Zusammenhang von Eisenbahnnetz, Roheisen- und Steinkohleproduktion und Dampfmaschinen (*M 2*). Stelle den Zusammenhang in einem Schema dar. → S. 191

6 Welche Faktoren behinderten bzw. unterstützten die Industrialisierung in Deutschland? Stellt die Zusammenhänge in einem (digitalen) Schaubild dar.

Industrialisierung in Bayern

Q1 Schleuse des ehemaligen Ludwig-Donau-Main-Kanals
Schleuse in Bamberg

Voraussetzungen

Wie in anderen deutschen Staaten auch gab es in den einzelnen Regionen Bayerns unterschiedliche Voraussetzungen für die Industrialisierung. Dabei muss man auch unterscheiden zwischen der Pfalz, die bis 1918 zu Bayern gehörte, und dem Stammland. In der Pfalz gab es große Vorkommen von Steinkohle, während es im übrigen Bayern vor allem Braunkohle gab, die weniger Energie hatte und deshalb weniger geeignet war. Außerdem gab es kaum Eisenerz. Dafür besaß das Land große Mengen an Salz, das vor allem für die chemische Industrie sehr wichtig wurde.

Die Politik zögert und handelt

Nicht nur wegen der geringen Vorkommen von Steinkohle kam die Industrialisierung Bayerns nur langsam voran. Im Gegensatz zu Preußen, das der führende Industriestaat Deutschlands war, wurde erst spät die Gewerbefreiheit eingeführt. Der König und seine Regierung wollten zu große Proteste vermeiden, wenn die bisherige Ordnung verändert würde. Denn manche einflussreiche Männer befürchteten, dass es zu viele Betriebe geben könnte.

Die Regierung ergriff Maßnahmen, um neue und schnelle Transportwege zu schaffen. Dadurch sollten einerseits die Rohstoffe zu den Betrieben hin- und andererseits die fertigen Waren wegtransportiert werden. Mit dem Ludwig-Donau-Main-Kanal wollte der König außerdem die Gebiete in Franken, die erst zu Beginn des 19. Jh. zu Bayern kamen, besser anbinden.
Der Staat förderte intensiv den Eisenbahnbau. Davon profitierten Unternehmen wie die Maffei'sche Lokomotivenfabrik in München. Außerdem wurden Institute gegründet, in denen neue Verfahren für die Industrie entwickelt werden sollten.

Industriezentren entstehen

Industrie entwickelte sich vor allem in Städten, wo vorher schon Handwerksbetriebe in einem bestimmten Bereich erfolgreich waren. Ein Beispiel dafür ist Augsburg, wo sich unter anderem eine leistungsfähige Textilindustrie entwickelte. Ein anderes ist Nürnberg, das schon im Mittelalter ein Zentrum für die Metallverarbeitung war und später bedeutende Maschinenbaufirmen hatte.

Die Industrialisierung nimmt Fahrt auf

Bei der zweiten Industrialisierungswelle, bei der die elektrotechnische und die chemische Industrie die wichtigsten Bereiche waren, hatte Bayern sehr gute Bedingungen. Denn durch die großen Salzvorkommen konnte sich die chemische Industrie gut entwickeln. An vielen Orten im Land konnte die Wasserkraft genutzt werden und mithilfe von Generatoren in elektrische Energie umgewandelt werden. Außerdem hatte Bayern zu dieser Zeit bereits viele Betriebe in Bereichen, die für die neuen Industrien wichtig waren: z. B. Maschinenbau.

Wusstest du?

Von der Industrialisierung profitierten früh schon auch die Brauereien. Denn dank der Entwicklung der Kältetechnik von Carl von Linde konnte man größere Mengen Bier länger und auch günstiger kühl halten. Dadurch konnte die Bierproduktion in kurzer Zeit immens gesteigert werden.

Q2 Maxhütte(-Haidhof)
Postkarte, Ende des 19. Jh.

Im Sauforst bei Burglengenfeld (Oberpfalz) erfolgte 1853 die Gründung der Maxhütte. Benannt ist sie nach dem bayerischen König Maximilian II. Zunächst war sie eine Eisenbahnmaschinenfabrik. 1864 wurde in Rosenberg der erste Hochofen in Betrieb genommen. Im Jahr 1997 wurde die Maxhütte als letztes Stahlwerk Bayerns geschlossen und danach zum Teil abgebaut.

Q3 BASF-Werk
Stich, um 1900

Die Pfalz gehörte bis 1918 zu Bayern. Dazu gehörte auch Ludwigshafen mit dem BASF-Werk. Ursprünglich sollte die Fabrik im badischen Mannheim angesiedelt werden. Aber wegen der größeren Unterstützung durch den Staat entschieden sich die Unternehmer anders.
Die BASF war um 1900 die weltweit größte chemische Fabrik. Dort wurden ursprünglich künstliche Farbstoffe wie z. B. Anilin und Soda hergestellt.

1 Erläutere die Herausforderungen, die Bayern am Beginn der Industrialisierung hatte (*VT*, *Q 1*, *Q 2*).

2 Fasse zusammen, wie die Industrialisierung in Bayern in Schwung kam (*VT*, *Q 1–Q 3*).

3 Erfolge in Bayern sind zum großen Teil Erfindern und Unternehmern zu verdanken. Recherchiert in Gruppen nach folgenden Persönlichkeiten: Oskar von Miller, Rudolf Diesel, Sigmund Schuckert, Friedrich Fischer, Georg von Krauß, Heinrich von Buz, Max von Pettenkofer, Theodor von Cramer-Klett, Justus von Liebig, Joseph von Fraunhofer.

4 Stellt eure Ergebnisse der Klasse vor.

5 Die BASF ist ein Beispiel dafür, dass in der zweiten Phase der Industrialisierung die chemische Industrie eine wichtige Rolle spielte (*Q 3*). Beurteile, warum die Verwendung künstlicher Farbstoffe (statt natürlicher) ein großer Fortschritt war.

Methode

Statistiken auswerten

Statistiken begegnen uns in den unterschiedlichsten Bereichen: in der Politik, der Wirtschaft und im Alltagsleben. Wenn es um Bevölkerungs- oder Wirtschaftsdaten wie bei der Industrialisierung geht, brauchen wir Zahlen, um Verhältnisse verstehen und Veränderungen erkennen zu können. Wenn diese Zahlen systematisch aufgeführt werden, sprechen wir von einer Statistik (Beispiel *M 1*).

Diagramme stellen Statistiken als Grafik dar. Sie sind anschaulicher und können leichter ausgewertet werden. Im Fach Geschichte kommen vor allem drei Arten von Diagrammen vor: Liniendiagramm (*M 2*), Säulen- bzw. Balkendiagramm (*M 3*) und Kreisdiagramm (z. B. S. 103, *M 1*).

M 1 Städtewachstum in Deutschland

Einwohnerzahl (in Tausend)	1800	1875	1910
Berlin	172	967	2071
Dortmund	4	58	214
Duisburg	4	37	229
Frankfurt am Main	48	103	415
Hamburg	130	324	931
München	40	193	596
Nürnberg	30	91	333

Nach: Wilhelm Treue und Karl-Heinz Manegold, Quellen zur Geschichte der industriellen Revolution, Göttingen ²1979, S. 142 f. und Hubert Kiesewetter, Industrielle Revolution in Deutschland 1815–1914, Frankfurt am Main 1989, S. 135

Thema

Messgrößen

Zeitpunkt der Datenerhebung

M 2 Bevölkerungswachstum in England und Deutschland

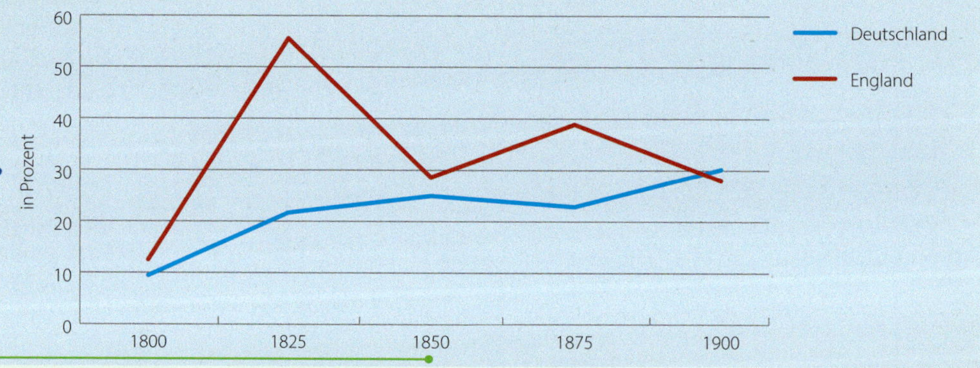

Nach: Bundeszentrale für politische Bildung: 1848–1949, ein Jahrhundert der deutschen Geschichte (CD-ROM)

M 3 Eisenbahnnetz

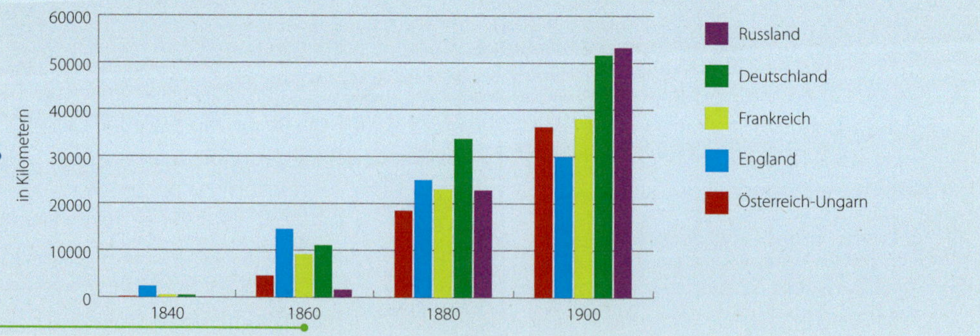

https://sourcebooks.fordham.edu/mod/modsbook34.asp [18.07.2019]

Beschreiben

- Nenne das Thema der Statistik bzw. des Diagramms. ①
- Beschreibe den Diagrammtyp, der verwendet wurde. ②
- Bei einer Zahlenstatistik: Beschreibe die Änderungen der genannten Werte. ③
- Beim Liniendiagramm: Nenne verschiedene Werte (Maximum, Minimum, weitere Werte) und den behandelten Zeitraum. ④
- Beim Säulendiagramm: Nenne die verschiedenen Wertepaare. ⑤
- Beim Kreisdiagramm: Nenne die einzelnen Anteile.
- Beschreibe verschiedene Farben im Diagramm und die Legende (wenn vorhanden). ⑥

① *Dieses Diagramm/ diese Statistik zeigt ....*

② *Bei diesem Diagramm handelt es sich um ein ....*

③ *In München stieg die Einwohnerzahl von 30 000 im Jahr 1800 auf 193 000 im Jahr 1875 und dann weiter auf 596 000 im Jahr 1910.*

④ *Minimum: Um 1800 wuchs die Bevölkerung um etwa 12,5 Prozent, 1825 um etwa ... (Maximum).*

⑤ *1860 hatte das Eisenbahnnetz in England eine Länge von ca. 14 603 km, in Deutschland von ca. 11 089 km.*

⑥ *Rot steht für ..., grün für ....*

Untersuchen

- Erkläre, warum das jeweilige Thema als Statistik bzw. als Diagramm dargestellt wurde. ①
- Stelle Unterschiede bzw. Gemeinsamkeiten in den Wertepaaren fest. ②
- Setze die Wertepaare in einen absoluten Bezug zueinander. ③

① *Das Säulendiagramm ist ideal, weil es einen Vergleich möglich macht zwischen ....*

Das Liniendiagramm zeigt gut den zeitlichen Verlauf von ....

Das Kreisdiagramm spiegelt gelungen die Verteilung ... wider.

② *Während das Eisenbahnnetz von Frankreich und Russland um 1880 etwa gleich lang war, war um 1900 ....*

③ *Um 1825 stieg die Bevölkerung in England um mehr als das Doppelte an. Um 1900 ....*

Deuten

- Fasse in eigenen Worten zusammen, welche Informationen die Statistik bzw. das Diagramm gibt. ①
- Begründe die statistischen Zahlen mit deinem Vorwissen. Nutze dafür die Seiten 92–97.
- Stelle eigene Vermutungen zum Zusammenhang verschiedener Zahlenwerten an. ②
- Hinterfrage die Genauigkeit der Zahlen. ③

① *Im Zeitraum ... wuchs das Eisenbahnnetz um .... Bei den Ländern fällt Folgendes auf: ....*

② *Um 1840 war das Eisenbahnnetz in England ..., weil ....*

③ *Die Zahlen scheinen relativ genau/ungenau, zu sein weil ....*

Geschichte hört nicht auf

Zwei Videos zum Thema Umweltverschmutzung – Umweltschutz findest du unter Mediencode 30023-16.

Industrialisierung und Umwelt

Kulturlandschaften

Schon seit der Sesshaftwerdung der Menschen vor etwa 12 000 Jahren („Neolithische Revolution") ist es für die Menschen ganz normal, die Natur für sich zu nutzen, z. B. Wälder zu roden, Sümpfe trockenzulegen, Flüsse zu begradigen, Kanäle zu bauen, die Bodenschätze auszubeuten. In den letzten Jahrtausenden wurde dies oft mit dem biblischen Grundsatz „Macht euch die Erde untertan!" gerechtfertigt.

Q1 Black Country
Zeichnung aus den Illustrated London News, 8. Dezember 1866

Das „Black Country" in der Nähe von Birmingham war im 19. Jh. eines der am stärksten industrialisierten Gebiete Großbritanniens. Es war für seine Luftverschmutzung berüchtigt.

Q2 Stahlwerk in Witkowitz (heute Tschechien)
Lithografie, um 1850

Belastung der Natur früher …

Der Mensch hat sich um mögliche negative Folgen seines Tuns für die Umwelt lange Zeit wenig gekümmert. Aber mit der Industrialisierung erreichte die Umweltverschmutzung eine neue Dimension und schritt immer schneller voran. Denn Industrialisierung bedeutete, die vorhandenen Mittel maximal zu nutzen und in großen Mengen zu verarbeiten. Neben Arbeitskräften und Flächen waren auch Rohstoffe nötig. Dafür wurden Rohstoffquellen oft rücksichtslos ausgebeutet. Um Platz für immer neue Produktionsbetriebe zu schaffen, rodete man große Waldflächen. Zusätzlich war Holz ein wichtiges Arbeitsmaterial. Immer mehr Produktionsanlagen in immer größeren Fabriken bedeuteten immer mehr Abwässer und Abgase. Diese gelangten ungefiltert in die Flüsse und die Luft.
Aus vielen Gründen ergriffen die Unternehmen und der Staat keine oder erst spät Maßnahmen, um Mensch und Natur weniger zu belasten:

- Oft konnte man die langfristigen Folgen nicht einschätzen oder man unterschätzte Gefahren.
- Manchmal wussten sie nicht, welche Gegenmaßen möglich oder sinnvoll sind. Ein Beispiel dafür ist Luftverschmutzung. So wurden lediglich die Schornsteine der Fabriken erhöht, was die Schadstoffe nur über eine weitere Fläche verteilte.
- Wachstum und Arbeitsplätze sollten nicht gefährdet werden.
- Von den Umweltbelastungen war vor allem die einfache Bevölkerung betroffen, die keinen Einfluss im Unternehmen und im Staat hatte. Sie konnte sich ein Leben in unbelasteten Vierteln meist nicht leisten.

… und heute

Gerade wegen des Klimawandels ist der Umweltschutz eine der größten Herausforderungen in der Welt. Dabei muss der Ausstoß von Kohlendioxid, das bei jeder Verbrennung von Energieträgern erzeugt wird, wesentlich verringert werden. Das betrifft u. a. Kraftwerke und Fabriken, die Kohle oder Gas verbrennen, Verkehrsmittel wie Flugzeuge oder Autos und Heizungen in Wohnungen. „Smog"* ist die heutige Form von „Rauchpest". Besonders Städte in China mit vielen Millionen Einwohnern sind von ihr betroffen. Dort hat die Regierung radikale Gegenmaßnahmen ergriffen. Zum Beispiel ließ sie Fabriken schließen, die einen zu hohen Schadstoffausstoß hatten.

Q3 Fischsterben in der Nahe – eine Kosten-Nutzen-Analyse

1905 berichtet eine Zeitung über das Fischsterben in der Nahe. Die Abwässer der Leimfabrik Caesar & Ewald werden dafür verantwortlich gemacht. In einem Leserbrief heißt es dazu:

Die Fischereipacht bringt der Stadt jährlich zirka 200 Mark ein. Die Firma Caesar & Ewald zahlt jährlich, abgesehen von sonstigen Ausgaben, allein an Arbeiterlöhnen durchschnittlich 35 000 Mark. Die Firma muss den Betrieb einstellen, wenn sie ihre Abwässer nicht mehr los wird. Wollen wir also nur eine Bevölkerung haben, die Landwirtschaft treibt, und möglichst dafür sorgen, dass die Spaziergänger an dem klaren Spiegel der Nahe sich erfreuen können, so müssen wir die Industrie lahm legen. Wollen wir aber, was tatsächlich der Fall ist, der ärmeren Bevölkerung Unterhalt verschaffen, dieselbe vor dem Auswandern schützen und damit den Verkehr und die Geschäfte heben, so ist es nicht zu umgehen, auf die Industrie Rücksicht und die Unannehmlichkeiten, welche sie mit sich bringt, mit in den Kauf zu nehmen.

Jens Flemming u. a. (Hrsg.), Quellen zur Alltagsgeschichte der Deutschen 1871–1914, Darmstadt 1997, S. 57f.

*Smog
Das Wort setzt sich zusammen aus engl. „smoke" (Rauch) und „fog" (Nebel).

M1 Plastikflut

Im folgenden Artikel von 2019 berichtet Anja Garus darüber, was Wissenschaftler auf fernen Inseln (heraus)gefunden haben:

Etwa 337 000 Zahnbürsten und 997 000 Paar Schuhe gibt es auf den entlegenen Kokosinseln im Indischen Ozean – dabei leben dort nur etwa 600 Menschen. Wie kann das sein? Auf den Inseln sammeln sich gigantische Mengen an Müll, die aus anderen Regionen der Welt angespült werden.

[…] Insgesamt sammelten die Wissenschaftler 23 227 Müllteile mit einem Gewicht von 96,67 Kilogramm.

Hochgerechnet auf alle Inseln schätzten sie, dass dort im Jahr 2017 etwa 414 Millionen Teile menschengemachter Müll mit einem Gewicht von knapp 238 Tonnen auf den Kokosinseln lagerten. Der Großteil – mehr als 95 Prozent – war Plastik. Glas, Holz oder Textilien fanden die Forscher nur in geringer Menge. Von den identifizierbaren Teilchen waren 25 Prozent Einwegplastik: Strohhalme, Tüten, Zahnbürsten, Trinkflaschen, Einmalbesteck oder Lebensmittelverpackungen. […]

1 Gemälde mit qualmenden Schloten wurden zur Zeit der Industrialisierung anders bewertet als aus heutiger Sicht. Vergleicht *Q 1* und *Q 2* und diskutiert mögliche Betrachtungsweisen.

2 Die Industrialisierung hat bis heute Einfluss auf die Umwelt. Erläutere Unterschiede und Ähnlichkeiten zwischen dem Beginn der Industrialisierung und heute (*Q 3*, *M 1*).

3 Gestalte eine Antwort auf den Leserbrief (*Q 3*), z. B. als Brief oder als Plakat.

Was änderte sich für die Menschen?

Q1 Fertigung eines Drehstromgenerators in der Turbinenfabrik der AEG
Foto um 1910

Viele Arbeitskräfte und Urbanisierung

Zu Beginn des 19. Jh. lebten noch zwei Drittel der Deutschen auf dem Land. Kurz vor dem Zweiten Weltkrieg (1939) waren es nur mehr 40 Prozent. Wie lässt sich dieser Wandel erklären? Die Bevölkerung in Deutschland wuchs von 30 (1830) auf knapp 70 Millionen Menschen (1910) sehr stark an (siehe Seite 98). Der Wirtschaft standen damit immer mehr Arbeitskräfte zur Verfügung. Vor allem durch den Einsatz von Maschinen und Kunstdünger steigerten sich die Erträge in der Landwirtschaft, obwohl immer weniger in diesem Bereich arbeiten mussten. Auf der Suche nach Beschäftigung zogen die Menschen deshalb massenhaft in die Städte (Urbanisierung*). Die Einwohnerzahl Münchens z. B. verdreifachte sich innerhalb von nur 35 Jahren von 193 000 (1875) auf 596 000 (1910). Die Auswirkungen auf die Arbeits- und Lebensbedingungen, aber auch auf die Infrastruktur der Städte waren gewaltig.

***Urbanisierung**
Wachstum von Städten und Ausbreitung städtischer Lebensformen

***Mietskaserne**
Der Begriff bezeichnet die von Enge und kasernenartiger Gleichmäßigkeit geprägten Hochhäuser zur Zeit der Industrialisierung.

Informationen zu Kinderarbeit heute findest du unter Mediencode 30023-17

Schutzloses Arbeiten im Takt der Maschine

Zuvor legten die Menschen ihre Arbeitszeiten selbst fest und richteten sich dabei meist nach den Tageszeiten. Im Zuge der Industrialisierung änderte sich dies grundlegend: Maschinen zwangen den Menschen unnachgiebig ihren Takt auf. Gearbeitet wurde rund um die Uhr in Schichten. Vorgesetzte überwachten die Arbeitsleistung, die in Fabrikordnungen streng geregelt war. Weil den Fabrikbesitzern meist genügend Arbeitskräfte zur Verfügung standen, zahlten sie häufig sehr niedrige Löhne. Selten reichte das Gehalt einer Person, um eine Familie zu versorgen. Frauen- und Kinderarbeit war deshalb üblich. Weil sie deutlich weniger Gehalt als Männer bekamen, waren sie zudem als noch billigere Arbeitskräfte sehr willkommen.
Auch infolge der langen und harten Arbeitsbedingungen ereigneten sich sehr viele Unfälle. Arbeitsschutz und Unfallverhütung waren gerade zu Beginn der Industrialisierung den meisten Unternehmern nicht wichtig. Den Schaden trug der Arbeiter alleine. Kranken oder wenig arbeitsfähigen Menschen konnte einfach gekündigt werden.

Kinderarbeit

Eine Fürsorgepflicht des Staates, wie wir sie heute kennen, entwickelte sich nur sehr langsam. Bis 1878 gab es nicht einmal für Schwangere oder für stillende Mütter Schutzbestimmungen. Die Kinderarbeit z. B. schränkte König Ludwig II. 1854 in Bayern wie folgt ein: Kinder unter zehn Jahren durften nicht beschäftigt werden, die tägliche Arbeitszeit wurde auf neun Stunden begrenzt und Nachtarbeit verboten. Ganz verboten wurde Kinderarbeit erst 1919, wenigstens in den Fabriken. Völlig ungeregelt blieb die Kinderarbeit in heimischen Betrieben, vor allem in der Landwirtschaft.

Keine Privatsphäre

Keineswegs alleine waren die Menschen nach der Arbeit in ihren vier Wänden. Es gab kaum bezahlbaren Wohnraum. Viele mussten in menschenunwürdigen Verhältnissen hausen: in Behelfsbauten, modrigen Kellerwohnungen oder Mietskasernen* mit dunklen Hinterhöfen. Oft bestanden die Wohnungen nur aus einem Raum. Mehrere Familien teilten sich eine Toilette und eine Waschmöglichkeit auf dem Flur.

Wusstest du?

Junge oder alleinstehende Arbeiterinnen und Arbeiter konnten sich oft keine eigene Wohnung leisten. Deshalb mieteten sie sich ein Bett im Wohnraum einer Familie. Sie schliefen dann in einem freien Bett oder zusammen mit den Kindern der Vermieter.

Q2 Kinderarbeit

In einer Stellungnahme einer Textilfabrik in Augsburg an die Verwaltung 1851 heißt es:

a) Es werden in unserer Spinnerei Kinder verwendet, und zwar: 26 Sonntagsschulpflichtige, hier wohnend, 103 Sonntagsschulpflichtige, auswärts wohnend, 2 Werktagsschulpflichtige

b) Diese werden abwechslungsweise, die eine Woche bei Tag, die andere bei Nacht beschäftigt. Die Tagesschicht arbeitet von 6 Uhr morgens bis 6 Uhr abends, die Nachschicht von 6 Uhr abends bis 6 Uhr morgens.

c) [...] übrigens arbeiten sie freiwillig, entweder in Form des eigenen Interesses oder des ihrer Eltern.

d) Nachteilige Einflüsse auf die Gesundheit dieser jungen Leute haben wir [...] nicht gefunden. Die Kinder haben ein gesundes, frisches Aussehen, und Krankheiten kommen nur wenige bei ihnen vor.

Q4 Bericht einer Schulinspektion

Darin heißt es über eine andere Textilfabrik in Augsburg u. a.:

Welchen nachteiligen Einfluss diese nächtliche Arbeit auf die physische und moralische Beschaffenheit dieser Individuen hat, die sich noch in der Entwicklungsphase befinden, muss wohl nicht erst lange bewiesen werden. Er ist durch das geisterhafte Aussehen dieser Kinder und häufige Krankheiten bei ihnen – besonders Augenkrankheiten – offensichtlich.

Q 2 zitiert nach: Aufbruch ins Industriezeitalter, Band 3: Quellen zur Wirtschafts- und Sozialgeschichte Bayerns vom ausgehenden 18. Jahrhundert bis zur Mitte des 19. Jahrhundert, hrsg. von Konrad von Zwehl unter Mitarbeit von Susan Boenke, München 1985, S. 205 f; Q 4 zitiert nach: ebed, S. 205

Q3 Berliner Hinterhofwohnung

M1 Ausgaben einer Facharbeiterfamilie um 1889

Die Berliner Familie (Ehepaar und zwei Kinder) wohnte zur Miete in einem Zimmer mit Küche.

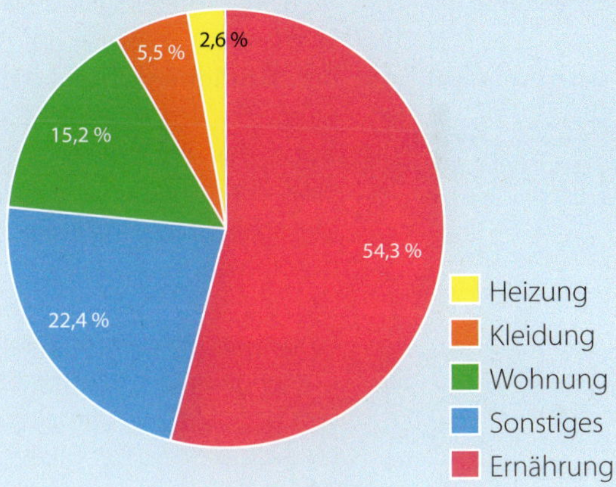

1 Beschreibe das „neue Verhältnis“ zwischen Mensch und Maschine (*Q 1*).

2 Informiere dich darüber, wie hoch etwa bei einer heutigen Familie der Anteil der Ausgaben ist, und vergleiche mit *M 1*.

3 Vergleiche die Wohnsituation einer Arbeiterfamilie (*Q 3*) mit deiner eigenen.

4 Beurteilt, inwiefern die Wohnsituation damals sehr belastend war (*Q 3*).

5 Rechnet hoch, wie lange Kinder wöchentlich arbeiten mussten. Bedenkt dabei, dass der Samstag damals ein gewöhnlicher Arbeitstag war (*Q 2*).

6 Beurteile die Behauptung, dass die Kinder freiwillig gearbeitet haben (*Q 2, Q 4*).

7 Erkläre, wie die Verfasser der Stellungnahme (*Q 2*) zu ihrer Einschätzung gekommen sind.

8 Fasst in einem Erklärvideo zusammen, was sich für die Menschen durch die Industrialisierung veränderte. ➔ S. 191

Die Soziale Frage

Q1 und M1 **Verpflegung von Bedürftigen damals und heute**
Der Holzschnitt (links) von 1894 zeigt Kinder vor einer Suppenküche in Berlin.
Beim Foto (rechts) stehen Bedürftige bei einer sogenannten Tafel an, die an Bedürftige Essen verteilt.

⚠ Grundherrschaft
Herrschaftssystem im Mittelalter. Dabei verfügt der Grundherr über Land und Hörige. Die unfreien Bauern durften die Höfe und das Land bewirtschaften, mussten dafür aber einen Teil der Erträge abliefern und Dienste leisten. Die Grundherren boten ihren Leuten Schutz und Hilfe und durften über Straftaten richten.

⚠ Soziale Frage
soziale und gesellschaftliche Probleme vor und während der Industrialisierung. Kennzeichen waren Bevölkerungsexplosion und Massenelend der Arbeiterschaft (niedrige Löhne, schlechte Arbeits- und Lebensbedingungen). Staat, Kirche, Unternehmer, Arbeiter und politische Denker suchten nach Lösungen für diese Probleme.

Soziales Elend

Mit dem Beginn des 19. Jh. löste sich die seit dem Mittelalter existierende Ständegesellschaft langsam auf. Immer mehr Bauern wurden aus der **Grundherrschaft** entlassen. Außerdem wurde die Gewerbefreiheit eingeführt. Danach war es für Handwerker nicht mehr nötig, von einer Zunft aufgenommen zu werden. Aber die Menschen mussten Arbeit finden, um Lohn zu bekommen.
Obwohl die Anzahl der Fabriken stetig stieg, führte das Bevölkerungswachstum zu einem Überangebot an Arbeitskräften in den Städten. Lebensgefährliche Arbeitsbedingungen, sehr niedrige Löhne und oft katastrophale Wohnbedingungen waren die Folgen. Für viele Menschen gab es kein Entrinnen aus diesem Teufelskreis. Manche protestierten gegen ihr Elend. Ein soziales Netz, wie wir es heute kennen, gab es nicht.

Was tun die Kirchen …

Auch deshalb wurde die soziale Not zu einem Massenphänomen und damit zum politischen Sprengstoff. Unternehmer, Staat und Kirchen mussten darauf reagieren. Letztere sahen die **Soziale Frage** als religiöses und moralisches Problem. Deshalb sei das Elend der Menschen auch die Folge der Abwendung vom rechten Glauben. Einzelne Geistliche versuchten, die Lage der Menschen zu verbessern: So richtete z.B. der evangelische Pastor Johann Hinrich Wichern 1833 das „Rauhe Haus“ für Waisenkinder ein. Auf katholischer Seite gründete Adolph Kolping 1846 den ersten Gesellenverein, der sich um Handwerker kümmerte, die auf der Wanderschaft waren. Nur 30 Jahre später gab es bereits 420 Vereine mit ca. 70 000 Mitgliedern. 1891 richtete sogar der Papst selbst einen Aufruf an Unternehmer und den Staat, die Not der Menschen zu lindern. Die Kirche forderte aber keine Änderung der Gesellschaftsstruktur, schon gar keine gewaltsame.

… und die Unternehmer?

Auch einige Arbeitgeber hatten ein Interesse daran, die Lage der Menschen zu verbessern. Der Fabrikant sah sich weniger als Wohltäter, sondern als „strenger Vater“. Er wollte seine Arbeiter, insbesondere gut ausgebildete Facharbeiter, an das Unternehmen binden und Arbeitsniederlegungen vermeiden. Um das zu erreichen, gründeten Firmeninhaber Unterstützungskassen im Falle von Krankheit, Invalidität (= Arbeitsunfähigkeit) und für Hinterbliebene. Einige Unternehmer ließen Arbeiterwohnungen errichten.

Wusstest du?

Wichern erfand aus einer „Notsituation“ heraus den Adventskranz. Die Kinder im „Rauhen Haus“ löcherten ihn mit ihren Fragen, wann Weihnachten sei. Schließlich nahm der Geistliche ein Wagenrad, steckte 20 kleine und vier große Kerzen darauf und entzündete jeden Tag eine.

Q2 „Wohlfahrtseinrichtungen“

Ein Unternehmer, der viele Maßnahmen getroffen hat, um die Lage der Arbeiter zu verbessern, erklärt 1882:

[Es] sei zunächst der Arbeiterwechsel ein geringerer, die Maschinen ständen weniger still, der Arbeiter sei vertrauter mit seiner Arbeit, seiner Maschine, das Ineinandergreifen der Arbeiten werde weniger gestört [...].

Ferner sei die Produktionsleistung eine erhöhte [...]. Was die Mühen und Kosten anlange, so seien dieselben minimal gegenüber dem, was bei guten Einrichtungen geleistet werde.

Gerhard A. Ritter und Klaus Tenfelde, Arbeiter im Deutschen Kaiserreich 1871 bis 1914, Bonn 1992, S. 414

Q3 Arbeiterwohnungen

Foto um 1900

Die Firma Faber in Stein bei Nürnberg ließ diese Häuser erbauen. Wer als Arbeiter nicht in den Genuss solcher Häuser kam, musste meist in sogenannten Mietskasernen unterkommen.

Q4 Forderungen eines katholischen Bischofs

Der katholische Bischof Wilhelm Emmanuel von Ketteler war bemüht, die Lage der Arbeiterinnen und Arbeiter zu verbessern. In einer Rede sagte er 1869 unter anderem Folgendes:

Die erste Forderung des Arbeiterstandes ist eine dem wahren Wert der Arbeit entsprechende Erhöhung des Arbeiterlohnes. [...] [A]uch die Religion fordert, dass die menschliche Arbeit nicht wie eine Ware behandelt und lediglich durch An- und Abgebot abgeschätzt werde [...]. Nicht der Kampf zwischen dem Arbeitgeber und dem Arbeiter muss das Ziel sein, sondern ein rechtmäßiger Friede zwischen beiden. Die Gottlosigkeit des Kapitals, das den Arbeiter als Arbeitskraft und Maschine ausnützt, muss gebrochen werden [...]. Aber auch die Gottlosigkeit der Arbeiter muss vermieden werden. Die zweite Forderung des Arbeiterstandes ist die Verkürzung der Arbeitszeit [...]. Die dritte Forderung des Arbeiterstandes ist die Gewährung von Ruhetagen [...]. Eine vierte Forderung des Arbeiterstandes ist das Verbot der Arbeit der Kinder in den Fabriken für die Zeit, in welcher sie noch schulpflichtig sind.

Geschichte der christlich-demokratischen und christlich-sozialen Bewegungen in Deutschland. Im Auftrag der Konrad-Adenauer-Stiftung hrsg. von Günther Rüther, Teil II, Bonn 1984, S. 206

Zu weiteren Informationen zu Johann Hinrich Wichern und dem „Rauhen Haus“ führt dich Mediencode 30023-18

Zu Adolph Kolping siehe Mediencode 30023-19

Eine kurze Erzählung zum Leben des Unternehmers Lothar von Faber findest du unter Mediencode 30023-20

1 Beschreibe die Ursachen der Sozialen Frage (*VT*). ➜ S. 191

2 Führt ein Streitgespräch zwischen einem Anhänger Kettelers (*Q4*) und einem Unternehmer.

3 Erläutere die Vorteile, die „Wohlfahrtseinrichtungen“ einem Unternehmer bringen (*Q2*).

4 Erstellt in Gruppen Plakate für einen „Gallery walk“ zum Leben und Wirken der folgenden Personen: Adolph Kolping, Johann Hinrich Wichern, Ernst Abbe und Lothar von Faber.

5 Soziale Probleme in unserer heutigen Gesellschaft, vor allem in den Großstädten, werden als „Neue Soziale Frage“ bezeichnet. Informiert euch über den Begriff.

6 Vergleiche die „Neue Soziale Frage“ mit den sozialen Problemen im 19. Jh.

Der Kommunismus als Ideal

M1 Karl-Marx-Figur
Foto von 2013

Neben der Figur von Karl Marx, die der Künstler Ottmar Hörl geschaffen hat, hält der Politiker Gregor Gysi von der Partei „Die Linke" eine Wahlkampfrede in München.

Proletariat
Im antiken Rom wurden damit die Bürger bezeichnet, die keinen Besitz hatten außer ihrem eigenen Nachwuchs (lat. proles: Nachkomme) und auf Lohn angewiesen waren. Bei Karl Marx wurde Proletariat ein Kampfbegriff und bezeichnete die Arbeiter als „ausgebeutete Klasse" während der Industrialisierung.

Sozialismus
(lat. socius: Genosse) Wirtschafts- und Gesellschaftsordnung, die den Kapitalismus abschaffen will. Dabei sollen die Produktionsmittel (Fabriken etc.) im Besitz der Gesellschaft bzw. des Staates sein. Ziel ist eine gerechte Verteilung der Güter und Gewinne.

*Bourgeoisie
das wohlhabende Bürgertum, Inhaber der Produktionsmittel und damit die „herrschende Klasse"

*Kommunismus
Gesellschaftsmodell einer klassenlosen Gesellschaft ohne Privateigentum

Karl Marx und Friedrich Engels

Karl Marx wurde 1818 in Trier geboren. Wie sein Vater studierte er nach dem Besuch des Gymnasiums Rechtswissenschaften in Bonn. 1836 verlobte er sich heimlich mit Jenny von Westphalen, welche jener von Kindesbeinen an kannte. Ab 1842 wurde Marx Redakteur der liberalen Rheinischen Zeitung in Köln. Nur ein Jahr später konnte er das Verbot der Zeitung, die immer wieder kritisch über gesellschaftliche Probleme in Deutschland berichtete, nicht verhindern. Im gleichen Jahr heiratete er seine Verlobte, mit der er sieben Kinder haben sollte. Zusammen mit ihr ging er nach Paris. 1844 begann die lebenslange Freundschaft und Zusammenarbeit mit dem Fabrikantensohn Friedrich Engels. Dieser war der Sohn eines Textilfabrikanten. Nach dem Gymnasium und einer kaufmännischen Lehre arbeitete er in der väterlichen Fabrik in England. Die dort herrschenden Lebens- und Arbeitsbedingungen der Menschen veränderten seine politische Einstellung grundlegend.

„Proletarier aller Länder …"

Auch Marx empfand die soziale Lage der Arbeiter als nicht hinnehmbar. Seiner Überzeugung nach müssten sich die bestehenden Verhältnisse radikal ändern, um die Lage des **Proletariats** tatsächlich verbessern zu können. Gemeinsam mit Engels verfasste er deshalb 1848 die Grundsatzschrift „Manifest der Kommunistischen Partei". Darin beschrieben sie die Auseinandersetzung zwischen der Bourgeoisie* und dem Proletariat als „Klassenkampf". Sie waren überzeugt, dass dieser Kampf zu einer Revolution führen musste, aus der das Proletariat als Sieger hervorgehen würde. Der Kapitalismus würde zusammenbrechen und vom **Sozialismus** und schließlich vom Kommunismus* abgelöst werden. Darunter verstanden Marx und Engels eine Gesellschaft ohne Ausbeutung, in der Frieden und Gerechtigkeit herrschen. 1848/49 kehrte Marx nach Deutschland zurück und beteiligte sich an der Revolution. Nach deren Scheitern (siehe S. 80) floh er nach London ins Exil. Auch Engels suchte in England Zuflucht. Von dort aus prägte Karl Marx mit weiteren wissenschaftlichen Schriften zur kapitalistischen Produktionsweise die immer stärker werdende und sich organisierende Arbeiterbewegung. Marx starb im Alter von 65 Jahren. Engels widmete sich bis zu seinem Tod 1895 der Veröffentlichung und Interpretation der Marx'schen Schriften.

Kommunismus als Symbol

Marx und Engels gelten bis heute als Idole der Arbeiterbewegung. In den meisten kapitalistischen Ländern verbesserten sich die Lebens- und Arbeitsbedingungen auch ohne gewaltsamen Umsturz. In den letzten 150 Jahren entstanden aber auch, häufig durch gewaltsame Revolutionen, kommunistische Staaten, die sich auf die beiden Vordenker beriefen. Allerdings entsprach die Realität nirgendwo vollständig der von Marx geprägten Idee der klassenlosen Gesellschaft. So waren z. B. in der ehemaligen DDR, einem sozialistischen Staat, Einkommen und Vermögen sehr ungleich verteilt. Auf etwa 10 Prozent der Kontoinhaber entfielen 60 Prozent des Geldvermögens. Auch heute berufen sich Parteien wie „Die Linke" auf kommunistische Ideen.

Wusstest du?

Obwohl er die kommunistische Idee vertrat und förderte, genoss Friedrich Engels seinen Wohlstand in vollen Zügen. Quellen berichten von zwei Geliebten und einer Vorliebe für teuren Wein und edle Pferde. Karl Marx störte dies angeblich wenig, er selbst legte sein Geld an der Börse an.

Q1 „Ein Gespenst geht um …"

Aus dem „Manifest der Kommunistischen Partei" von 1848. Es wird erst in den 1870er-Jahren einer größeren Leserschaft bekannt:

Ein Gespenst geht um in Europa – das Gespenst des Kommunismus. Die ganze Gesellschaft spaltet sich mehr und mehr in zwei große feindliche Lager, in zwei große, einander direkt gegenüberstehende Klassen: Bourgeoisie und Proletariat. Die Arbeiter beginnen damit, Koalitionen* gegen die Bourgeoisie zu bilden; sie treten zusammen zur Behauptung ihres Arbeitslohnes. Der erste Schritt in der Arbeiterrevolution ist die Erhebung des Proletariats zur herrschenden Klasse, die Erkämpfung der Demokratie. Das Proletariat wird seine politische Herrschaft dazu benutzen, der Bourgeoisie nach und nach alles Kapital zu entreißen. Mögen die herrschenden Klassen vor einer kommunistischen Revolution zittern. Die Proletarier haben nichts zu verlieren als ihre Ketten. Sie haben eine Welt zu gewinnen. Proletarier aller Länder, vereinigt euch!

Karl Marx, Die Frühschriften, hrsg. von Siegfried Landshut, Stuttgart [7]2004, S. 594 ff.

M2 Von der Klassengesellschaft zum Kommunismus

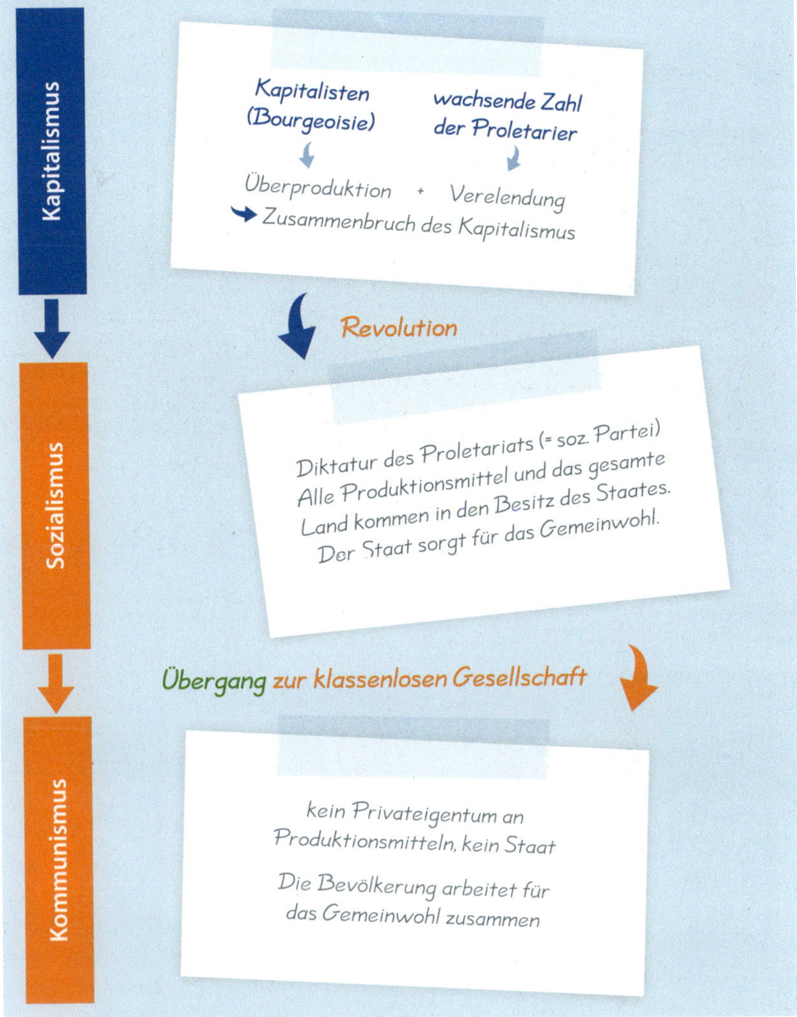

1 Marx legt dar, wie das Proletariat stufenweise die Macht erringen wird (*Q 1* und *M 2*). Beschreibe diese Stufen in eigenen Worten und nenne die Zielsetzung.

2 Begründe, warum nach der Vorstellung von Marx das kapitalistische System zusammenbrechen muss (*VT*).

3 Beschreibe, wie es zur Zusammenarbeit zwischen Marx und Engels kam (*VT*).

4 Die Partei „Die Linke" beruft sich zum Teil auf Karl Marx (*M 1*). Vor einer Wahl hatte sie den Werbespot „Mehr für die Mehrheit [in der Gesellschaft]". Vergleiche das mit den politischen Ideen von Karl Marx (*VT, Q 1, M 2*).

5 Erläutere den Begriff „Klassengesellschaft" (*Q 1*).

6 Erstellt eine Liste der Staaten, welche sich heute als „kommunistisch" oder „sozialistisch" bezeichnen oder sich auf den Kommunismus berufen. Informiert euch, wann und wie der Kommunismus jeweils eingeführt wurde.

7 Kommunistische Staaten nennen sich häufig „Volksrepublik" (z. B. „Volksrepublik China"). Erkläre, was dieser Begriff im Zusammenhang mit dem Kommunismus bedeuten soll.

* **Koalition**
Vereinigung, Bündnis

Sozialdemokratie und Gewerkschaften

Q1 „Der Streik"
Ölgemälde von Robert Koehler, vor 1886

M1 Streik
Foto vom 10. Juni 2009

Mitarbeiterinnen und Mitarbeiter eines großen Textilunternehmens haben einen Tag lang ihre Arbeit niedergelegt und demonstrieren für höhere Löhne und bessere Arbeitsbedingungen.

*Gewerkschaft
Vereinigung von Beschäftigten zur Vertretung ihrer wirtschaftlichen und sozialen Interessen

*Partei
politische Organisation mit einem bestimmten Programm. In ihr haben sich Personen mit gleichen politischen Interessen zusammengeschlossen.

Interessen gemeinsam vertreten – Gewerkschaften

Um ihre Lebens- und Arbeitsbedingungen zu verbessern, schlossen sich vor allem die Fabrikarbeiter zu Arbeiterbildungs- und Unterstützungsvereinen zusammen. Sie erhoben immer stärker auch politische Forderungen. Einhergehend mit den demokratischen Entwicklungen während der Revolution 1848/49 entstand die Allgemeine Deutsche Arbeiterverbrüderung. Sie hatte vor allem zwei Ziele: gleiches Wahlrecht für alle und bessere Arbeitsbedingungen.

Nach dem Verbot 1854 änderte sich in den 1860er-Jahren das politische Klima. Für die Arbeiterbewegung bedeutete dies eine „Gründungswelle". Nach englischem Vorbild entstanden Verbände für einzelne Berufe, u.a. sogenannte Gewerkschaften*. Die Buchdrucker und Zigarrenarbeiter waren die ersten. Danach breitete sich die Gewerkschaftsidee, zusammen für gemeinsame Interessen zu kämpfen, rasch aus. Ganz oben auf der Liste der Forderungen standen Lohnerhöhungen und der 10-Stunden-Arbeitstag (statt bisher 12). Um dies zu erreichen, arbeiteten die nun überregional organisierten Verbände mit politischen Gruppen zusammen.

Die älteste Partei Deutschlands: die SPD

Nicht die kommunistischen Vordenker, sondern der Philosoph und Journalist Ferdinand Lassalle war der „Geburtshelfer" der ältesten (noch heute bestehenden) Partei* Deutschlands. Er bündelte die Interessen der sozialistischen Arbeiterbewegung im 1863 gegründeten Allgemeinen Deutschen Arbeiterverein (ADAV). Seine Hauptforderungen waren das allgemeine und direkte Wahlrecht sowie die damit verbundene politische Gleichberechtigung aller. Ein Jahr später starb Lassalle. Der ADAV zählte mittlerweile 4500 Mitglieder. Nach Machtkämpfen innerhalb des Arbeitervereins kam es 1875 zur Vereinigung mit der Sozialdemokratischen Arbeiterpartei (SDAP). Die neu entstandene Sozialistische Arbeiterpartei heißt seit 1890 bis heute SPD (Sozialdemokratische Partei Deutschland). Von 1878 bis 1890 wurde die SPD durch den Staat verfolgt (siehe S. 130). Aber statt der beabsichtigten Schwächung wurde die Partei immer stärker und hatte steigende Mitgliederzahlen.

Wusstest du?

Die rote Nelke wurde 1889 zur Arbeiterblume. Der Internationale Sozialistenkongress forderte die Arbeiter aller Länder dazu auf, am 1. Mai 1890 für ihre Rechte einzutreten. Da Fahnen verboten waren, wählten die Arbeiter die rote Nelke im Knopfloch als Erkennungszeichen der Gleichgesinnten. Noch heute ist sie Symbol der gewerkschaftlichen Interessen.

Q2 „Organisieren Sie sich …"

1863 fordert Ferdinand Lassalle, der Gründer des Allgemeinen Deutschen Arbeitervereins (ADAV):

Organisieren Sie sich als ein Allgemeiner Deutscher Arbeiterverein zu dem Zweck einer gesetzlichen und friedlichen, aber unermüdlichen, unablässigen Agitation* für die Einführung des allgemeinen und direkten Wahlrechts in allen deutschen Ländern. Von dem Augenblicke an, wo dieser Verein auch nur 100 000 deutsche Arbeiter umfasst, wird er bereits eine Macht sein, mit welcher jeder rechnen muss. Pflanzen Sie diesen Ruf fort in jede Werkstatt, in jedes Dorf, in jede Hütte.

Programme der deutschen Sozialdemokratie. Mit einem Vorwort von Willy Brandt, hrsg. von der Friedrich-Ebert-Stiftung, Bonn 1978, S. 35

Q4 Fahne der Sozialdemokraten

Sie entstand um 1870.

Q3 Aus einem Wahlprogramm

Die Sozialistische Arbeiterpartei, die spätere SPD, fordert in ihrem Wahlprogramm von 1875 u. a. Folgendes:

1) Allgemeines, gleiches, direktes Wahlrecht, mit geheimer und obligatorischer [verpflichtender] Stimmabgabe aller Staatsangehörigen vom zwanzigsten Lebensjahr an. […]
2) Direkte Gesetzgebung durch das Volk. […]
3) Volkswehr anstelle der stehenden Heere.
4) Abschaffung aller Ausnahmegesetze; überhaupt aller Gesetze, welche die freie Meinungsäußerung, das freie Forschen und Denken beschränken.
5) Rechtsprechung durch das Volk.
6) Allgemeine Schulpflicht. Unentgeltlicher Unterricht in allen Bildungsanstalten. […]
7) Unbeschränktes Koalitionsrecht*.
8) Einen den gesellschaftlichen Bedürfnissen entsprechenden Normalarbeitstag. Verbot der Sonntagsarbeit.
9) Verbot der Kinderarbeit.
10) Schutzgesetze für Leben und Gesundheit der Arbeiter.

Nach: Günter Schönbrunn (Bearb.), Das bürgerliche Zeitalter 1815–1914. Geschichte in Quellen, München 1980, S. 878 f.

* **Agitation**
(oft aggressives) Werben für ein politisches Ziel

* **Koalitionsrecht**
Recht zur Gründung von Gewerkschaften und Berufsvereinen

1 · Beschreibe die Haltung der Männer und Frauen auf den Bildern (*Q 1*, *M 1*). Welche Einstellungen werden deutlich?

2 Erkläre, welchen Weg der Umgestaltung Lassalle nehmen möchte (*Q 2*). Stelle Unterschiede zu Marx/Engels heraus (S. 106 f.). ➜ S. 192

3 Begründe, warum das gleiche Wahlrecht für alle und die allgemeine Schulpflicht für die Sozialdemokraten wichtige Anliegen waren (*Q 3*).

4 Ordne ein, auf welche Tradition das Motto der Fahne (*Q 4*) zurückgreift. ➜ S. 192

5 Informiere dich zu aktuellen Streiks (*M 1*) hinsichtlich Ursachen, Verlauf und Ergebnis.

6 Beurteile ausgehend von *Q 3*, inwiefern das Bürgertum und die Regierungen die organisierte Arbeiterbewegung als Bedrohung empfanden.

Zum Thema Streik mit weiteren Informationen zum Bild Q 1 siehe Mediencode 30023-21

Sozialgesetze – eine deutsche Erfindung

Q1 „Begräbnis eines Arbeiters"
Gemälde von Oscar Gräf, um 1900

⚠ Sozialgesetze
Gesetze zur sozialen Absicherung der Menschen in Deutschland.
Reichskanzler Bismarck führte zwischen 1883 und 1890 eine Kranken-, Unfall- und Altersversicherung ein.
Heute gibt es in der Bundesrepublik Deutschland außerdem eine Arbeitslosen- und Pflegeversicherung.

Bismarcks Sozialgesetze – Zuckerbrot für die Arbeiter

Auch Otto von Bismarck, der erste Reichskanzler des Deutschen Reiches (siehe S. 122), blieb die angespannte Lage vieler Arbeiter nicht verborgen. Andererseits lehnte er eine weitreichende Arbeitsschutzgesetzgebung aus Furcht vor negativen Folgen für die boomende Industrie ab. Vor allem aber sah der Reichskanzler die immer stärker werdende Arbeiterbewegung als große Bedrohung für die Staats- und Gesellschaftsordnung des Kaiserreiches an. Um einen Umsturz zu verhindern, versuchte er, die sozialistischen und sozialdemokratischen Bestrebungen per Gesetz zu verbieten – mit lediglich bescheidenem Erfolg. Mit der Zeit reifte in ihm immer mehr die Idee, die Arbeiterschaft durch sozialpolitische Maßnahmen für den Staat zu gewinnen. Aus taktischen Überlegungen heraus wurde er so zum Geburtshelfer des ersten „sozialen Netzes" auf der ganzen Welt.

Zukunftweisendes Vorbild

Auf sein Betreiben hin verabschiedete der Reichstag 1883 ein Gesetz für eine Krankenversicherung. Bei Arbeitsunfähigkeit bezahlte sie ab dem dritten Tag der Krankheit für ca. drei Monate Krankengeld in Höhe von 50 Prozent des durchschnittlichen Lohnes, höchstens aber zwei Mark pro Arbeitstag. Eine vierköpfige Familie benötigte ca. 25 Mark in der Woche, um über die Runden zu kommen. Folglich bewahrte das Krankengeld weder vollständig noch langfristig vor materieller Not. Zumindest aber stellte die Krankenversicherung in der Regel eine ärztliche Behandlung sicher. Nur ein Jahr später, 1884, trat die gesetzliche Unfallversicherung in Kraft. Diese wurde vollständig von den Unternehmern getragen. Sie sollte die Heilungskosten finanzieren. Konnte der Arbeiter seiner Tätigkeit nicht mehr nachgehen, so erhielt er zwei Drittel seines Einkommens als Rente. Kam ein Arbeiter in der Fabrik zu Tode, dann wurde der Witwe 20 Prozent des Verdienstes ihres Mannes zugesprochen. Auch mit dieser Zahlung war der Lebensunterhalt einer Familie nur teilweise gedeckt. Erst nach langen Verhandlungen setzte der Reichstag 1889 die Invaliden- und Altersversicherung in Kraft. Im Falle der Erwerbsunfähigkeit (Invalidität) erhielt ein Arbeiter (nach mind. 5 Beitragsjahren) ein Drittel seines Durchschnittslohns als Rente. Die Altersrente konnte ab dem 70. Lebensjahr und nach 30 Beitragsjahren in Anspruch genommen werden. Die Sozialgesetzgebung machte das soziale Netz zur Aufgabe des Staates – bis heute!

M1 Die Sozialversicherung im Kaiserreich

Versicherungsart	Beiträge	Leistungen
Krankenversicherung für gewerbliche Arbeiter und (freiwillig ab 1892) Angehörige	2–3 % des Lohns, davon 2/3 vom Versicherten, 1/3 vom Arbeitgeber	Ärztliche Behandlung und Medizin, Krankenhauskosten; nach zweitägiger Wartezeit Krankengeld (50 % des Durchschnittslohns, max. 2 Mark/Tag)
Unfallversicherung für gewerbliche Arbeiter	vom Arbeitgeber zu zahlen	Heilungskosten; bei Erwerbsunfähigkeit 2/3 des Einkommens, 20 % für Witwen
Invaliden- und Altersversicherung für gewerbliche Arbeiter und Landarbeiter (ab 1911 auch für Familienangehörige)	1 % (ab 1900 1,5–3 %) des Lohns; je zur Hälfte von Arbeitnehmer und Arbeitgeber	Invalidenrente bei Erwerbsunfähigkeit; Altersrente ab dem 70. Lebensjahr und nach 30 (ab 1900: 24 Beitragsjahren)

Nach: Rainer Bölling und Johann Henseler (Hrsg.), Das deutsche Kaiserreich 1871–1918, Freiburg 1986, S. 47 f.

M2 Die Sozialversicherung heute

Versicherungsart	Krankenversicherung	Unfallversicherung	Rentenversicherung	Arbeitslosenversicherung	Pflegeversicherung
per Gesetz eingeführt	1884	1884	1889	1927	seit 1995
Finanzierung	Arbeitnehmer und Arbeitgeber zahlen grundsätzlich zu gleichen Teilen	ausschließlich Arbeitgeber	Beiträge von Arbeitgebern und Arbeitnehmern zu gleichen Teilen; Zuschüsse durch den Staat	Beiträge von Arbeitgebern und Arbeitnehmern zu gleichen Teilen; Zuschüsse durch den Staat	Beiträge von Arbeitgebern und Arbeitnehmern zu gleichen Teilen; Zuschüsse durch den Staat

Nach: Rainer Bölling und Johann Henseler (Hrsg.), Das deutsche Kaiserreich 1871–1918, Freiburg 1986, S. 47f.

Q2 „Wer sorgt für die Invaliden?"

Über die Unfallgefahren und den fehlenden Versicherungsschutz berichtet folgender Zeitungsartikel vom 12. Januar 1866:

Gestern wurde uns ein Schreiben eines Arbeiters überbracht, in welchem mehrere Fälle zusammengestellt sind, die beweisen, wie schlecht bis jetzt für die Invaliden der Arbeit gesorgt wird.

1. Ein Arbeiter, welcher in einer Fabrik eine Reihe von Jahren gearbeitet hat, ist jetzt über ein halbes Jahr krank. Dieser Mann erhält aus der städtischen Lade* kein Geld mehr, Doktor und Apotheker sind ihm von der Fabrik verweigert und seine Kameraden legen wöchentlich einen Betrag zusammen, damit er nicht vor Hunger und Elend umkommt.

2. In einer Fabrik befinden sich Kessel mit einer Lauge von 80 Grad Hitze, über welche ein Gangbrett geht. Ein Arbeiter, der über dieses Brett muss, gleitet aus und fällt mit einem Bein in die heiße Lauge. Er kommt ins Krankenhaus, und die Kosten, welche dadurch erwachsen, werden ihm später mit monatlich 5 Silbergroschen von seinem verdienten Lohne abgehalten. Es ist in neuerer Zeit mehrfach ausgesprochen worden, dass die Fabrikanten durch ein Gesetz gezwungen werden müssten, für ihre Invaliden ausreichend zu sorgen. Andere haben gemeint, der Staat müsste dies tun.

*Lade
Unterstützungskasse

Hartmut Pietsch, Industrialisierung und soziale Frage in Duisburg. Quellen und Materialien zur Geschichte und Entwicklung der Stadt Duisburg, Bd. 1, Duisburg 1982, S. 63

1 Versetze dich in die Lage der Witwe, der Kinder oder des Arbeiters rechts im Bild (*Q 1*). Halte in einem Tagebucheintrag fest, was passiert ist. → S. 192

2 Fasse die Folgen von Krankheit und Arbeitsunfähigkeit für Arbeiter zusammen (*VT*).

3 Begründe, warum für Krankheit, Unfall und Rente der Arbeitnehmer keine freiwillige, sondern eine gesetzliche Lösung gesucht wurde. → S. 192

4 Vergleiche ausgehend von *M 1* und *M 2* die Sozialversicherung der Bismarckzeit mit der heutigen.

5 „Zuckerbrot" und „Peitsche" – dieses sprachliche Bild charakterisiert Bismarcks Politik gegenüber der Arbeiterklasse. Erläutere beide Begriffe. → S. 192

6 Bei der Rentenversicherung heute werden die Beiträge der Berufstätigen direkt an die Menschen verteilt, die gerade Rente beziehen. Diskutiert, welche Probleme sich dabei ergeben können.

Gesellschaften verändern sich unablässig

M1–3 Erfindungen
M1 Wagen der Jungsteinzeit (Nachbau)
M2 Dampflokomotive Adler, die erste Eisenbahn in Deutschland (Nachbau). Sie fuhr 1835 zwischen Nürnberg und Fürth.
M3 Fußball-Roboter (2018)

*Epoche
durch bestimmte Personen, Zustände oder Ereignisse geprägter großer geschichtlicher Zeitabschnitt

Einen Erklärfilm zur „Neolithischen Revolution" findet ihr unter Mediencode 30023-22

Revolutionen in Politik und Gesellschaft

Seit der Französischen Revolution 1789 bezeichnet der Begriff „Revolution" einen gewaltsamen Umsturz der bestehenden politischen Ordnung. Findet eine bahnbrechende Erfindung in anderen Bereichen statt, etwa in der Wirtschafts- und Produktionsweise, spricht man ebenfalls von einer Revolution. Wie du bereits weißt, war die von James Watt erfundene Dampfmaschine die Lokomotive der Industrialisierung. Durch sie veränderten sich die Lebens- und Arbeitsbedingungen der Menschen grundlegend; und dieser Wandel hält bis heute an.

Industrialisierung als epochaler Einschnitt

Viele Historiker sehen in der Industriellen Revolution einen epochalen* Einschnitt – u.a. aus folgenden Gründen: Nicht mehr die Natur und die Jahreszeiten gaben den Menschen den Takt vor, sondern Stechuhr und Maschine. Immer größere Fabriken benötigten immer mehr Arbeiter. Diese zogen in rasant steigender Anzahl in die explosionsartig wachsenden (Groß-)Städte (Urbanisierung). Der Wohnraum wurde immer knapper. Die Lage der meisten Menschen wurde immer bedrückender. Diese „Soziale Frage" hatte unmittelbare Auswirkungen auf die Politik: Neben dem Kommunismus als Ideal entstanden Gewerkschaften und die Sozialdemokratie. Die Arbeiterbewegung entwickelte sich zu einer starken politischen Macht. Die damals entstandenen Vorstellungen, Parteien und Gewerkschaften haben noch immer eine große Bedeutung. Gemeinsames Ziel war es, die Lebens- und Arbeitsbedingungen der Menschen zu verbessern. Gleiches, wenn auch mit ganz anderen Motiven, versuchte Bismarck mit seiner Sozialgesetzgebung. In nur 50 Jahren – in der Geschichte ein Wimpernschlag – hatte sich der Alltag vor allem in den industriellen Ballungsräumen grundlegend gewandelt.

Wir sind mittendrin

Die technische Revolution, die im 19. Jh. begann, ist bei Weitem nicht abgeschlossen. Wie vor 150 Jahren erleben wir Vor- und Nachteile des Wandels: soziale Probleme und Naturzerstörung, aber auch Erleichterungen im Alltag durch technischen Fortschritt – vor allem auch in der Medizin –, schnelle Kommunikation, günstige Produkte, globale Vernetzung rund um den Erdball, allmähliche Eindämmung des weltweiten Hungers. Mittlerweile arbeiten Wissenschaftler bereits an Robotern, die nicht nur automatisch arbeiten, sondern auch Eigenschaften von Menschen beherrschen sollen, wie zum Beispiel die Sprache.

Nur einer anderen Umwälzung in der Geschichte der Menschheit räumen Historiker eine vergleichbare Bedeutung ein: der Neolithischen Revolution*. Denn auch die Sesshaftwerdung in der Jungsteinzeit veränderte das Leben der Menschen grundsätzlich für alle folgenden Generationen.

M4 Die „Industriellen Revolutionen"

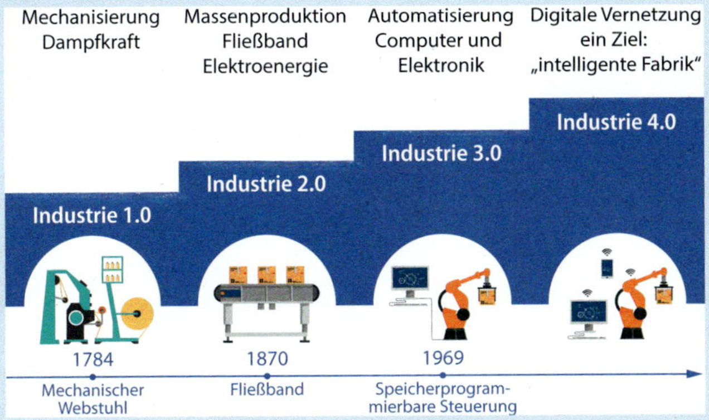

Das Schaubild stellt sehr vereinfacht die Entwicklung vom Beginn der Industriellen Revolution bis über unsere Gegenwart hinaus dar.

Q1 Zeitgenössisches Urteil

Hans Kraemer bewertet um 1900 die Erfahrungen seiner Generation wie folgt:

Jede Periode der Weltgeschichte trägt ihren Stempel – das 19. Jahrhundert steht unter dem Zeichen der praktischen Verwertbarkeit der Naturwissenschaften. [...] Nicht Napoleons geniale Strategie, nicht Bismarcks kraftvolle Staatskunst werden künftigen Geschlechtern die charakteristischsten Merkmale des 19. Jahrhunderts sein, sondern die Eröffnung der ersten Eisenbahn und der ersten Linie des elektrischen Telegrafen, die Wunder der keine Unmöglichkeit mehr anerkennenden Technik.

Quelle: Der Spiegel Geschichte 4/2018 „Die industrielle Revolution", S. 131

M5 „Neolithische Revolution"

Der Professor Hans-Peter Uerpmann begründet, warum der Wandel von der Alt- zur Jungsteinzeit zu Recht als Revolution bezeichnet wird:

Rund zwei Millionen Jahre lang lebten frühe Menschen als Jäger und Sammler, ohne dass sich in diesem unvorstellbar langen Zeitraum ihre Lebensweise grundlegend verändert hätte. Mit dem Ende der letzten Eiszeit setzten dann vor etwas mehr als 12 000 Jahren in rascher Folge die Wandlungen ein, die die existenziellen Grundlagen unserer heutigen Lebensform hervorgebracht haben. Auf die Entstehung der geplanten Nahrungsproduktion folgte die Sesshaftigkeit [...]. Aus der Nutzung von Feuer zum Heizen und für die Zubereitung der Nahrung entwickelte sich eine regelrechte Pyrotechnologie – zuerst zum Brennen von Keramik, aber bald auch zum Erschmelzen und Formen von metallischen Werkstoffen.

Die Auswirkungen dieser Veränderungen auf die menschliche Gesellschaft – Entstehung von Dörfern, Städten, Staaten und differenzierten Hierarchien – sollen hier nur angedeutet werden. Wandlungen, die ursächlich auf der Neolithischen Revolution basieren, folgten Schlag auf Schlag bis in die heutige Zeit, und ein Ende ist nicht abzusehen. Insofern begann mit der Neolithischen Revolution tatsächlich eine fundamentale Umwälzung der menschlichen Lebensweise.

https://www.wissenschaft.de/magazin/weitere-themen/ernten-wo-man-nicht-gesaet-hat [14.05.2019]

1 Erläutere die „Neolithische Revolution" (*M 1*, *M 5*).

2 Erkläre die Gründe für die Sesshaftwerdung der Menschen (*M 5*). ➔ S. 192

3 Gestalte eine Tabelle zur Grafik *M 4*. Berücksichtige dabei die folgenden Aspekte: Technik/Rohstoffe, Energieträger, Verkehr/Kommunikation, Gesellschaft/Staat, Rolle des Arbeiters, Kernländer. ➔ S. 192

4 Beurteile, ausgehend von *Q 1*, die Bedeutung der Industriellen Revolution für das 19. Jh.

5 Manche sprechen heute von der „digitalen Revolution" (*M 3*, *VT*). Erkläre, was damit gemeint ist, und beurteile, ob der Begriff „Revolution" hier berechtigt ist.

6 Nehmt Stellung, in welcher Zeit die Veränderungen für die Menschen am stärksten waren – in der „Neolithischen Revolution", in der „Industriellen Revolution" oder in der „digitalen Revolution".

7 „Das Massenkontrollsystem ist bei Facebook bereits gegeben" – „Google ist das größte Machtsystem in der Geschichte der Menschheit". Diskutiert, ausgehend von diesen beiden Aussagen des Philosophen Richard David Precht, mögliche Gefahren der digitalen Vernetzung.

*Neolithische Revolution
Übergang von der Alt- zur Jungsteinzeit vor mehr als 10 000 Jahren. Dabei wurden die Menschen allmählich sesshaft und entwickelten Ackerbau und Viehzucht.

Click in Geschichte

Wir gestalten Schulbuchseiten

Templates für ein einheitliches Layout

Damit die Seiten eines Schulbuches „wie aus einem Guss" erscheinen, verwenden Autorinnen und Autoren sogenannte Templates. Diese erhalten sie vom Schulbuchverlag.
Templates sind Dokumentvorlagen mit genauen Vorgaben zum Layout* der Seiten. Dies betrifft:
- das Format (z. B. Schriftart, Schriftgröße, Überschriften-Ebenen, Textfeld-Kästen);
- den Umfang (z. B. maximale Anzahl der Tastaturzeichen beim Einführungstext);
- die Medienarten (z. B. Platzhalter für Text- und Bildquellen bzw. Materialien).

In *M 1* seht ihr das Template, mithilfe dessen der Lehrbuchautor die Auftaktdoppelseite* dieses Schulbuchkapitels geschrieben hat.

*Layout
Text- und Bildgestaltung einer Seite, eines Werbemittels bzw. einer Publikation

*Auftaktdoppelseite
die ersten beiden Seiten eines Schulbuchkapitels; sie stimmen auf ein Thema ein.
Die Auftaktseiten dieses Kapitels, für die das Template gemacht wurde, findet ihr auf den Seiten 88/89.

Bestandteile von Auftaktdoppelseiten

Die Auftaktdoppelseiten sollen einerseits neugierig auf das Thema machen. Dies gelingt am besten mit ausdrucksstarken Bildern. Neben einem kurzen Einführungstext bietet das Template (*M 1*) deshalb viel Platz für grafische Materialien.
Andererseits werden bereits wichtige Aspekte des Kapitels aufgegriffen, von denen ihr vielleicht schon einmal etwas gehört habt. Sie können sich auch auf die Gegenwart beziehen.
Die Arbeitsaufträge im Textfeld-Kasten „Was weißt du schon?" sollen euch dazu motivieren, sich mit den Quellen und Materialien auf dieser Seite zu beschäftigen, euer Vorwissen zu sammeln und evtl. eigene Fragestellungen zu formulieren.

M 1 Template
Die Layout-Vorgaben sind in pinker Schriftfarbe angegeben, die Inhalte hat der Lehrbuchautor in schwarzer Schriftfarbe ergänzt.

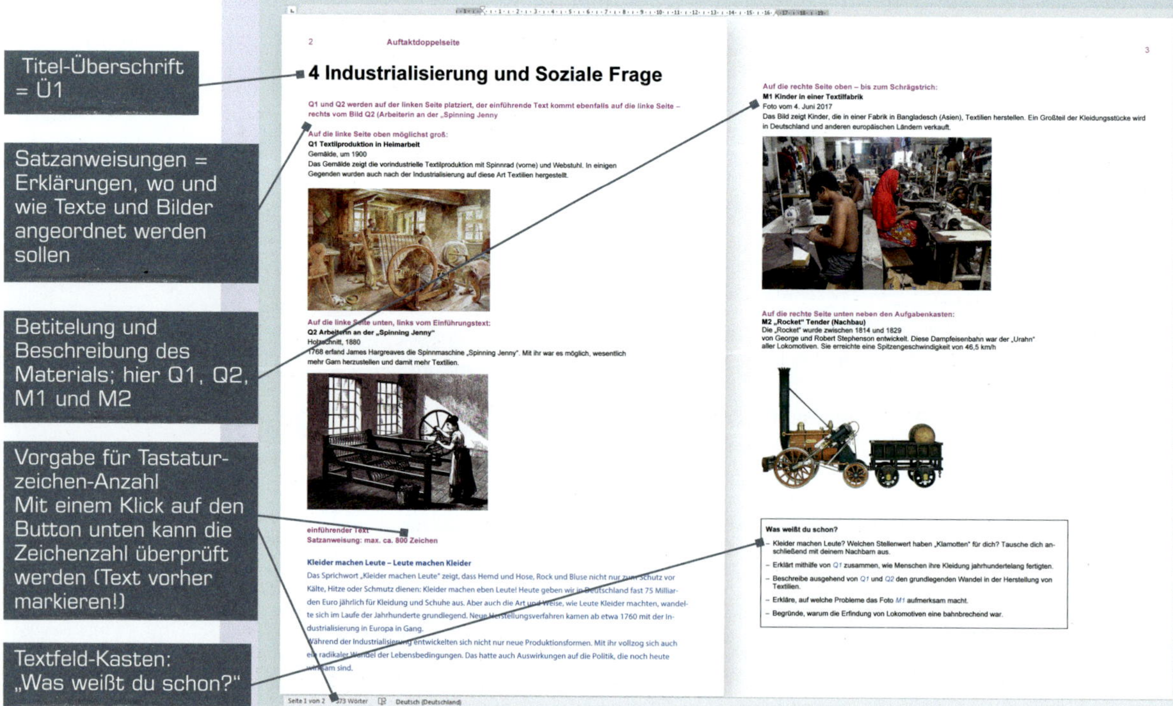

2 Auftaktdoppelseite

4 Industrialisierung und Soziale Frage

Q1 und Q2 werden auf der linken Seite platziert, der einführende Text kommt ebenfalls auf die linke Seite – rechts vom Bild Q2 (Arbeiterin an der „Spinning Jenny

Auf die linke Seite oben möglichst groß:
Q1 Textilproduktion in Heimarbeit
Gemälde, um 1900
Das Gemälde zeigt die vorindustrielle Textilproduktion mit Spinnrad (vorne) und Webstuhl. In einigen Gegenden wurden auch nach der Industrialisierung auf diese Art Textilien hergestellt.

Auf die linke Seite unten, links vom Einführungstext:
Q2 Arbeiterin an der „Spinning Jenny"
Holzschnitt, 1880
1768 erfand James Hargreaves die Spinnmaschine „Spinning Jenny". Mit ihr war es möglich, wesentlich mehr Garn herzustellen und damit mehr Textilien.

einführender Text
Satzanweisung: max. ca. 800 Zeichen

Kleider machen Leute – Leute machen Kleider
Das Sprichwort „Kleider machen Leute" zeigt, dass Hemd und Hose, Rock und Bluse nicht nur zum Schutz vor Kälte, Hitze oder Schmutz dienen: Kleider machen eben Leute! Heute geben wir in Deutschland fast 75 Milliarden Euro jährlich für Kleidung und Schuhe aus. Aber auch die Art und Weise, wie Leute Kleider machten, wandelte sich im Laufe der Jahrhunderte grundlegend. Neue Herstellungsverfahren kamen ab etwa 1760 mit der Industrialisierung in Europa in Gang.
Während der Industrialisierung entwickelten sich nicht nur neue Produktionsformen. Mit ihr vollzog sich auch ein radikaler Wandel der Lebensbedingungen. Das hatte auch Auswirkungen auf die Politik, die noch heute wirksam sind.

Seite 1 von 2 373 Wörter Deutsch (Deutschland)

3

Auf die rechte Seite oben – bis zum Schrägstrich:
M1 Kinder in einer Textilfabrik
Foto vom 4. Juni 2017
Das Bild zeigt Kinder, die in einer Fabrik in Bangladesch (Asien), Textilien herstellen. Ein Großteil der Kleidungsstücke wird in Deutschland und anderen europäischen Ländern verkauft.

Auf die rechte Seite unten neben den Aufgabenkasten:
M2 „Rocket" Tender (Nachbau)
Die „Rocket" wurde zwischen 1814 und 1829 von George und Robert Stephenson entwickelt. Diese Dampfeisenbahn war der „Urahn" aller Lokomotiven. Sie erreichte eine Spitzengeschwindigkeit von 46,5 km/h

Was weißt du schon?
- Kleider machen Leute? Welchen Stellenwert haben „Klamotten" für dich? Tausche dich anschließend mit deinem Nachbarn aus.
- Erklärt mithilfe von *Q1* zusammen, wie Menschen ihre Kleidung jahrhundertelang fertigten.
- Beschreibe ausgehend von *Q1* und *Q2* den grundlegenden Wandel in der Herstellung von Textilien.
- Erkläre, auf welche Probleme das Foto *M1* aufmerksam macht.
- Begründe, warum die Erfindung von Lokomotiven eine bahnbrechend war.

Templates für ein einheitliches Layout

Layout-Vorgaben sind wichtig für ein stimmiges Gesamtwerk. Für die Autorinnen und Autoren sind sie allerdings auch mit einigen Einschränkungen verbunden:

- Bildquellen sind so nach Größe und Format auszuwählen, dass man sie in die vorgesehenen Platzhalter einbetten kann.
- Inhalte müssen so formuliert und gekürzt werden, dass sie die vorgegebene maximale Zeichenanzahl (800 mit Leerzeichen) nicht überschreiten. Die momentane Anzahl könnt ihr unten links kontrollieren (siehe *M 1*).

Gerade für Geschichtsthemen ist dieser Prozess sehr schwierig, da es oftmals eine Fülle an Quellen gibt. Zudem berührt ein historisches Ereignis meist mehrere Bereiche (z. B. Politik, Gesellschaft, Wirtschaft). Dazu kommt noch, dass es aus unterschiedlichen Perspektiven (z. B. reicher Unternehmer versus armer Arbeiter) betrachtet werden muss. Ein und dasselbe Thema kann also von verschiedenen Autoren ganz unterschiedlich aufbereitet werden.

M2 Checkliste zur Recherche und Auswahl geeigneter Bildquellen

Kriterien zur Text- und Bildquellenauswahl:
- möglichst konkrete Angaben zu Urheber, Entstehungsort, Entstehungszeit und Fundstelle
- große inhaltliche Aussagekraft
- Auswahl von Bildern, deren Inhalt gut zu erkennen ist

Geeignete Webseiten für die Recherche

Hilfreich könnten u. a. die Webseiten von „LeMO" („Lebendiges Museum Online") „segu Geschichte" und „Planet Wissen" sein.
Verwendet jeweils die Suchmasken der Webseiten, um schnell passende Ergebnisse für euer Thema zu bekommen.

Ein Template für Auftaktseiten findest du unter Mediencode 30023-23

Nun seid ihr an der Reihe!

In diesem Kapitel habt ihr viel über das Thema „Industrialisierung" gelernt. Welche Bilder blieben euch im Kopf? Welche Inhalte fandet ihr wichtig oder überraschend? Der Autor des „Industrialisierungs"-Kapitels hat sich bei seiner Gestaltung der Auftaktdoppelseite schwerpunktmäßig der Herstellung von Kleidung gewidmet. Es gibt aber auch viele andere Möglichkeiten!

Werdet nun selbst zu Autoren und entwerft eure eigene Auftaktdoppelseite zu diesem Thema. Geht dabei wie folgt vor:

- Recherchiert nach geeigneten Bild- und Textquellen zum Thema Industrialisierung mithilfe der Checkliste *M 2*.
- Wählt daraus gezielt die Inhalte aus, die eure Auftaktdoppelseite enthalten soll.
- Bereitet diese Inhalte so auf, dass ihr sie in das Template einfügen könnt und alle Layout-Vorgaben erfüllt sind.

1 Gestaltet in Vierergruppen eine alternative Auftaktdoppelseite zum Thema „Industrialisierung" wie unter „Nun seid ihr an der Reihe!" beschrieben.

2 Für schnelle Gruppen: Beschreibt, welche Arbeiten die Grafiker noch vornehmen müssten, um eure Auftaktdoppelseite druckfertig zu machen. Vergleicht dazu die Template-Version *M 1* mit der Druckfassung auf den Seiten 88/89.

3 Führt einen „Gallery walk" durch, bei dem ihr alle Auftaktdoppelseiten anschaut.

4 Besprecht in der Klasse die Gemeinsamkeiten und Unterschiede eurer Ergebnisse. Geht dabei insbesondere auf eure Auswahlkriterien ein.

5 Überlegt euch, welche Folgen es haben kann, wenn man Informationen über ein geschichtliches Ereignis aus nur einem Medium (z. B. Schulbuch, Internetseite, Zeitung) erhält.

Das weiß ich – …

Deutschland auf dem Weg zur Industriegesellschaft

Industrialisierung ↓

Produktion	Politik	Geographie	Gesellschaft
Heimarbeit/ Manufakturen	Politische und wirtschaftliche Zersplitterung (→ **Deutscher Bund**)		
Entwicklung von Maschinen (u. a. Dampfmaschine)		Starkes Bevölkerungswachstum	Überschuss an Arbeitskräften
Fabriken	Gründung des Deutschen Zollvereins	Land-Stadt-Wanderungsbewegung (→ Urbanisierung)	Enstehung eines **Proletariats**: – niedrige Löhne – schlechte Wohn- und Arbeitsbedingungen
Massenproduktion, auch in der Landwirtschaft; Transport von Rohstoffen und Waren mithilfe der Eisenbahn	Neue politische Ideen: **Sozialismus** Kommunismus	Bildung von Industriezentren (z. B. Ruhrgebiet)	
	Bildung von Arbeitervereinen/ -parteien **Sozialgesetzgebung**	Entstehung eines Eisenbahnnetzes	**Soziale Frage**

Ende des 19. Jh. ist Deutschland einer der führenden Industriestaaten.

1 Fasst zusammen, warum die Industrialisierung in Deutschland schlechtere Anfangsbedingungen hatte als in England.

2 Erklärt in der Klasse die grün markierten Grundlegenden Begriffe.

3 Partnerarbeit: Eine(r) wählt drei Begriffe aus unterschiedlichen Spalten aus. Der/die andere zeigt Zusammenhänge dieser Begriffe auf.

... das kann ich!

Aktiengesellschaften sind heute weit verbreitet. Entstanden ist diese Unternehmensform während der Industrialisierung. Denn die Herstellung neuer und großer Waren erforderte schon damals viel Kapital. Der Vorteil von Aktiengesellschaften ist nämlich, dass viele Menschen vorab Geld geben. Sie tun das, indem sie Aktien kaufen. Dadurch haben sie Anteile an der jeweiligen Firma und hoffen, dass sie später mehr Geld zurückbekommen als sie gegeben haben. Nach einem erfolgreichen Geschäftsjahr erhalten sie einen Teil der Gewinne als sogenannte Dividende.

Auch vor der ersten Eisenbahnlinie zwischen Nürnberg und Fürth wurden Aktien ausgegeben. Auch der König von Bayern erwarb zwei. (Er wollte nicht mehr, weil er ziemlich skeptisch war, ob die Eisenbahn erfolgreich sein würde.)
Ihr sollt nun entweder für den Kauf von Aktien für die erste Eisenbahnlinie in Deutschland werben oder davor warnen. Hier ein einfaches Schema, wie eine Aktiengesellschaft funktioniert:

Q1 Aktie der Ludwigs-Eisenbahn-Gesellschaft zu Nürnberg

1 Bildet Vierergruppen. Der eine Teil der Vierergruppen soll für den Aktienkauf werben, der andere davor warnen.

2 Gruppen „Pro-Aktienkauf“: Um genügend Käufer von Aktien zu finden, müsst ihr überzeugen, dass das Geld gewinnbringend angelegt ist. Die eine Hälfte der Klasse verfasst in den Vierergruppen eine originelle Anzeige in einer Zeitung.

3 Gruppen „Kontra-Aktienkauf“: Für dieselbe Zeitung schreibt ihr einen Beitrag, der vor dem Aktienkauf warnt. Dabei könnt ihr auch auf die Lebens- und Arbeitsbedingungen für die Arbeiterinnen und Arbeiter eingehen.

4 Tragt eure Ergebnisse in der Klasse vor.

5 Das Deutsche Kaiserreich

Q1 Kohlenträger
Foto von 1900
Werftarbeit wurden auch als Kohlenträger bezeichnet. Denn die Versorgung von Dampfschiffen mit Kohlen war eine wesentliche Aufgabe von ihnen.

Q2 Reichstagsgebäude
Farbdruck 1896
Es wurde von 1884 bis 1894 errichtet. Dort tagte der Reichstag, das Parlament des Deutschen Kaiserreichs. Heute ist es Sitz des Deutschen Bundestages.

Q3 Im Garten einer Bürgervilla
Foto um 1900

Q4 Gängeviertel
Foto um 1900
In einigen Vierteln mussten sich oft acht bis neun Personen eine Zweizimmerwohnung teilen.

Q5 „Imperator"
Foto von 1914
Für die Industrienationen hatte die Dampfschifffahrt eine große Bedeutung. Mit dem Passagierschiff „Imperator" hatte Deutschland das damals größte Schiff und nach Großbritannien die zweitgrößte Handelsflotte der Welt.

Q6 Standbild Kaiser Wilhelms I.
Das Standbild gehört zum sogenannten Kyffhäuserdenkmal (Thüringen) und wurde im Jahr 1896 eingeweiht. Dabei wurde das Kaiserreich auf Friedrich I. Barbarossa (12. Jh.), einen Kaiser des Heiligen Römischen Reiches, zurückgeführt.

Eine deutsche Zeitung hat einem Artikel über das Deutsche Kaiserreich im Jahr 2014 die Schlagzeile „Einigkeit vor Recht und Freiheit" gegeben und damit den Text der deutschen Nationalhymne (siehe S. 65) abgewandelt. Angespielt wird dabei auf die Gründung des Deutschen Kaiserreiches 1871. Mit ihr erfüllte sich der Traum vieler Deutscher nach einem Nationalstaat. Die Freude war aber bei einem Großteil nicht ungetrübt. Die Nachbarstaaten, allen voran Frankreich, standen dem jetzt noch mächtigeren Deutschland misstrauisch gegenüber.
Außerdem war das Kaiserreich im Innern voller Gegensätze. Einerseits stieg es zur mächtigsten Industrienation auf. 21 Nobelpreise, die an deutsche Wissenschaftler und Künstler gingen, sind ein Beispiel dafür, wie fortschrittlich einerseits Deutschland war. Auf der anderen Seite blieb gesellschaftlich und politisch vieles rückständig, obwohl auch dort einige moderne Neuerungen eingeführt wurden.

Was weißt du schon?

- Ordne zu: Welche Bildpaare gehören zusammen (*Q 1–Q 6*)?
- Erläutere Zusammenhänge bzw. Widersprüche bei den Bilderpaaren.
- Erkläre mithilfe der Bilder, inwiefern sich die Menschen dieser Zeit zwischen Fortschritt und Vergangenheit befanden.
- Diskutiert, wie die Menschen heute über Fortschritt und Vergangenheit denken.

Orientierung

Ein „fürstlicher" Nationalstaat

1848 und 1871 gab es einige Gemeinsamkeiten, aber auch deutliche Unterschiede. In beiden Jahren wurde ein nationales deutsches Parlament gegründet. Das erste war ein Zugeständnis der Fürsten, nachdem es in den deutschen Staaten zu Revolutionen gekommen war und die Herrscher unter Druck geraten waren. Es arbeitete eine Verfassung für einen deutschen Nationalstaat aus. Das Parlament, das von 1871 bis 1918 bestand, war Teil einer Verfassung, die vor allem der preußische Ministerpräsident und erste Reichskanzler, Otto von Bismarck, entwickelte. Allerdings hatte das Parlament nur eingeschränkte Rechte.

1849 hatte der damalige preußische König Friedrich Wilhelm IV. die Kaiserkrone abgelehnt. Denn er wollte die Kaiserwürde nicht vom Volk verliehen bekommen. Dem ersten Deutschen Kaiser Wilhelm I., der ebenfalls preußischer König war, hatte hingegen offiziell ein Fürst das Kaisertum angetragen, nämlich der bayerische König Ludwig II.

Das höchste gesellschaftliche Ansehen im Kaiserreich genossen Adel und Militär. Aber auch Unternehmer und andere Teile des Bürgertums wurden immer selbstbewusster. Denn in den mehr als zwanzig Jahren zwischen 1848 und 1871 machte die Industrialisierung in Deutschland weiter sehr große Fortschritte. Im Laufe des Kaiserreichs wurde Deutschland sogar zur größten Industrienation in Europa.

Mächtiger wurde aber auch die Arbeiterbewegung, insbesondere die Sozialdemokratische Partei (SPD). Das zeigte sich daran, dass die SPD bis zum Ende des Kaiserreichs die mit Abstand meisten Abgeordneten im Parlament hatte.

Am Ende des Kapitels könnt ihr

- aufzeigen, wie es zur Gründung des Deutschen Kaiserreichs kam und was dafür verantwortlich war;
- die Innen- und Außenpolitik Bismarcks beschreiben;
- am Beispiel des Kaiserreiches den Begriff Obrigkeitsstaat erklären;
- begründen, warum das Deutsche Kaiserreich sowohl rückständig als auch fortschrittlich war;
- erläutern, welche Anfänge einer Massengesellschaft es gab.

1870/71
Die deutschen Staaten besiegen Frankreich

1871
Wilhelm I. wird Deutscher Kaiser, Otto von Bismarck Reichskanzler

1878–1890
Das „Sozialistengesetz" soll die Sozialdemokratie und die Gewerkschaften ausschalten

M 1 Das Deutsche Reich nach der Reichsgründung

- Erkläre mithilfe der Karte (*M 1*), warum einige deutsche Staaten lange gegen die Gründung des Deutschen Reiches waren. ➔ S. 192
- Vergleiche die Zusammensetzung des Kaiserreiches mit Deutschland heute.
- Fasse die Unterschiede und Gemeinsamkeiten zwischen 1848 und 1871 zusammen. ➔ S. 192
- Begründe, warum einige Bevölkerungsgruppen Angst vor einer stärkeren SPD hatten.

1880
ı Deutschland wird die Schulpflicht durchgesetzt

1886
Carl Benz und Gottlieb Daimler erfinden das Auto

ab 1890
Wirtschaftlicher Aufschwung in der „Zweiten Industriellen Revolution"

1908
Mädchen erhalten die allgemeine Berechtigung zum Abitur und zum Studium

Auf dem Weg zur Reichsgründung

Q1 „Die Tri-Ass"
Karikatur von 1864

Dargestellt sind ein österreichischer, ein preußischer und ein bayerischer Soldat beim Kartenspielen. Die Karte „Tri-Ass", die der bayerische Militär zieht, ist ein Wortspiel aus „As" (höchste Spielkarte) und „Trias" (bedeutet „Dreiheit"). Mit der Trias war ein Zusammenschluss von Staaten – u. a. Bayern – gemeint, der neben Österreich und Preußen eine weitere Großmacht in Deutschland sein sollte.

Otto von Bismarck
(1815–1898)
1862–1890 preußischer Ministerpräsident und Außenminister, 1871–1890 auch Reichskanzler. Bismarck gilt als eigentlicher Gründer des Deutschen Kaiserreiches.

Mehr Informationen über Otto von Bismarck bekommst du unter Mediencode 30023-24

Entschlossenheit Preußens

Preußen gab die Idee eines Deutschen Reiches unter preußischer Führung nie ganz auf. Allerdings sollte dabei nicht das Volk bestimmen. Schon 1849 versuchte der preußische König, zusammen mit den Fürsten von Sachsen und Hannover eine Deutsche Union zu gründen. Bayern weigerte sich beizutreten. Nachdem Österreich, das die deutschen Kleinstaaten im Deutschen Bund weiterhin kontrollieren wollte, mit Krieg gedroht hatte, gab Preußen diesen Plan auf. Aber König Wilhelm I., der zehn Jahre später regierte, wollte eine Reichseinigung in kleinen Schritten.

1862 ernannte er einen Mann zum preußischen Ministerpräsidenten, dem er vertraute und der in den nächsten Jahren die Geschichte Deutschlands entscheidend bestimmte: **Otto von Bismarck**. Um die Armee schlagkräftiger zu machen, setzte er eine Heeresreform durch. Dabei missachtete er das Parlament und brach die Verfassung.

Preußen wird Vormacht in Deutschland

1864 kam es zu Streitigkeiten des Deutschen Bundes mit Dänemark. Zusammen mit Österreich besiegten die Preußen Dänemark, zur Freude der Nationalisten. Doch bald kam es unter den Siegern zu Streit bei der gemeinsamen Verwaltung der Gebiete Schleswig und Holstein. Bismarck fand einen Anlass für eine militärische Auseinandersetzung mit Österreich. Preußen entschied den Krieg 1866 durch seine starke und moderne Armee zu seinen Gunsten und gewann Gebiete wie das Kurfürstentum Hessen, Nassau und die Stadt Frankfurt.

Auflösung des Deutschen Bundes

Der Krieg zwischen Preußen und Österreich hatte den Deutschen Bund in eine norddeutsche und eine süddeutsche Hälfte gespalten. Fast alle norddeutschen Staaten kämpften aufseiten Preußens, die süddeutschen aufseiten Österreichs. Nach der Niederlage Österreichs wurde der Deutsche Bund aufgelöst.

Krieg gegen Frankreich

Um Deutschland endgültig zu einer Einheit zu formen, musste Bismarck die noch selbstständigen süddeutschen Staaten mit dem Norddeutschen Bund vereinen. Frankreich beobachtete die Vorgänge im Nachbarland misstrauisch. Denn es befürchtete, dass Preußen eine zu starke Militärmacht werden würde. Als ein Verwandter des preußischen Königs den spanischen Thron angeboten bekam, erhob Frankreich dagegen Einspruch. Preußen lehnte die spanische Krone zwar ab. Doch Bismarck gelang es, Frankreich so zu provozieren, dass es Preußen 1870 den Krieg erklärte. Die süddeutschen Staaten kämpften jetzt gemeinsam mit Preußen. Sie hatten 1866 Bündnisse mit Preußen geschlossen – aus Furcht vor Frankreich. 1871 konnten die deutschen Truppen Frankreich besiegen.

Q2 Vorstellungen zur Machtpolitik

Bismarck gibt in seinen „Gedanken und Erinnerungen" (nach 1890 verfasst) im Nachhinein wieder, welche Grundgedanken seine Rede vor dem preußischen Parlament 1862 gehabt hat. Kurz zuvor war Bismarck zum preußischen Ministerpräsidenten ernannt worden:

Nicht auf Preußens Liberalismus sieht Deutschland, sondern auf seine Macht; Bayern, Württemberg, Baden mögen gegenüber dem Liberalismus Nachsicht üben, darum wird ihnen doch keiner Preußens Rolle anweisen; Preußen muss seine Kraft zusammenfassen und zusammenhalten auf den günstigen Augenblick, der schon einige Male verpasst ist; Preußens Grenzen [...] sind zu einem gesunden Staatsleben nicht günstig; nicht durch Reden und Mehrheitsbeschlüsse werden die großen Fragen der Zeit entschieden – das ist der große Fehler von 1848 und 1849 gewesen – sondern durch Eisen und Blut.

Otto von Bismarck, Die gesammelten Werke, Bd. 10, Berlin 1928, S. 138 f.

Q3 Beitritt Bayerns?

Der bayerische Staatsminister Otto Graf von Bray-Steinburg schreibt nach Verhandlungen über die Gründung eines Deutschen Reiches am 28. September 1870:

Es ist nicht zu verkennen, dass die allen deutschen Staaten gemeinsame Führung des Krieges gegen Frankreich [...] für die Zukunft der deutschen Staaten und die Gestaltung der deutschen Verhältnisse nicht ohne Einwirkung bleiben können. Auch Bayern wird diesen historischen Tatsachen und der in allen Klassen der Bevölkerung hervorgerufenen Stimmung [für einen Nationalstaat] Rechnung tragen müssen. Dabei besteht aber die feste Absicht, die Selbstständigkeit des Landes, die Souveränität der Krone aufrechtzuerhalten und der neu zu begründenden Gemeinschaft nur jene Zugeständnisse zu machen, welche ein föderatives* Verhältnis unbedingt verlangt.

Die Gründung des Deutschen Reiches 1870/71 in Augenzeugenberichten, hrsg. von Ernst Deuerlein, Düsseldorf 2011, S. 138 (leicht verändert)

Q4 „Le Chevalier de la Mort"

Karikatur von Faustin Betbeder, 1870

In dieser französischen Karikatur wird der preußische König Wilhelm I. als „Ritter des Todes" bezeichnet. Die Pickelhaube, die die Figur trägt, war eine Kopfbedeckung für preußische Soldaten und wurde später zum Symbol für ganz Preußen.

*föderativ: bundesstaatlich, d.h., dass der Staat aus mehreren Ländern/Staaten besteht, die eigenständige Rechte haben

1 Erkläre mithilfe der Karikatur *Q1*, welche Rolle Bayern in Deutschland spielen wollte.

2 Arbeite heraus, wie laut Bismarck erfolgreich Politik betrieben wird (*Q2*).

3 Erläutere, was Bismarck in *Q2*, Zeile 16 mit „Eisen und Blut" meinte (*VT*).

4 Begründe, warum Bayern einen Anschluss an ein Deutsches Reich im Jahr 1870 nicht mehr völlig ablehnte (*Q3*, *VT*).

5 Begründe, warum Preußen unbedingt wollte, dass Frankreich den Krieg erklärte (*VT*).

6 Analysiere die Karikatur *Q4*. → S. 192

Die Reichsgründung

Q1 „Guter Rat ist teuer“
Karikatur von 1871

Bismarck führt zwei Kinder, die für Elsass und Lothringen stehen, an der Hand ins Deutsche Reich.
Germania ist die lateinische Bezeichnung für Deutschland (siehe auch S. 64), Bavaria für Bayern und Borussia für Preußen.

Die Gründung des Deutschen Reiches

Ende 1870 – noch während des Krieges gegen Frankreich – stimmten die süddeutschen Staaten der Gründung eines deutschen Nationalstaates zu. Besonders Bayern hatte sich lange Zeit geweigert, zu einem Reich unter preußischer Führung zu gehören. Allerdings wurde der Druck nicht nur von Preußen immer größer, denn die beiden großen süddeutschen Staaten Baden und Württemberg traten bei. Außerdem wurde von der Bevölkerung und in den Zeitungen immer stärker die Gründung des Nationalstaates gefordert. Nach Zugeständnissen gab Bayern seinen Widerstand auf: Wie die anderen Staaten auch behielt es seine Eigenständigkeit und erhielt außerdem Sonderrechte: So blieb zum Beispiel für die eigene Eisenbahn, Post und Militär (in Friedenszeiten) auch weiterhin nur Bayern zuständig.

Der bayerische König Ludwig II. sollte als der zweitmächtigste Fürst dem preußischen König die Kaiserkrone anbieten. Er tat es nur sehr widerwillig, ließ sich aber von führenden bayerischen Politikern leiten. Außerdem befürchtete er, nicht nur bei der Großmacht Preußen, sondern auch beim Volk unbeliebt zu werden. Zum Dank erhielt der bayerische König später 6 Millionen Gulden von Preußen, die er dann u. a. in den Bau des Schlosses Neuschwanstein steckte.

Kaiserproklamation

Seit Oktober 1870 diente das Schloss Versailles, das im September erobert worden war, als Hauptquartier für die obersten Führer der deutschen Armee beim Krieg gegen Frankreich. Dort fand am 18. Januar 1871 auch die Kaiserproklamation statt. Mit ihr wurde das **Deutsche Kaiserreich** gegründet. Frankreich fühlte sich dadurch ebenso gedemütigt wie durch den Verlust von Elsass-Lothringen.

Reichsverfassung

Schon am 1. Januar 1871 war die Verfassung des Reiches in Kraft getreten. Sie sollte den 25 Bundesstaaten viel Macht geben. Preußen konnte zwar theoretisch überstimmt werden, hatte aber immer genügend Einfluss auf die anderen Staaten. Der Reichskanzler konnte den **Reichstag** auflösen, wenn der Kaiser zustimmte.
Das allgemeine, direkte, gleiche und geheime Wahlrecht war eine große demokratische Errungenschaft. Denn im Gegensatz zu Parlamenten in den Bundesstaaten hatte in den Wahlkreisen jede Stimme das gleiche Gewicht. Außerdem musste man nicht mehr ein bestimmtes Vermögen nachweisen, um wählen zu dürfen.

⚠ Deutsches Kaiserreich
Deutscher Staat, der im Verlauf des Deutsch-Französischen Krieges 1871 gegründet wurde. Das Deutsche Kaiserreich war zum einen eine konstitutionelle Monarchie und zum anderen ein Bundesstaat. An seiner Spitze stand der König von Preußen als Deutscher Kaiser. Der erste Reichskanzler war Otto von Bismarck.

⚠ Reichstag
Bezeichnung für das Parlament im Deutschen Kaiserreich. Es wurde demokratisch durch allgemeine, geheime, freie und direkte Wahlen bestimmt. Erst ab 1918 durfte der Reichstag die Regierung (u. a. den Reichskanzler) kontrollieren.
Reichstag ist auch die Bezeichnung für das Gebäude, in dem das Parlament des Kaiserreiches tagte (heute Sitz des Deutschen Bundestages).

M1 Verfassung des Deutschen Reiches 1871

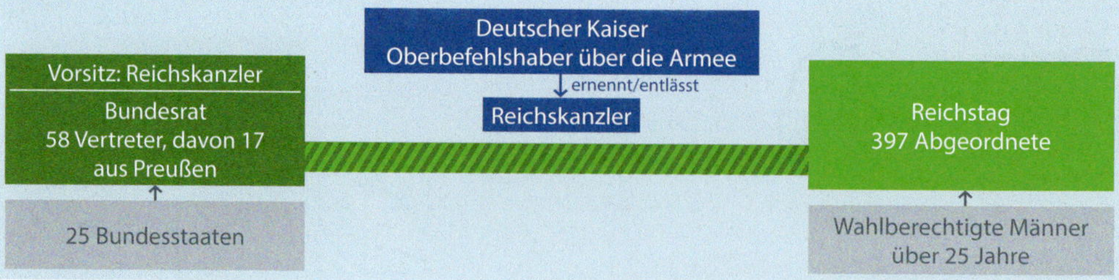

Q2 Reaktion auf die Reichseinigung (I)

Das folgende Gedicht stammt von dem Dichter Georg Herwegh. Der war im 19. Jh. einer der bekanntesten deutschen Dichter und seit 1869 Mitglied der Sozialdemokratischen Deutschen Arbeiterpartei.

Schwarz, weiß, rot! um ein Panier
vereinigt stehen Süd und Norden;
du bist im ruhmgekrönten Morden
das erste Land der Welt geworden:
Germania, mir graut vor dir!

Georg Herwegh, Epilog zum Kriege (1871), in: Georg Herwegh, Morgenruf. Ausgewählte Gedichte, Leipzig 1969, S. 130

Q3 Reaktion auf die Reichseinigung (II)

Aus dem Tagebuch der Baronin Spitzemberg, der Frau des württembergischen Gesandten in Berlin:

3. März [1871]: [...] Und was für ein Friede für uns Deutsche! Herrlicher und glorreicher als wir je einen geschlossen! Vereint zu einem Reiche, dem größten, mächtigsten, gefürchtetsten in Europa, groß durch seine physische Macht nicht allein, größer noch durch seine Bildung und den Geist, der das Volk durchdringt! Jedes deutsche Herz hatte das erhofft, keines geahnt, dass seine Träume sich in dieser Weise, so bald und so herrlich erfüllen würden. Glücklich sind wir, dass wir nicht nur den Stern deutscher Größe und Herrlichkeit aufgehen sahen, sondern dass wir noch jung genug sind, um uns unter seinen Strahlen zu wärmen, um die, so Gott will, recht reichen und segensvollen Früchte zu genießen, die aus dieser unter Blut und Tränen gesäten Saat hervorgehen.

Zit. nach: Die Reichsgründung, hrsg. v. Helmut Böhme, München 1967, S. 273

M2 Vom Deutschen Bund zum Deutschen Kaiserreich

1 Beschreibe, wie Elsass und Lothringen in der Karikatur dargestellt werden (*Q 1*), und deute, warum sie so dargestellt werden. → S. 192

2 Erkläre, warum es Preußen wichtig war, dass der König von Bayern die Kaiserkrone anbot (*VT*).

3 Erkläre, warum Preußen eine sehr starke Stellung im Deutschen Kaiserreich hatte, obwohl es im Bundesrat überstimmt werden konnte (*VT*, *M 1*).

4 Gruppenarbeit: Ihr sollt euch in ein Mitglied der SPD versetzen und einen Kommentar zur Reichsverfassung abgeben. Sammelt zunächst, was er für positiv halten könnte und was für negativ. Gestaltet dann einen kurzen Text oder ein Video. → S. 192

5 Versuche zu erklären, warum der Reichskanzler die Möglichkeit haben sollte, den Reichstag aufzulösen. → S. 192

6 Fasse mit eigenen Worten zusammen, welche Einstellung gegenüber dem neuen Nationalstaat der Dichter Georg Herwegh hatte (*Q 2*).

7 Vergleiche *Q 2* mit *Q 3*: Welche Gemeinsamkeit gibt es und welche Unterschiede?

8 Erläutere anhand der Karten die staatliche Entwicklung Deutschlands im 19. Jh. Gehe dabei insbesondere auf Bayern und Elsass-Lothringen ein (*M 2*, *VT*).

Click in Geschichte

Ein Bild sagt mehr als 1000 Worte?

M1 Selfie vor dem Brandenburger Tor

M2 Kaiserproklamation im Spiegelsaal von Versailles
Ölgemälde von Anton von Werner, 1885

Wer ist mit wem wo auf welchem Bild?

Egal ob auf Instagram, Facebook oder auf anderen Seiten im Internet – das Posten von Fotos zur Selbstdarstellung ist groß in Mode. Aber Selbstinszenierung gab es schon immer. Allerdings war sie zunächst Herrschern vorbehalten. Später kamen dann andere Personengruppen hinzu, zum Beispiel mächtige Kaufleute.
Zentrale Aspekte sind dabei – neben der Darstellung der Personen natürlich – u.a. der Hintergrund oder der Bildausschnitt.

Berühmtes Beispiel aus dem Kaiserreich

Anton von Werner war ein sehr berühmter Hof- und Gesellschaftsmaler. Er wurde nach Schloss Versailles gerufen, das im deutsch-französischen Krieg Sitz der deutschen Armeeführung und der preußischen Regierung war. Er sollte das feierliche Ereignis für die Nachwelt festhalten.
Der Auftraggeber dieses Bildes *M2* war Wilhelm I., der preußische König und Deutsche Kaiser. Von der Szene erstellte der Maler drei Versionen, davon ist diese am bekanntesten. Das Bild wurde Bismarck zum 70. Geburtstag von der preußischen Königsfamilie geschenkt. Heute befindet es sich auf Bismarcks früherem Gut Friedrichsruh. Das Gemälde war zu seiner Zeit sehr verbreitet. Viele Drucke davon zierten als Wandschmuck die Wohnzimmer einflussreicher Bürger und Adliger.

Ein interaktives Bild erstellen

Menschen in späteren Zeiten können Bilder meist nicht sofort verstehen, weil sie die Personen nicht kennen. Für sie kannst du selbst ein interaktives Bild erstellen. Dabei erklärst und interpretierst du Einzelheiten. Ein Beispiel dafür findet ihr auf Seite 61 (Völkerschlachtdenkmal bei segu Geschichte).

Gehe folgendermaßen vor:

1. Informiere dich über das Bild zur Kaiserproklamation mithilfe des Mediencodes rechts.
2. Registriere dich kostenlos bei thingLink (siehe Mediencode rechts).
3. Erstellt euer eigenes interaktives Bild:
   a) Hochladen des Bildes: Klicke dazu auf „Create". Dann öffnet sich eine Liste. Klicke auf Upload Image und lade das Bild hoch (siehe *M 3*). Da es sich um ein gemeinfreies Bild handelt, darfst du das tun. Du kannst das Bild mittels eines Links hochladen oder es in deinen Fotos zwischenspeichern.
   b) Setze nun „tags", also Schilder bzw. Ankerpunkte. Sie enthalten die recherchierten, weiterführenden Informationen zum Bild. Dabei könnt ihr wählen, ob ihr
      – nur Text unterlegen wollt (*Add text label*),
      – einen Text mit einem Bild kombiniert, zum Beispiel einem größeren Ausschnitt des Bildes (*Add text on image*) oder
      – einen Link einbettet (*Embed code*), z. B. zum Lebenslauf des Malers.
   c) Hast du alle tags gesetzt, speichere unter „Save & Close" (siehe *M 4*).
   d) Gehe abschließend auf „Settings" (Rädchen, siehe *M 5*), speichere den Titel, den ihr mit der Lehrkraft vereinbart habt, und versende den Link.

M3 Hochladen des Bildes

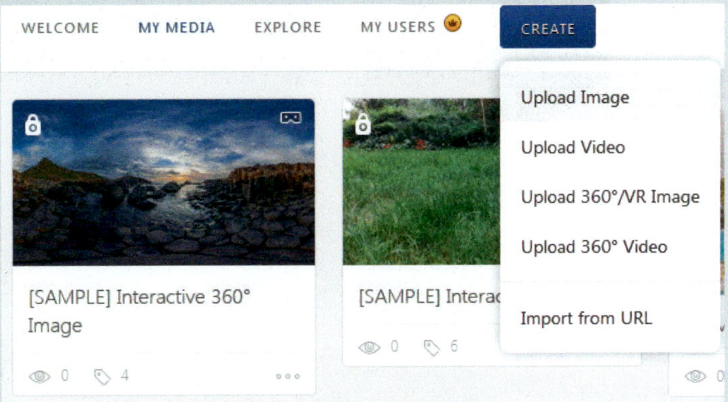

M4 Hinzufügen von tags

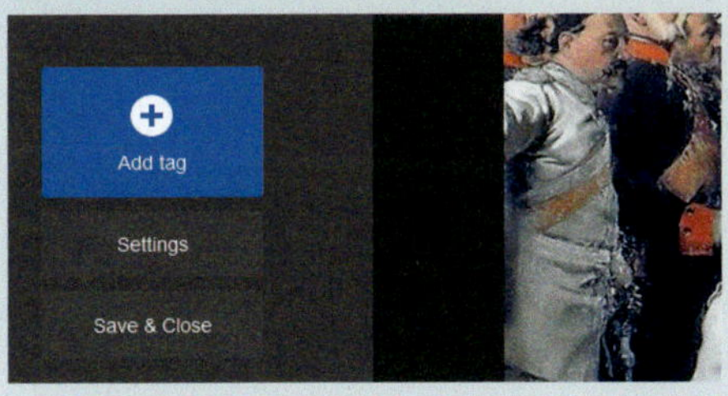

M5 Bearbeiten und veröffentlichen

Wenn ihr auf den Stift (= Edit) klickt, könnt ihr das Bild jederzeit weiterbearbeiten. Wenn ihr das Rädchen rechts daneben anwählt, könnt ihr eine Bezeichnung für eure Bildbearbeitung eingeben und außerdem auswählen, wer eure Bildbearbeitung einsehen können soll.

Weiterführende Links zum Gemälde „Kaiserproklamation" findest du unter Mediencode 30023-25

Mediencode 30023-26 führt zur Seite von thingLink.

Übersetzungen von Begriffen auf thingLink findest du unter Mediencode 30023-27

1 Tauscht euch darüber aus, welche Bedeutung die Selbstinszenierung in eurem Leben hat, und diskutiert, wie wichtig sie für berühmte Persönlichkeiten wie Filmstars oder Politiker ist (*M 1*).

2 Untersucht das Historiengemälde (*M 2*). Nutzt dafür auch die Seite 43. → S. 193

3 Begründet, dass es sich um eine bewusste Inszenierung von Politik handelt.

4 Erstellt nun selbst mithilfe von „thingLink" eine Interpretation des Gemäldes *M 2*.

Methode

Textquellen deuten

Textquellen sind die wichtigsten geschichtlichen Zeugnisse. Wie bei heutigen Texten auch, egal ob im Internet oder in gedruckter Form (Bücher, Zeitschriften, Zeitungen etc.), ist dabei nicht nur der Inhalt wichtig. Man sollte möglichst auch berücksichtigen, wer schreibt (Autor/Autorin), für wen geschrieben wird (Adressat) und welche Absicht verfolgt wird. Nur so können wir den Text wirklich ganz verstehen. Dafür müssen Texte genau analysiert und dann beurteilt werden.

Q1 Brüder
Foto von 1864

Das Bild zeigt Ludwig II. (rechts) nach seiner Thronbesteigung und seinen Bruder, Prinz Otto.

Q2 Eindrücke von der Kaiserproklamation

Im folgenden Brief an den bayerischen König Ludwig II. schreibt dessen Bruder, Prinz Otto von Bayern, am 2. Februar 1871 über die Kaiserproklamation in Versailles:

Ach Ludwig, [...] ich kann Dir gar nicht beschreiben, wie unendlich weh und schmerzlich es mir während jener Zeremonie zumute war, wie sich jede Faser in meinem Innern sträubte und empörte gegen all das, was ich mit ansah. Lief es doch dem gerade entgegen, für was ich tief innerlich glühe und was ich von Herzen liebe und wofür ich mit Freuden mein Leben einsetze [...].

Welchen wehmütigen Eindruck machte es mir, unsere Bayern sich da vor dem Kaiser neigen zu sehen; ich war eben von Kindheit an so was nicht gewöhnt; mein Herz wollte zerspringen. Alles so kalt, so stolz, so glänzend, so prunkend und großtuerisch und herzlos und leer. [...] Endlich drängte man sich durch diese Knäuel zurück und aus dem Saale hinaus. Mir war's so eng und schal* in diesem Saale, erst draußen in der freien Luft atmete ich wieder auf. Dieses wäre also vorbei.

Michael Doeberl, Bayern und die Bismarckische Reichsgründung, München/Berlin 1925, S. 174 f.

*schal
meint hier: unangenehm

Beschreiben

Autor/Autorin
- Wer hat den Text geschrieben?
- Hat evtl. jemand den Auftrag erteilt, den Text zu schreiben?

Adressat/Adressatin
- Für wen war der Text bestimmt? ①
- In welchem Verhältnis stehen Autor/Autorin und Adressat zueinander (Freundschaft, Verwandtschaft, Untertanenverhältnis etc.)? ②

Inhalt des Textes
- Lies den Text aufmerksam durch und nenne das Thema der Quelle. ③
- Kläre die Wörter und Formulierungen, die für dich unklar sind.
- Fasse den Inhalt in eigenen Worten zusammen. ④

① *Der Text richtet sich an .... Direkt angesprochen wird ..., aber auch ... könnten Adressaten sein.*

② *Autor/Autorin und Adressat/Adressatin stehen in einem engen/freundschaftlichen/feindseligen Verhältnis, weil ....*

③ *Bei der Quelle ... geht es um ....*

④ *In der Quelle wird zunächst erzählt/berichtet/beschrieben, dass/wie ....*

Untersuchen

Autor/Autorin
- Wann und wo entstand der Text?
- Was war der Anlass für den Text? ①
- War der Autor/die Autorin Augenzeuge von dem, worüber geschrieben wird?

Adressat/Adressatin
- Welches Interesse hat der Adressat/die Adressatin an dem Text? ②

Inhalt und Gestaltung des Textes
- Um welche Art von Quelle handelt es sich? Bedenke dabei, dass ein Gedicht, eine Rede oder ein Brief unterschiedliche Absichten haben.
- Welche Wörter bzw. Formulierungen spielen eine besonders große Rolle? ③
- Untersuche, wie der Text verfasst ist: sachlich, wertend, aggressiv etc. ④
- Vergleiche den Inhalt des Textes mit dem, was du sonst noch darüber erfahren hast bzw. erfahren kannst.
  Beim Beispiel *Q 2* können dir die Seiten 122–125 mit dem Methodensymbol oben rechts weiterhelfen.

① *Der Autor/die Autorin schrieb den Text, weil ....*

② *Der Adressat/die Adressatin interessiert sich für den Text, weil ....*

③ *Eine besonders große Rolle spielen die Wörter/die Formulierung ..., weil ....*

④ *Der Text ist insgesamt sachlich/aggressiv/.... Das wird dadurch deutlich, dass ....*

Deuten

- Bewerte, was der Autor/die Autorin mit dem Text bewirken wollte. ①
- Erkläre, wie er/sie die Wirkung erzielen will. ②
- Beurteile, inwiefern die Art des Textes (Brief etc.) wichtig ist für die Gestaltung des Textes. ③

① *Der Autor/die Autorin will dadurch überzeugen/zu einer bestimmten Meinung verleiten/bewirken, dass .... Das finde ich gut/schlecht/problematisch/..., weil ....*

② *Er/sie will die Absicht dadurch erreichen, indem ....*

③ *Der Autor/die Autorin schreibt einen derartigen Text (nur) in Form eines .... Denn (andernfalls) ....*

Politik – mit starker Hand?

Q1 Bismarck im Reichstag (I)
Karikatur von 1879

Parteien im Reichstag

Bismarck war zeitlebens ein Gegner der Demokratie. Der Reichstag war für ihn ein notwendiges Übel, da er seine Zustimmung brauchte.
Im Reichstag gab es – wie auch heute – verschiedene Parteien. Die wichtigsten waren die Nationalliberalen*, die Linksliberalen*, die Konservativen, das Zentrum* und die Sozialdemokraten. Da der Reichskanzler keiner bestimmten Partei angehören musste, konnte er für seine Vorhaben mit wechselnden Parteien zusammenarbeiten. Besonders Bismarck verstand es meisterhaft, mal die eine, mal die andere Partei für die Durchsetzung seiner Interessen zu gewinnen. Diese Politik nannte man bereits damals „Schaukelstuhlpolitik".

„Zuckerbrot und Peitsche"

Mit den Sozialdemokraten arbeitete Bismarck nie zusammen. Er sah in ihnen einen gefährlichen „Reichsfeind", den es von Grund auf zu zerstören galt. Einerseits wollte er mit seiner Sozialgesetzgebung (siehe S. 110) die Arbeiter der SPD und den Gewerkschaften abspenstig machen. Andererseits ergriff er Maßnahmen, um die Arbeiterbewegung zu unterdrücken. Mithilfe des Zentrums und der Konservativen wurde 1878 das „Sozialistengesetz" verabschiedet, das bis 1890 galt. Das Gesetz verbot sozialdemokratische Parteien und Vereine; die Mitglieder durften sich nicht mehr versammeln, es durften keine Gelder mehr gesammelt werden. Besonders aktive Mitglieder der SPD wurden verfolgt, verhaftet und ausgewiesen. Nur gegen die sozialdemokratischen Abgeordneten im Reichstag konnte Bismarck nicht vorgehen; denn sie besaßen parlamentarische Immunität*.

Zurückhaltende Außenpolitik

Die europäischen Großmächte befürchteten, dass das mächtige Deutsche Reich nun die Vorherrschaft über Europa anstreben und das bisherige Gleichgewicht der Mächte zerstören würde. Frankreich war feindlich eingestellt und wollte Elsass-Lothringen zurückgewinnen.
Bismarck wollte die übrigen Mächte beruhigen und erklärte, dass das Deutsche Reich keine weiteren Gebiete in Europa erwerben wollte. Auch den Erwerb von Kolonien lehnte er lange Zeit ab, um Konflikten mit den Kolonialmächten aus dem Weg zu gehen. Nur einzelne private Kolonien stellte er später unter den Schutz des Reiches.
Andererseits bastelte Bismarck an einem komplizierten Bündnissystem. An ihm sollten direkt oder indirekt alle europäischen Großmächte beteiligt sein – mit Ausnahme von Frankreich, das keinen Verbündeten gewinnen sollte. Bismarck schloss Bündnisse mit Österreich-Ungarn, Italien und Russland. Durch das sogenannte Mittelmeerabkommen, an dem außerdem Österreich-Ungarn und Italien beteiligt waren, gab es auch ein Bündnis mit Großbritannien.

Wusstest du?

Auch das Zentrum und die katholische Kirche stufte Bismarck zunächst als „Reichsfeinde" ein. Angeblich seien ihre Mitglieder und Anhänger nicht treue Bürger des Deutschen Reiches, weil sie nur auf den Papst als Oberhaupt hören würden. Später gab Bismarck aber den Kampf auf und arbeitete sogar mit dem Zentrum zusammen.

***Nationalliberale**
Sie waren zunächst die Stütze Bismarcks und wurden vor allem von (reichen) Bürgern gewählt, die die nationale Einigung mit militärischen Mitteln befürworteten und Deutschland zu einem modernen Industriestaat machen wollten.

***Linksliberale**
Sie forderten mehr Freiheitsrechte und eine größere Gleichberechtigung der Bürger.

***Zentrum**
Diese Partei wurde vom größten Teil der katholischen Bürger, Geistlichen und Arbeiter gewählt.

***parlamentarische Immunität**
Sie schützt vor Strafverfolgung, weil Abgeordnete eines Parlaments eine besondere Stellung besitzen.

Q2 Schwacher Reichstag?

Der nationalliberale Reichstagsabgeordnete Heinrich von Sybel äußert sich 1871 folgendermaßen:

Auch wenn eine Volksvertretung, wie in Deutschland und Nordamerika, nicht die Kraft besitzt, Minister ein- und abzusetzen, so ist schon ihr Dasein und ihre Debatte, ihre Kritik des Budgets* und ihre Befugnis, misslungene Gesetzesentwürfe zu vernichten, eine höchst bedeutende Schranke gegen jeden willkürlichen Absolutismus der Regierung. Diese Regierung aber in fester Hand und den Wogen der unberechenbaren Stimmungsmache im Volk entzogen zu wissen, erscheint uns [...] als unschätzbarer Segen.

Michael Epkenhans und Andreas von Seggern, Leben im Kaiserreich. Deutschland um 1900, Stuttgart 2007, S. 30

*Budget = Staatshaushalt. Mit ihm werden die Einnahmen und Ausgaben des Staates festgelegt.

Q3 Feindliche Armee?

Reichskanzler Otto von Bismarck sagt am 9. Oktober 1878 vor dem Reichstag:

Diese Masse, diese Organisation von 60 000 bis 100 000 Menschen [gemeint sind die sozialdemokratischen Organisationen] haben den Charakter einer feindlichen Armee, die in unserer Mitte lebt und die nur noch nicht den Moment gefunden hat, wo sie über den Eigentümer, den Kapitalisten, der hier etwas anlegen will, Gericht halten kann, um das wohlerworbene Eigentum zu entziehen oder zu beschränken. Solange die sozialistischen Bestrebungen so bedrohlich sind, wird aus Furcht vor der weiteren Entwicklung das Vertrauen und der Glaube im Innern nicht wiederkehren und deshalb wird die Arbeitslosigkeit auch so lange mit geringen Ausnahmen anhalten, wie die Sozialdemokratie uns bedroht.

Nach: http://zefys.staatsbibliothek-berlin.de/amtspresse/ansicht/issue/9838247/2137/2 [09.07.2019]

Q4 Bismarck im Reichstag (II)

Foto von 1889

Der Reichskanzler trat im Reichstag immer in Kürassieruniform auf. Kürassiere waren Teil der Reiterei (Kavallerie). Die Kavallerie war der angesehenste Teil des Militärs.

M1 Reichstagswahlen 1871 und 1890

Jahr	1871	1890
Anteile der wichtigsten Parteien an den abgegebenen Stimmen in Prozent, Zahl der Mandate in Klammern		
Nationalliberale	30,1 (125)	16,3 (42)
Linksliberale	9,3 (47)	18,0 (76)
Konservative	23,0 (94)	19,1 (93)
Zentrum	18,6 (63)	18,6 (106)
Sozialdemokraten	3,2 (2)	19,8 (35)

Nach: Michael Epkenhans und Andreas von Seggern, Leben im Kaiserreich, a. a. O., S. 30

1 Analysiere die Karikatur *Q 1*. ➔ S. 193

2 Erläutere den Ausspruch „Zuckerbrot und Peitsche" (*VT*).

3 Bewerte die Tatsache, dass Bismarck vor dem Reichstag immer in Uniform auftrat (*Q 1*, *Q 4*).

4 Arbeite heraus, welche Einstellung Sybel gegenüber der Regierung und gegenüber dem Volk hat (*Q 2*).

5 Verfasst in Gruppenarbeit eine Antwort auf die Rede Bismarcks (*Q 3*). Dabei könnt ihr selbst entscheiden, in welcher Form (z. B. als kurze Gegenrede, Brief, Plakat).

6 Diskutiert, wie Bismarck beurteilt werden will (*VT*, *Q 3*). ➔ S. 193

7 Erkläre die Entwicklung der Wahlergebnisse für das Zentrum und die Sozialdemokraten (*M 1*).

Methode

Denkmäler verstehen

Das Deutsche Kaiserreich bestand aus vielen einzelnen Staaten. Obwohl sich viele über den neuen Nationalstaat freuten, fühlte sich ein großer Teil der Menschen noch immer weniger dem Reich verbunden, sondern dem Bundesstaat, in dem sie lebten – zum Beispiel Bayern. Der Kaiser und die Regierung in Berlin versuchten deshalb, das Nationalgefühl der Bevölkerung zu steigern. Sie taten das mit sogenannten Nationaldenkmälern. Diese erinnern an eine Person oder ein Ereignis. Allein für Bismarck wurden bis 1914 etwa 700 Denkmäler errichtet.

Denkmäler wurden natürlich zunächst für die Menschen geschaffen, die damals lebten, und sollten eine bestimmte Einstellung hervorrufen. Den Menschen der späteren Generationen sagen sie viel über die Zeit ihrer Entstehung und über die Vorstellungen damals. Um sie zu verstehen, müssen wir uns damit beschäftigen, was Denkmäler darstellen und was sie aussagen.

M1 Bismarck-Nationaldenkmal
Fotochrome, nach 1901

Das Denkmal schuf der Künstler Reinhold Begas von 1897 und 1901. Zu dieser Zeit war Bismarck schon nicht mehr Reichskanzler. Kaiser Wilhelm II. ließ das Denkmal zum 80. Geburtstag Bismarcks errichten.

Es ist 15 Meter hoch und 20 Meter breit. Heute steht es nicht mehr vor dem Reichstagsgebäude, sondern im Tiergarten in Berlin.

Beschreiben

- Wann wurde das Denkmal errichtet?
- Wer gab es in Auftrag?
- Welche Ausmaße hat das Denkmal? ①
- An welchem Standort/in welcher Umgebung steht es? An welchen Standort wurde es evtl. verlegt? ②
- Aus welchen Teilen besteht es und wie ist es aufgebaut?
- In welchem Verhältnis stehen die einzelnen Teile zueinander? ③
- Welche Inschriften, Figuren etc. weist es auf?

① *Das Denkmal hat eine Höhe von … und eine Breite von ….*

② *Das Denkmal steht in … / in der Nähe von …. Dort befindet es sich auf einem Platz vor … /auf einer Anhöhe etc.*

③ *Die Figur von … wird umringt von …/steht oberhalb ….*
Sie ist wesentlich größer/kleiner als ….

Untersuchen

Bedeutung der einzelnen Teile

- Was weiß ich über die dargestellte Person bzw. die dargestellten Ereignisse? ①
- Worauf weisen die übrigen Teile des Denkmals hin (Figuren, Inschriften, Symbole)? ②

Wahl des Standorts

- Welche Gründe gab es (vermutlich), das Denkmal an diesem Ort zu errichten? Dabei spielen u. a. die Lage, die Landschaft bzw. die Gebäude in der Umgebung eine Rolle. ③
- Falls das Denkmal versetzt wurde: Welche Gründe gab es (vermutlich) dafür? Wie hat sich die Wirkung verändert? ④

Zu diesen Fragen helfen dir die Seiten mit dem Methodensymbol weiter (S. 122–125 und S. 130 f.).

① *Bismarck war der erste …. Für die Reichsgründung war er wichtig, weil ….*

② *Die Figur der Germania stellt Deutschland dar, die Figur … soll darauf verweisen, dass ….*

③ *Es ist wohl beabsichtigt, dass das Denkmal vor dem Reichstag/auf … steht. Gründe dafür sind: ….*

④ *An dem neuen Standort ist die Wirkung eine andere. Dadurch dass es nicht mehr auf einem großen Platz steht, wirkt es ….*

Deuten

- Beurteile, wie die Person oder das Ereignis, die das Denkmal thematisiert, gesehen werden soll. ①
- Erkläre, welche Absicht der Auftraggeber des Denkmals hatte.
  Hinweis zu *M 1*:
  Otto von Bismarck war 1890 als Reichskanzler zurückgetreten, weil er andere politische Vorstellungen hatte als Kaiser Wilhelm II. Aber auch danach war er vor allem in Preußen sehr angesehen und beliebt.
- Nimm Stellung dazu, wie das Denkmal heute (auf dich) wirkt. ②
- Bewerte, ob das Denkmal zur geschichtlichen Wirklichkeit passt. ③

① *Das Denkmal soll … verherrlichen/ehren. Da das Denkmal groß/klein ist, fühlt sich der Betrachter ….*

② *Ich fühle mich bei dem Denkmal …. Auf mich wirkt es ….*

③ *Das Denkmal passt zu den tatsächlichen Ereignissen in der Geschichte (nicht/nur teilweise), weil …. Das Denkmal ist typisch für die damalige Zeit, weil es … darstellt/verherrlicht. Dabei wird allerdings unterschlagen, dass ….*

Die Gesellschaft im Kaiserreich

Q1 „Abschied"
Zeichnung von Olaf Gulbransson aus der Zeitschrift „Simplicissimus", 1910

Der Untertitel lautet: „... und dann müsst ihr bedenken, als Zivilisten seid ihr hergekommen und als Menschen geht ihr hier fort!"

Der Adel gibt den Ton an ...

An der Spitze des Kaiserreiches stand der Kaiser. Insgesamt hatte der Adel noch immer die führende Stellung in der Gesellschaft inne. Beim Militär und in der Verwaltung besetzte er die wichtigsten Ämter. Auf dem Land, vor allem in den Gebieten östlich der Elbe, herrschten nach wie vor Adlige über die von ihnen abhängigen Bauern und Landarbeiter. Einstellung und Lebensstil des Adels waren auch für die Großbürger, die sich von den unteren Schichten absetzen wollten, vorbildlich.

... und das Militär

Das Militär genoss hohes Ansehen im Kaiserreich. Soldaten hatten nach Auffassung der Bürger in drei siegreichen Kriegen die nationale Einheit erst ermöglicht. Offiziere bekamen in Restaurants immer die besten Plätze zugewiesen. Wer etwas gelten wollte, musste zumindest Reserveoffizier sein. Und wer seinen Wehrdienst nicht geleistet hatte, konnte im späteren Berufsleben Probleme bekommen.

Die damals geltenden Leitlinien für das Militär wurden auch für einen Großteil des Bürgertums vorbildhaft. Dementsprechend wurden Gehorsam gegenüber der Obrigkeit, Disziplin, Pflichtbewusstsein und Staatstreue verlangt (Obrigkeitsstaat).

Verstärkt wurde die Militarisierung der Gesellschaft durch Kaiser Wilhelm II., der 1888 die Regentschaft übernahm. Auch er war mit soldatischem Drill erzogen worden. Als Monarch liebte er Uniformen, Militärmanöver und Paraden.

Bürgertum

Zur Oberschicht gehörten mittlerweile auch das Großbürgertum sowie die kleine Schicht der Unternehmer und Bankiers. Durch den wirtschaftlichen Aufschwung in der Industrialisierung gewannen sie nicht nur Reichtum, sondern auch mehr Selbstbewusstsein und Einfluss.

Eine weitere Möglichkeit, hohes Ansehen zu erwerben, war eine hohe Bildung. Beispiele sind Professoren, Lehrer und Verwaltungschefs. Das sogenannte Bildungsbürgertum wuchs im Kaiserreich stark an, weil während der Industrialisierung viele Hochschulen, wissenschaftliche Institute und Schulen gegründet wurden. Außerdem nahm die Verwaltung im Staat, in den wachsenden Städten und in den Betrieben stark zu.

Aufstiegschancen?

Angehörige des Mittelstandes (z. B. Handwerker, kleine Kaufleute, gut ausgebildete Facharbeiter) wollten einen gesellschaftlichen Aufstieg vor allem über ihre Kinder erreichen. Jungen sollten eine gute Ausbildung erhalten, Mädchen eine möglichst „gute Partie" heiraten.

Arbeitern und einfachen Landarbeitern blieb ein gesellschaftlicher Aufstieg meistens verwehrt. Denn die dafür nötige Bildung konnten sie sich nicht leisten. Drei Viertel der Menschen im Kaiserreich lebten am Rande des Existenzminimums.

Wusstest du?

Ende des 19. Jh. gab es im Kaiserreich eine große Begeisterung für die Marine. Das zeigte sich sogar in der Kinderkleidung. Matrosenanzüge wurden Mode für Jungen und Mädchen.

Q2 „Stolz jedes Deutschen …"

In einem 1889 veröffentlichten Artikel des Militär-Wochenblattes heißt es:

In keinem anderen Lande der Welt steht der Offiziersstand auf einer so hohen Stufe, nimmt er auf der Skala der menschlichen Gesellschaft einen so hohen Rang, eine so angesehene und geachtete Stellung ein als in Deutschland […]. Wer den Offiziersstand zu dem seinigen macht, übernimmt damit auch die Pflichten desselben; macht die Anschauungen zu den seinen, die dem Stande innewohnen […]. Die dem Urgedanken des Offiziersstandes entstammenden Gesinnungen sind: dynastischer Sinn*, unbedingte Treue gegenüber der Person des Monarchen, erhöhter Patriotismus, Erhaltung des Bestehenden, Verteidigung der seinem Schutze anvertrauten Rechte seines Königs und Bekämpfung vaterlandsloser, königsfeindlicher Gesinnung etc. Die erste Pflicht, die schönste Tugend im Strahlenkranze des Offiziers, zugleich die Grundbedingung seiner Existenz, ist die Treue.

Zit. nach: Gerhard A. Ritter (Hrsg.), Das Deutsche Kaiserreich 1871–1914. Ein historisches Lesebuch, Göttingen ⁵1992, S. 92

Q3 Soldatenspiele

Der Politiker und Historiker Ludwig Quidde veröffentlicht 1893 eine Schrift über den Militarismus im Deutschen Reich:

Die ganze Auffassung von Disziplin, von dem Unterordnungsverhältnis, das vom Befehlenden keine Rechenschaft fordert und dem Gehorchenden das Recht zur Kritik verweigert, diese ganze Auffassung, die für das bürgerliche und öffentliche Leben nicht zu brauchen ist, wird durch dieses Soldatenspielen in den Kriegervereinen genährt.

Ludwig Quidde, Caligula. Schriften über Militarismus und Pazifismus. Mit einer Einleitung hrsg. von Hans-Ulrich Wehler, Frankfurt am Main 1977, S. 103

Q4 Bertha von Suttner

Briefmarke von 2005

* **dynastischer Sinn**
Damit ist zum einen die Treue zur herrschenden Dynastie (in diesem Fall das Herrscherhaus der Hohenzollern), zum anderen der Einsatz dafür, dass die eigene Familie möglichst hohes Ansehen hat, gemeint.

1. Erkläre, inwiefern das Militär im Kaiserreich eine zentrale Rolle hatte (*Q 1–Q 3, VT*).
2. Zeige auf, dass Kritik am Militarismus für den Einzelnen negative Folgen haben konnte (*Q 1, VT*).
3. Begründe, dass sich die Industrialisierung auf die Gesellschaft auswirkte (*VT*).
4. Ordne in einer Tabelle zu: Wer gehörte zur Ober-, Mittel- und Unterschicht?
5. Erkläre, welche Teile der Bevölkerung Aufstiegsmöglichkeiten hatten, und wenn ja, welche (*VT*).
6. Recherchiert über Bertha von Suttner (*Q 4*). Informiert euch dabei darüber, warum sie 1905 den Friedensnobelpreis erhalten hat.
7. Im Kaiserreich wurden einige gesellschaftliche Gruppen als „unmännlich" gebrandmarkt, zum Beispiel Pazifisten wie Ludwig Quidde (*Q 3*) sowie Homosexuelle und Demokraten. Erläutere, warum.
8. Obrigkeitsdenken und Militarismus widersprechen einer modernen Demokratie. Begründe, warum.

Frauen fordern ihr Recht

Q1 Eine bessere Zukunft?
Karikatur von 1908/09

Die dazugehörige Bildunterschrift lautet: „Wie, gnädiges Fräulein wollen sich dem ärztlichen Beruf widmen? ... Aber ich bitt' Sie, mit so einem lieben G'sichterl studiert man doch nicht!"

*Dienstmädchen
Hausangestellte, meist junge Frauen oder Mädchen, die sich für bessergestellte Familien um den Haushalt kümmerten. Damit sie den ganzen Tag verfügbar waren, wohnten sie im Haus der Familie, für die sie arbeiteten.

Q2 Hängeboden
Foto um 1880

Nicht selten hatten Dienstmädchen derartige Schlafstätten.

Frauen ohne Rechte

Im Kaiserreich bestimmten ausschließlich Männer in der Politik. Frauen war es meistens sogar verboten, sich in politischen Vereinen und Parteien zu betätigen. Laut Gesetz durfte der Familienvater auch über alle Angelegenheiten in der Familie allein entscheiden und nur er bestimmte über das Vermögen – auch über das, was die Frau bei der Eheschließung eingebracht hatte. Die Rollenverteilung der Geschlechter zeigte sich am deutlichsten im Bürgertum. Während der Mann seinen Beruf ausübte, hatte die Frau den Haushalt zu führen und sich um die Erziehung der Kinder zu kümmern. Männer heirateten erst, wenn sie einen Beruf hatten. Die Ehefrauen waren meistens viele Jahre jünger. Frauen sollten möglichst keinen Beruf ausüben. Am ehesten akzeptabel war im Bürgertum noch der Beruf als Lehrerin. Den mussten Frauen allerdings meist aufgeben, sobald sie geheiratet hatten.

In Arbeiterfamilien mussten Frauen meist den geringen Lohn des Mannes durch Heimarbeit, etwa als Büglerin, als Fabrikarbeiterin oder als Dienstmädchen*, aufbessern.

Frauenbewegung(en)

Die sogenannte Frauenbewegung ist ein Beispiel dafür, wie Menschen sich gegen bestimmte Zustände in der Gesellschaft wehrten. Frauen bildeten eigene Vereine. Während die einen in den „Vaterländischen Vereinen" die bisherige Frauenrolle befürworteten, kämpften andere Frauen für mehr Rechte. Bürgerliche Vereine wollten die Lage der Frauen allmählich verbessern. Sie forderten vor allem eine bessere Ausbildung von Mädchen und das Wahlrecht für Frauen.
Von dieser bürgerlichen Frauenbewegung grenzte sich die sozialistische ab. Sie war radikaler. Denn sie forderte nicht nur den Schutz der Arbeiterinnen, die Abschaffung der Kinderarbeit, sondern überhaupt einen anderen Staat, in dem Frauen gleiche Rechte und gleiche Löhne haben.

Schulbildung – für alle?!

Mädchen besuchten meist nur die Volksschule. Der Besuch von Gymnasien und Universitäten blieb Frauen lange Zeit ganz verwehrt. Ein paar mutige Frauen sorgten dafür, dass sich die Stellung der Frau zu ändern begann. 1865 gründete die Frauenrechtlerin Louise Otto-Peters zusammen mit anderen Frauen den „Allgemeinen Deutschen Frauenverein". Er setzte sich vor allem für eine bessere Ausbildung der Mädchen ein. 1893 wurde in Karlsruhe das erste deutsche Mädchengymnasium eröffnet. 1896 durften die ersten sechs Frauen Abitur machen. Preußen war das erste Land im Reich, das 1908 Frauen zum Studium zuließ. Das Wahlrecht bekamen Frauen erst nach dem Kaiserreich – im Jahr 1918.

Wusstest du?

Zum Ideal bürgerlicher Frauen gehörte auch eine möglichst enge Taille. Dafür wurden Korsetts verwendet, die den Körper zusammenschnürten und auch eine Verschiebung der Eingeweide bewirkten.

Q3 Väterlicher Brief

Der Vater der Künstlerin Paula Modersohn-Becker schreibt 1901:

Deine Pflicht ist es, ganz in deinem zukünftigen Manne aufzugehen, ganz nach seiner Eigenart und seinen Wünschen dich ihm zu widmen, sein Wohl immer vor Augen zu haben und dich durch selbstsüchtige Gedanken nicht leiten zu lassen. Die Aufgabe der Frau ist es aber, im Eheleben Nachsicht zu üben und ein waches Auge für alles Gute und Schöne in ihrem Mann zu haben und die kleinen Schwächen, die er hat, auch durch ein Verkleinerungsglas zu sehen.

Margret Steenfatt, Ich, Paula. Die Lebensgeschichte der Paula Modersohn-Becker, Weinheim/Basel 2002, S. 104f.

Q4 Frauenrechte und Arbeiterbewegung

Die sozialdemokratische Politikerin Clara Zetkin führte die sozialistische Frauenbewegung an. 1894 erklärt sie in der von ihr herausgegebenen Zeitschrift „Die Gleichheit“:

[D]ie bürgerlichen Frauenrechtlerinnen erstreben nur durch einen Kampf von Geschlecht zu Geschlecht, im Gegensatz zu den Männern ihrer eigenen Klasse, Reformen zugunsten des weiblichen Geschlechts innerhalb des Rahmens der bürgerlichen Gesellschaft, sie tasten den Bestand dieser Gesellschaft selbst nicht an. Die proletarischen Frauen dagegen erstreben durch einen Kampf von Klasse zu Klasse, in enger Ideen- und Waffengemeinschaft mit den Männern ihrer Klasse, die ihre Gleichberechtigung voll und ganz anerkennen, zugunsten des gesamten Proletariats die Beseitigung der bürgerlichen Gesellschaft.

Ute Gerhard, Unerhört. Die Geschichte der deutschen Frauenbewegung, Reinbek 1996, S. 180

Q5 Arbeiterinnen-Versammlung in Berlin

Holzstich nach C. Koch, 1890

1 Erkläre, warum in der Politik ausschließlich Männer bestimmen durften. → S. 193

2 Fasse zusammen, welches Frauenbild traditionell im Kaiserreich vorherrschte (*VT*, *Q 1–Q 3*).

3 Unterscheide, wie die bürgerliche Frauenbewegung und die sozialistische Frauenbewegung die Lage der Frauen verbessern wollten (*VT*, *Q 4*).

4 Gestaltet in Gruppenarbeit eine Antwort auf den Brief *Q 3*.

5 Erkläre, warum der Einsatz für eigene Rechte die Existenz bürgerlicher Frauen gefährden konnte. → S. 193

6 Prüfe, inwiefern sich die Situation von Frauen im Kaiserreich geändert hat und inwiefern nicht (*VT*, *Q 4*, *Q 5*).

Schule – zwischen Drill und Moderne

Q1 Volksschule im Kaiserreich
Schulwandbild, um 1900

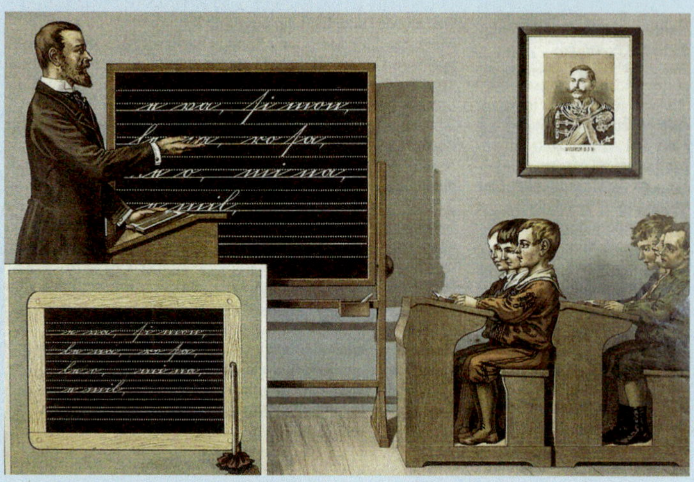

Schulen – nicht nur für Bessergestellte

Bildung war bis ins 19. Jh. hinein ein Luxus, den sich nicht jeder leisten konnte. Eltern mussten nicht nur die Schulbücher selbst bezahlen, sondern auch Schulgeld. Die Schulpflicht wurde zwar bereits ab dem Ende des 18. Jh. eingeführt. Durchgesetzt wurde sie aber erst etwa 1880. Allerdings besuchten über 90 Prozent der Kinder bis zum 14. Lebensjahr nur die Volksschule. Ein Hauptgrund dafür war, dass die Kinder frühzeitig einen Beruf ergreifen und damit zum Lebensunterhalt der Familie beitragen sollten.

Neue Schulen

Der Staat wollte nicht nur, dass die Schüler Grundfertigkeiten wie Lesen, Schreiben oder Rechnen lernen. Die neuen Herstellungsverfahren und Berufe, die während der Industrialisierung entstanden waren, erforderten neues Wissen. So mussten die Menschen beispielsweise Bauzeichnungen für Maschinen verstehen oder sich bei chemischen Substanzen und Rohstoffen auskennen. Vor allem um die Wirtschaft zu fördern, entstanden neue Schulformen:

- Gewerbe- bzw. Handwerkerschulen vermittelten für die spätere Berufsausbildung grundlegendes Wissen in Mathematik, Chemie, Physik, Zeichnen, Optik und Baukunde. Für einige Berufszweige gab es Fachschulen (z.B. Handelsschulen).
- Neben den Gymnasien und den Volksschulen entstanden „Mittelschulen". In diesen Schulen wurde stärker Wert gelegt auf Mathematik, Naturwissenschaften und moderne Fremdsprachen.

Höhere Bildung, auch ganz praktisch

Von den höheren Schulen gab es zunächst nur das humanistische Gymnasium. Die alten Sprachen Latein und Griechisch hatten in ihnen die größte Bedeutung. Nun bildeten sich weitere höhere Schulen. Hier hatten Mathematik, Naturwissenschaften und neue Sprachen eine größere Bedeutung.

Bevor in Betrieben und Fabriken neue oder bessere Waren entstehen, müssen Forscher und Ingenieure die Produktionsmethoden und Maschinen entwickeln. Für deren Ausbildung wurden sogenannte polytechnische Lehranstalten (griech. poly: viel) und eigene Universitäten gegründet, die Technischen Hochschulen.

Drill …

Es gab aber noch eine weitere Aufgabe von Schule und Erziehung, die im Kaiserreich als wichtig galt. Die Heranwachsenden sollten folgsame Untertanen werden. Fleiß, Pünktlichkeit, Disziplin, Staatstreue und Religiosität sollten konsequent anerzogen werden. Es herrschte ein strenger Befehlston, gelobt wurde selten; die Prügelstrafe war weit verbreitet.

… oder neue Methoden

Pädagogen entwickelten neue Methoden für die Erziehung und Schule, die allerdings meist erst nach dem Kaiserreich weite Verbreitung fanden. Dabei kam es nicht nur auf die Nützlichkeit des Wissens und der Fähigkeiten, die unterrichtet wurden, an. Anders als an den staatlichen Schulen sollten Kunst und weniger autoritäre Maßnahmen eine größere Rolle spielen.

Q2 Volksschule und Ordnung

Ein Fachbuch für Volksschullehrer empfiehlt 1880 folgende Regeln für den Unterricht:

Damit jede Störung des Unterrichts unmöglich gemacht werde, hat der Lehrer darauf zu achten:
a) dass alle Schüler anständig, gerade, mit dem Rücken angelehnt und in Reihen hintereinander sitzen, damit der Lehrer alles übersehen kann;
b) dass jedes Kind seine Hände geschlossen auf die Schultafel legt, damit alle Spielereien auf der Tafel, alle ungehörigen Beschäftigungen unter derselben unmöglich gemacht werden;
c) dass die Füße parallel nebeneinander auf den Boden gestellt werden;
d) dass sämtliche Schüler dem Lehrer fest ins Auge schauen.
Alle langen Reden müssen wegfallen; hier muss ein Wink des Auges oder der einzige (ruhig gesprochene) Ausruf: „Achtung!“ oder „Sitzen!“ genügen, um die gesamte Schulordnung sofort wiederherzustellen.

Q3 „Verbindung zum Leben“

Aus einer Rede Kaiser Wilhelms II. vor der Schulkonferenz von 1890:

Es fehlt unseren Schulen eine Verbindung zum Leben. Die Methodik gleicht einer Gymnastik des Geistes, nicht die Kenntnisse über die für das Leben notwendigen Dinge werden vermittelt, sondern geistloser Drill. Des Weiteren kritisierte ich die Überlastung der Schüler durch zu hohe Unterrichtsstundenzahlen (bis zu 37 Stunden pro Woche) und eine unüberschaubare Stoffmenge. Neues muss anstelle der antiken Stoffe und Sprachen treten. Neben dem „deutschen Aufsatz“ sind hier vor allem deutsche Nationalgeschichte, Geographie und „die Sage“ zu nennen. Außerdem ist das Pensum an Hausaufgaben, genannt werden bis zu 7 Stunden täglich für die Erledigung der Hausaufgaben, viel zu hoch.

Zit. nach: www.geschichte-erforschen.de [Zugriff: 24.11.2018]

M1 Unterrichtsstunden für Realschulen in Preußen

Lfd. Nr.	Fach	Zahl der Stunden in Klasse 9	8	7	6	5	4	3	2	1	zus.
1	Religion	6/2 (3)	6/2 (3)	6/2 (3)	2	2	2	2	2	2	21
2	Deutsch	9	10	10	7	5	5	5—6	5—6	5—6	61—64
3	Englisch	—	—	—	—	{ 4—5	{ 4—5	{ 3—4	{ 3—4	{ 3—4	17—22
4	Französisch	—	—	—	—	{ —	{ —	{ (4—5)	{ (4—5)	{ (4—5)	12—15
5	Geschichte	—	—	—	—	{ 1	{ 2	{ 2	{ 2	{ 2	{ 9
6	Erdkunde (Heimatkunde in Klasse 7 u. 6)	—	—	2	2	{ 1	{ 2	{ 2	{ 2	{ 2	{ 13
7	Rechnen (m. Buchführung) u. Raumlehre	4	5	5	4	4—5	4—5	4—6	4—6		38—45
8	Naturkunde	—	—	—	2	2—3	2—3	3—4	3—4	3—4	15—20
9	Schreiben	—	2	2	2	1	1	—	—	—	8
10	Zeichnen	—	—	—	2	2	2	2	2	3	13
11	Singen	2/2 (1)	2/2 (1)	2/2 (1)	2	2	2	1	1	—	11
12	Turnen	2/2 (1)	2/2 (1)	2/2 (1)	3	3	3	3	3	3	21
13	Hand- oder Gartenarbeit	—	—	—	(2)	(2)	(2)	(2)	(2)	(2)	(12)
	Höchststundenzahl										
	a) verbindlich	18	22	24	26	28	30	32	32	32	244
	b) bei Teilnahme an unverbindlichen Fächern	—	—	—	28	30	32	34	34	34	256

Die Stundenzahlen der mit einer Klammer { zusammengefaßten Fächer dürfen in anderer Weise auf sie verteilt werden. Die Stunden in der zweiten Fremdsprache und in Hand- bzw. Gartenarbeit sind durch Klammer ( ) als unverbindlich gekennzeichnet.

Nach: Gerhardt Giese, Quellen zur deutschen Schulgeschichte seit 1800, Göttingen 1961, S. 184

1 Fasse die Ziele zusammen, die der Staat bei den Schulen hatte (*VT*, *M 1*, *Q 2*).

2 Diskutiert, welche Ziele heutige Schulen haben.

3 Arbeite heraus, was bei den Veränderungen im Kaiserreich modern war (*VT*, *M 1*).

4 Nehmt die Sitzhaltung ein, wie sie in *Q 2* beschrieben wird. Beschreibt dann eure Gefühle und Empfindungen dabei.

5 Erläutert, welche Absichten die Maßnahmen in *Q 3* gehabt haben.

6 Vergleicht den Lehrplan (*M 1*) mit eurem Lehrplan. In welchen Fächern, die ihr habt, haben sich neuere technische Entwicklungen ausgewirkt?

Geschichte hört nicht auf

Die Frau am Steuer … bringt uns weiter

M1 Bertha Benz im ersten Auto
Fotografie mit einer Szene, die Schauspieler nachgestellt haben

Bertha Benz

Jeder von uns hat schon den Seufzer „typisch Frau am Steuer" gehört. Aber ohne eine Frau am Steuer würden wir vielleicht heute noch alle Fahrrad fahren und ganz sicher niemand einen Mercedes. Denn ausgerechnet die Firma Daimler-Benz gäbe es heute nicht, wenn nicht im richtigen Augenblick eine Frau die Initiative ergriffen hätte. 1886 erfand der Karlsruher Ingenieur Dr. Carl Benz das Automobil. Doch die meisten Leute wussten damals nicht, was sie mit der pferdelosen Kutsche anfangen sollten. Viel populärer war dagegen das Fahrrad, das in seiner jetzigen Form von Robert Bosch erfunden wurde. Da überlegte sich Bertha Benz, die Frau von Carl Benz, wie man die Menschen von der Alltagstauglichkeit der pferdelosen Kutsche überzeugen könnte.

Ohne ihren Mann einzuweihen, unternahmen Bertha Benz und ihre zwei Söhne im Sommer 1888 eine Tour mit dem neuen Automobil. Sie fuhren von Mannheim nach Pforzheim, um die Oma zu besuchen. Was heute völlig normal erscheint, galt vor über 100 Jahren als ein spektakuläres Abenteuer: Bertha Benz musste noch am Abend ihrem völlig verängstigten Mann ein Telegramm schicken, dass sie und die Kinder gut bei der Oma angekommen waren.

Bertha Benz bewies mit ihrer Fahrt zwei Dinge: Mit dem Automobil konnte man im Alltag sehr gut von A nach B kommen. Es war eine normale und sogar günstige Alternative zur herkömmlichen Kutsche und kein „Hexenkarren". Und sie zeigte, dass „sogar eine Frau" dieses neuartige Fahrzeug zu fahren verstand. Auf diese Weise nutzte sie sehr geschickt die Tatsache, dass niemand, nicht einmal ihr eigener Mann, einer Frau technischen Verstand zutraute. Plötzlich hatten alle den Mut und den Wunsch, Auto zu fahren, und die Firma Benz & Cie. konnte sich vor Aufträgen kaum retten.

Mercedes Jellinek

Ebenfalls eine Frau oder besser gesagt ein Mädchen „rettete" die Daimler-Motoren-AG. Diese Firma stellte keine Automobile her, sondern Motoren, die man ja vielseitig verwenden kann. So versah Gottlieb Daimler auch ein Fahrrad mit einem Motor – und das erste Motorrad war erfunden. Trotz dieser vielen neuen Ideen gerieten die Daimler-Motoren-Werke ab 1890 in ernsthafte wirtschaftliche Schwierigkeiten und konnten nur mit ausländischer Hilfe gerettet werden. Vor allem der österreichische Generalkonsul Emil Jellinek war ein Fan der modernen Automobile. Er lebte in Südfrankreich und verkaufte zum Zeitvertreib Automobile von Daimler an die „Reichen und Schönen". Um die Autos noch besser zu vermarkten, meldete er sie bei Autorennen an. Niemand in Frankreich kannte Gottlieb Daimler, und so gab Emil Jellinek seinem Rennwagen den Namen seiner zehnjährigen Tochter Mercedes. Jellineks Strategie hatte Erfolg und so gibt es den Mercedes-Benz bis heute.

Fortsetzung folgt?

Die Erfolgsgeschichte von Mercedes und dem Automobil allgemein steht momentan an der Schwelle einer neuen Entwicklung. Jeder benutzt und braucht sein Auto, aber fast jeder kennt auch die gefährlichen Auswirkungen der herkömmlichen Motoren auf die Umwelt, u.a. die großen Mengen an Kohlendioxid, die bei der Verbrennung von Treibstoffen entstehen, und schädliche Abgase. Doch wie soll das Auto der Zukunft aussehen, mit welchen Motoren soll es angetrieben werden? Gesucht wird ein Pionier oder eine Pionierin, die wie Bertha Benz die Menschen von der Alltagstauglichkeit des „neuen Automobils" überzeugt.

M2 Firmen aus der Kaiserzeit

Hier sind die Logos einiger Firmen abgebildet, die bereits in der Kaiserzeit gegründet wurden und heute noch bestehen.

M3 Ladestation
Foto von 2018

Mittlerweile gibt es für Elektroautos in ganz Deutschland, wie hier in München, Stationen zum Laden der Batterien.

1 Beschreibe, wie Bertha Benz der neuen Erfindung ihres Mannes zum Durchbruch verhalf (*M 1*, *VT*).

2 Elektroautos sind nur ein Beispiel, wie andere Energiequellen als Benzin und Diesel für Autos genutzt werden können. Informiert euch über die neuen Formen des Antriebs und diskutiert jeweils Vor- und Nachteile.

3 Stellt in der Klasse Maßnahmen zusammen, wie man ein Auto mit neuem Antrieb den Käuferinnen und Käufern schmackhaft machen könnte.

4 Bildet Arbeitsgruppen und ordnet die Logos (*M 2*) diesen Gruppen zu. Jede Arbeitsgruppe sollte zu „ihrer" Firma recherchieren und die Ergebnisse vorstellen. Berücksichtigt dabei auch, welche Veränderungen es im Laufe der Zeit gab.

5 Tragt weitere Beispiele von Firmen zusammen, die in der Kaiserzeit gegründet wurden und noch heute bestehen. → S. 193

Das weiß ich – …

Das Deutsche Kaiserreich – eine feste Ordnung?

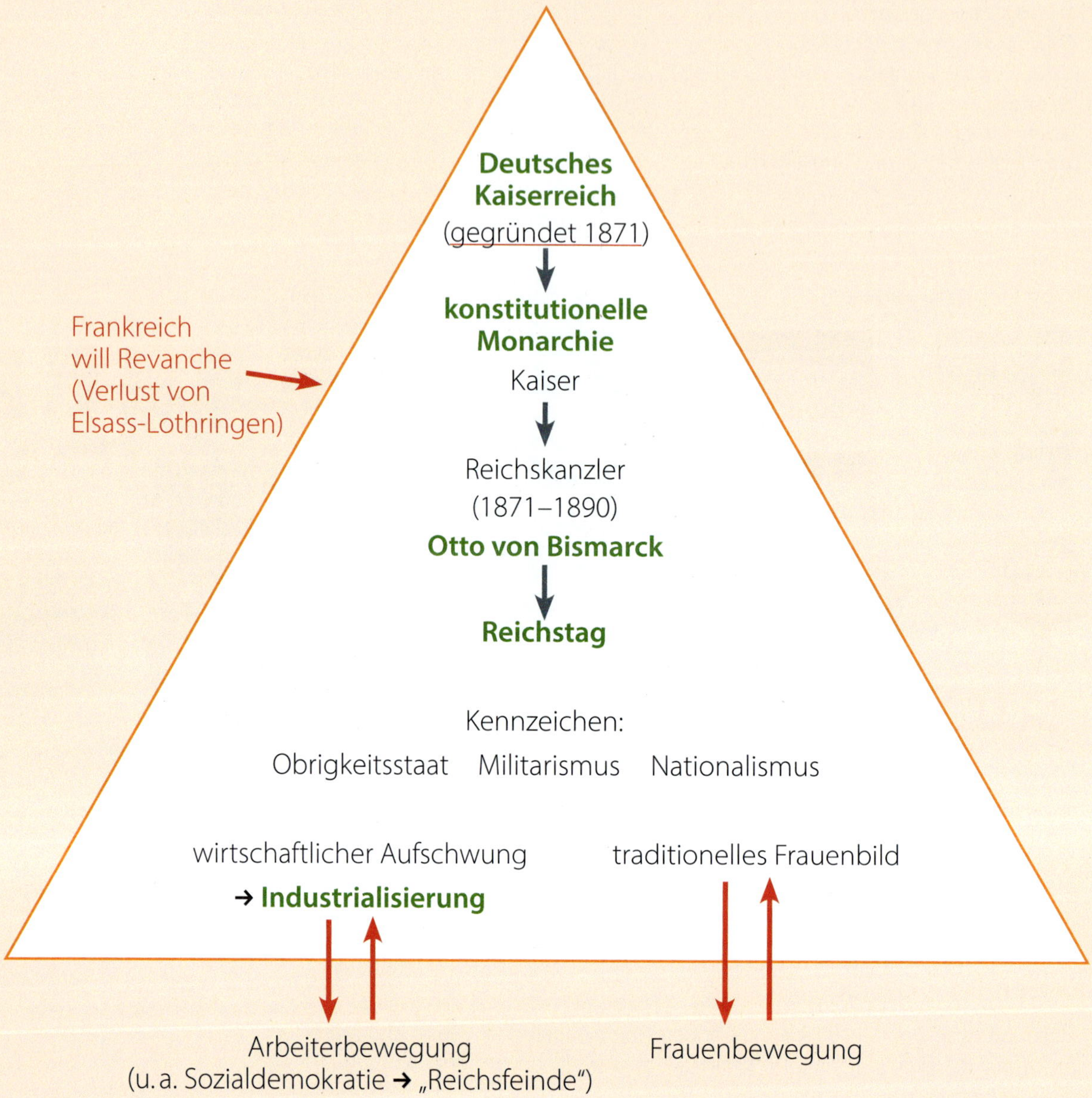

1 Erläutere am Beispiel Schule, dass es im Kaiserreich einerseits eine feste Ordnung geben sollte, aber auch gleichzeitig Neuerungen.

2 Fasse zusammen, welche Bedeutung die Industrialisierung für das Kaiserreich hatte.

3 Beurteile, welche Rolle Otto von Bismarck hatte.

… das kann ich!

„Museumsrundgang“

In diesem Kapitel habt ihr erfahren, dass einiges im Deutschen Kaiserreich auf uns heute eigenartig wirkt und modernen Vorstellungen widerspricht – vieles war für die damalige Zeit aber schon ziemlich fortschrittlich.
Ihr sollt nun in Arbeitsgruppen einen „Museumsrundgang“ gestalten und die vielen unterschiedlichen Seiten dieser Zeit in Präsentationen darstellen, z. B. in Form von Lernplakaten. Dabei könnt ihr neben Informationstexten auch verschiedene Materialien, wie zum Beispiel Bilder (aus dem Schulbuch, aber auch aus anderen Medien wie Internet, Zeitschriften etc.) verwenden.

Hebt in eurer Präsentation besonders hervor, was damals fortschrittlich war (wie z. B. in *M 1* mit grüner Farbe).

M 1 Mögliche Struktur eines Lernplakats

Aufbau des Staates
Das Kaiserreich bestand aus …
…

Aufbau der Gesellschaft
…

Frauen
…

Der Reichstag …
…

Das Deutsche Kaiserreich

Schule
…

Wirtschaft
…

Arbeiterbewegung
…

Sozialgesetzgebung
…

1 Bildet Arbeitsgruppen mit etwa fünf Schülerinnen und Schülern.

2 Einigt euch darauf, welche Teile eure Präsentation (z. B. Lernplakat) enthalten soll.

3 Ordnet zu, wer von euch welchen Teil bearbeiten soll.

4 Gestaltet euren Teil – mit Informationstexten und anderen Materialien (z. B. Bildern/ Zeichnungen).

5 Wenn ihr fertig seid, legt eure Präsentation in Abständen im ganzen Klassenzimmer aus.

6 Stellt nun neue Gruppen zusammen. In allen Gruppen sollten so viele Schülerinnen und Schüler sein, wie es Präsentationen gibt. Dabei sollte jeweils immer eine(r) von den ursprünglichen Gruppen dabei sein.

7 Jetzt beginnt der „Museumsrundgang“ zu den einzelnen Präsentationen. Dabei stellt der/ die jeweilige Experte/Expertin die Präsentation vor. Die anderen Schülerinnen und Schüler können Fragen stellen oder sachliche (!) Anmerkungen machen.

6 Längsschnitt: Protest, Aufstand und Revolution – Menschen kämpfen um ihre Freiheit

M1 Gemälde von Jean-Pierre-Louis-Laurent Hoüel

M2 Lithografie eines unbekannten Künstlers

Seit Menschen in Staaten und Gemeinschaften zusammenleben, streiten sie um die Frage, wer welche Rechte haben soll. Der Kampf um Freiheit und Gerechtigkeit im Staat begann dort, wo Herrscher oder Regierungen ihre Macht missbrauchten oder Menschen sich in einem Staat ungleich oder ungerecht behandelt fühlten. Seit Jahrtausenden setzten sich die Menschen immer wieder für ihre Freiheit und Gleichheit ein. Sie taten dies, indem sie protestierten, Aufstände organisierten oder in Revolutionen gegen die Mächtigen und für ihre Rechte kämpften. Dabei veränderten sich oft auch die Vorstellungen darüber, was gerecht ist und wem welche Rechte zustehen.

M3 Kreidelithografie eines unbekannten Künstlers

M4 Ein Symbolfoto für Freiheit
„Frei sein" – ein Traum vieler Menschen

Was weißt du schon?

1 Die Abbildungen *M 1* bis *M 3* zeigen historische Ereignisse.
   a) Benennt die Ereignisse und bringt sie in die richtige zeitliche Reihenfolge.
   b) Erklärt, welche Missstände bekämpft wurden bzw. für welche Ziele oder Rechte die Menschen kämpften.

2 Diskutiert, ob man sich mit Gewalt für mehr politische und persönliche Freiheit oder Gerechtigkeit einsetzen darf.

3 Was bedeutet Freiheit für dich?
   a) Notiere dir dazu drei Stichpunkte.
   b) Tausche dich dann mit deinem Banknachbarn aus und einige dich mit ihm/ihr auf drei Gesichtspunkte.
   c) Geht nun in Vierergruppen mit den Mitschülern vor/hinter euch und verfahrt ebenso.
   d) Schreibt die drei Stichpunkte, die jetzt verblieben sind, auf je ein DIN-A4-Blatt und heftet es an die Tafel. Erklärt, warum ihr sie ausgewählt habt.

4 In Antike und Mittelalter hatten nicht alle Menschen gleiche Rechte und konnten in Freiheit leben. Belege diese Aussage mit deinem Grundwissen.

Orientierung

M1 Artikel 1 der Menschenrechte

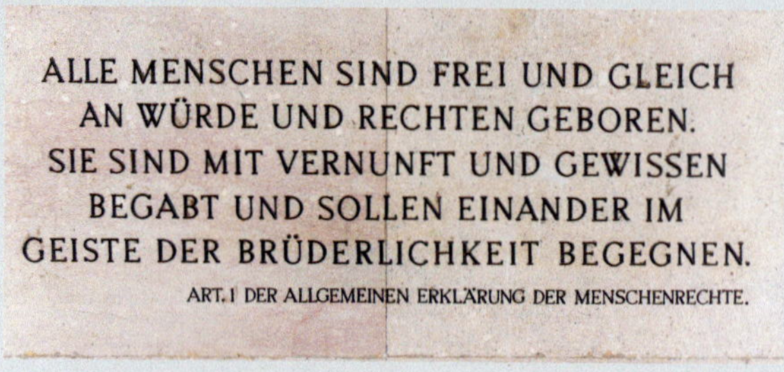

Die Tafel ist vor dem Gebäude des Österreichischen Parlaments in Wien.

Menschen kämpfen für ihre Rechte

Die Vorstellung, dass Menschen angeborene Rechte besitzen, entwickelte sich im Laufe der Geschichte erst nach und nach. Dabei mussten die Menschen sich diese Rechte dann auch erkämpfen. Das ist großenteils in der Welt auch heute noch so.
Erst in der Zeit der Aufklärung verbreitete sich der Gedanke, dass alle Menschen frei geboren sind und gleiche Rechte haben. Niemand kann einem Menschen diese Rechte wegnehmen oder vorenthalten. Heute finden sich diese Grund- und Freiheitsrechte u. a. im Grundgesetz der Bundesrepublik Deutschland und in der Erklärung der Menschenrechte der Vereinten Nationen.

Im Zusammenhang mit Rechten geht es aber auch um die Frage, wer in einem Staat (mit)bestimmen soll. In der Vergangenheit galt lange Zeit die Vorstellung, dass die Herrschaft von Monarchen göttlich gewollt ist. Andererseits entwickelte sich schon im antiken Griechenland eine erste Form von Demokratie. Die Römer nannten ihren Staat eine „res publica" (lat.: „eine Sache, die alle angeht"). Daraus entwickelte sich unser Wort Republik*.
In der Epoche der Aufklärung kamen die Gedanken von Demokratie und Republik wieder auf. Die Menschen kämpften in der Folgezeit. So entstanden schließlich unsere modernen Demokratien in Europa und den USA.

*Republik
Der Begriff bezeichnet heute einen Staat ohne Kaiser, König oder Fürsten an der Spitze.

Am Ende des Kapitels könnt ihr

- erkennen, wie wenig selbstverständlich persönliche und politische Freiheit zu allen Zeiten gewesen ist;
- euch bewusstmachen, welche Bedeutung das Eintreten für Menschenrechte und persönliche Freiheit bis heute hat;
- verschiedene Formen von Protest, Aufstand und Revolution zu unterschiedlichen Zeiten vergleichen.

1. Jh. v. Chr.
Aufstand des Sklaven Spartacus

13–15. Jh. n. Chr.
Unruhen und Aufstände in den Städten

1776
Amerikanische Unabhängigkeitserklärung

Menschen kämpfen für ihre persönlichen und politischen Rechte

Auf den folgenden Seiten werden euch mehrere Ereignisse zu diesem Thema begegnen. Auf einem Laufzettel könnt ihr das, was ihr erfahrt, einordnen und beurteilen.

Eine Vorlage für den Laufzettel findet ihr unter Mediencode 30022-28

1. Schritt: Gruppen bilden

Teilt euch in insgesamt fünf Gruppen auf. Jede dieser Gruppen bekommt einen Laufzettel, der für jede der Doppelseiten (S. 148–155) folgende Bestandteile enthält:

<table>
<tr><th colspan="4">Thema:</th></tr>
<tr><th colspan="4">Missstand/ Problem:</th></tr>
<tr><td></td><td>Protest</td><td>Aufstand</td><td>Revolution</td></tr>
<tr><td>Gewalt</td><td colspan="2">Ja</td><td>Nein</td></tr>
<tr><td>Unmittelbar erfolgreich?
(Missstand/ Problem gelöst)</td><td colspan="2">Ja, weil
…</td><td>Nein, weil
…</td></tr>
<tr><td>… und heute?
(Besteht Problem noch?)</td><td colspan="3"></td></tr>
</table>

2. Schritt: Protest, Aufruhr und Revolution unterscheiden

Menschen kämpften jahrhundertelang für ihre Rechte und die Mitbestimmung im Staat. In vielen Ländern tun sie dies auch heute noch. Man unterscheidet dabei folgende Begriffe:

Protest	Aufstand	Revolution
Mit Protesten (z. B. Demonstrationen) drücken Menschen ihre Unzufriedenheit mit bestimmten Zuständen und Entscheidungen öffentlich aus. Dabei bleiben sie friedlich. Proteste richten sich gegen die Politik, Wirtschaftsunternehmen oder Institutionen. Sie können auch in Medien wie Zeitungen oder in sozialen Netzwerken im Internet ausgedrückt werden.	Ein Aufstand ist ein offener und gewaltsamer Widerstand mehrerer Personen gegen den Staat oder dessen Vertreter (Beamte, Soldaten, Polizisten). Auch dafür sind die Gründe Unzufriedenheit mit Missständen in einem Staat und Ungerechtigkeiten. Entweder wollen die Menschen ihre alten Rechte zurück, die man ihnen genommen hat, oder den Sturz der Regierung.	Wenn viele Menschen sich durch bestehende Verhältnisse, durch ihre Regierung oder ihre Herrscher unterdrückt oder ungerecht behandelt fühlen, schließen sie sich zusammen und kämpfen mit Waffengewalt für eine neue Ordnung. Durch Revolutionen sollen sich die Lebens- und Machtverhältnisse in einem Staat schnell und grundlegend ändern.

3. Schritt: Ergebnisse herausfinden und vergleichen

Bearbeitet in eurer Gruppe die folgenden Gruppenseiten und füllt euren Laufzettel aus. Am Ende stellt jede Gruppe der gesamten Klasse ihre Ergebnisse zu einem Ereignis vor. Diskutiert, wenn andere Gruppen zu anderen Ergebnissen gekommen sind.

1789 – Französische Revolution

1848 – Revolution in Deutschland

18./19. Jh. – Industrielle Revolution

Sklaverei in der Antike – Mensch ist nicht Mensch

Q1 Sklaven in einer Tongrube
Tontäfelchen, 6. Jh. v. Chr.

An der Decke hängt ein Wassergefäß, aus dem sich die Männer erfrischen konnten. Die Arbeit war sehr hart.

Weitere Informationen zur Sklaverei in der Antike bietet Mediencode 30023-29

Antike
Der Begriff Antike umfasst etwa den Zeitraum zwischen 1200 v. Chr. und 500 n. Chr. In diesem Zeitraum entwickelten sich die Hochkulturen rund ums Mittelmeer, vor allem die griechische und römische.

Sklaven gehören bei den Griechen und Römern zum Alltag

Sowohl bei den Griechen als auch bei den Römern in der **Antike** bildeten die Sklaven einen wichtigen Teil der Bevölkerung. Sie dienten als „kostenlose" Arbeitskräfte und trugen so zum Wohlstand bei. Sklaven gehörten einem „Herren" und wurden wie Sachen behandelt. Man konnte sie deshalb jederzeit verleihen oder verkaufen. Die Lebensumstände der Sklaven waren sehr unterschiedlich. Am schlechtesten ging es den Sklaven, die in den Bergwerken arbeiten mussten. Auch die Arbeit in der Landwirtschaft auf den Feldern war oft hart. Die sogenannten Haussklaven konnten Glück haben. In manchen Haushalten behandelte man sie menschlich. Einige waren als Erzieher oder Ärzte sogar sehr angesehen. Oft mussten sie aber auch hier Tag und Nacht arbeiten und bekamen nur das Nötigste zum Überleben.

Wie wird man Sklave?

Zu Sklaven machte man: Schwerverbrecher und Piraten, Kriegsgefangene, Bewohner eroberter Gebiete oder Menschen, die ihre Schulden nicht zurückzahlen konnten.
Es gab bei den Griechen und bei den Römern regelrechte Sklavenmärkte, auf denen Händler Menschen als Sklaven verkauften. Für Kinder von Sklaven galt grundsätzlich, dass auch sie Sklaven wurden.

Die Freilassung von Sklaven

Sklaven konnten auch freigelassen werden. Dies konnte ihr Herr oder Besitzer bestimmen. Oft bekamen Sklaven auch Geld für ihre Arbeit, damit sie sich später freikaufen konnten. Freigelassene Sklaven bekamen dann eine Urkunde, die ihnen bestätigte, dass sie frei waren.

M1 Gladiatorenkämpfe
Zeichnung von Peter Connolly, 1979

Q2 Zukünftiger Sklave
Relief aus Smyrna (heute Izmir, Türkei), 200 n. Chr.

Ein römischer Soldat führt Kriegsgefangene als Sklaven ab.

M2 Logo des Fußballvereins Sparta Prag

Sklaven in der Arena – das Beispiel Spartacus

Viele Gladiatoren in den römischen Arenen waren Sklaven, auch die Wagenlenker bei den Pferderennen im Circus Maximus. Sie wurden in speziellen Schulen ausgebildet. Gute Kämpfer konnten berühmt werden und als Lohn für ihre Geschicklichkeit und Tapferkeit freigelassen werden. Auch der Sklave Spartacus musste als Gladiator in der Arena kämpfen. Mit etwa 70 anderen Sklaven beschloss er aber im Jahr 73 v. Chr. zu fliehen. Die entflohenen Sklaven erbeuteten Waffen und besiegten römische Legionäre, die sie gefangennehmen sollten. Nach diesem sensationellen Sieg schlossen sich Tausende Spartacus an: Sklaven, aber auch verarmte Römer. Geschichtswissenschaftler schätzen die Zahl auf sechzig- bis hunderttausend Menschen. Bald beherrschten Spartacus und seine Männer ganz Süditalien. Sie zogen raubend und plündernd durch die Gegend. Spartacus wollte keine allgemeine Befreiung der Sklaven erreichen, er wollte selbst als freier Mensch in seine Heimat Thrakien zurückkehren. Dies gelang ihm aber nicht: Die Römer hatten nun etwa 40 000 Soldaten zusammengestellt und jagten die Aufständischen. In der entscheidenden Schlacht starb Spartacus. Die etwa 6000 überlebenden Sklaven ließ Crassus entlang der Straße zwischen Rom und Capua kreuzigen. Als abschreckendes Beispiel blieben sie tagelang hängen.

Spartacus in der Nachwelt

Für viele Menschen heute ist Spartacus ein Vorbild als Freiheitskämpfer. Sie glauben, er hätte sich für die Freiheit aller Menschen eingesetzt. Es gibt Berichte, dass er die Beute von Plünderungen gerecht unter den Sklaven aufgeteilt habe.
Der Begründer des Kommunismus, Karl Marx (1818–1883), sagte über ihn: „Der famoseste Kerl, den die ganze antike Geschichte aufzuweisen hat." In den kommunistischen Ländern wurde Spartacus daher als Held verehrt. Ihm zu Ehren haben sich viele Sportvereine nach ihm benannt. Bis heute tragen viele Sportvereine in ehemals kommunistischen Ländern wie Russland, Weißrussland, der Ukraine und Tschechien den Namen „Spartak" oder „Sparta". Die Geschichte des Spartacus wurde auch mehrfach verfilmt. Dabei wird er häufig als Freiheitsheld dargestellt.

1 Begründet, dass die Bürger in Athen oder Rom durch die Sklaverei viele Vorteile hatten.

2 Kennt ihr ähnliche Verhältnisse in unserer heutigen Zeit? Sammelt eure Vorschläge dazu.

3 Lest euch das Kapitel zu Spartacus nochmals genau durch und füllt dann das Untersuchungsschema „Protest – Aufstand – Revolution" aus.

4 Diskutiert eure Ergebnisse.

5 Nehmt Stellung: Haltet ihr Spartacus für ein Vorbild? Begründet eure Meinung.

Unruhen in den Städten im Spätmittelalter

Zu einem Erklärfilm zum Thema Stadtrat führt dich Mediencode 30023-30

Bürger
Einwohner einer Stadt, die vom Rat in die Gemeinde der Stadtbevölkerung ausdrücklich aufgenommen wurden

***Zunft**
Zusammenschluss von Meistern derselben Handwerke. Die Zunft achtete auf die Interessen und Regeln ihrer Handwerker. Es gab z. B. die Bäckerzunft, die Weberzunft etc.

Stand
Geburt und Abstammung bestimmten im Mittelalter darüber, zu welcher Gruppe (= Stand) man gehörte. Jeder Stand hatte bestimmte Rechte und Pflichten.

Q1 Christus teilt den Ständen ihre Aufgaben zu
Holzschnitt, 1488

Die Abbildung zeigt die Vorstellung von der Ständegesellschaft im Mittelalter. Die Figuren links oben repräsentieren die Geistlichkeit. Der lateinische Text dazu lautet übersetzt „Du bete demütig!", rechts oben stehen Kaiser und König für den Adel („Du beschütze!") und unten der „Bauernstand" („Und du arbeite").

Stadtgründungen im Mittelalter

Im Mittelalter gehörte jeder Mensch einem bestimmten **Stand** an. Die Menschen erkannten diese strenge Gliederung der Gesellschaft von oben nach unten (Hierarchie) an. Denn sie galt als gottgewollt. Daher gab es zunächst auch wenig Protest oder Widerstand dagegen.
In Spätmittelalter (13.–15. Jh.) wurden Städte immer bedeutender. Sie waren wichtige Handelszentren. Hunderte Städte wurden neu gegründet. Dies geschah durch Bischöfe oder auch durch die Könige, Herzöge oder Grafen. Sie waren die Stadtherren und setzten in der Regel einen Vogt ein, der dort für sie regierte.

Ein neuer Herrschaftsbereich

Durch die Städte kam die Ständegesellschaft in Bewegung. Viele Menschen siedelten sich dort an, z. B. Bauern, die sich als Handwerker ein besseres Leben erhofften. Nicht alle Stadtbewohner waren **Bürger**. Bürger war nur, wer ein eigenes Haus besaß oder ein bestimmtes Vermögen hatte.
So kamen Handwerker und Kaufleute teils zu großem Wohlstand und waren oft auch gebildet. Sie beanspruchten immer selbstbewusster Mitspracherechte bei der Regierung ihrer Stadt.

Kampf um die Macht

Die mächtigsten Familien der Städte bildeten das Patriziat. Es bestand meist aus Kaufleuten. Nur sie durften Ratsherren stellen und Bürgermeister wählen. Im Laufe der Zeit konnten sich immer mehr Städte von den adligen oder kirchlichen Stadtherren unabhängig machen und hatten nur den Kaiser über sich. Die Handwerker, die in Zünften* organisiert waren, wollten aber mitregieren. Denn sie waren ebenfalls eine reiche und mächtige Gruppe in den Städten. Gegenüber den Patriziern forderten sie nun ebenfalls einen Sitz im Rat der Stadt, um über Steuern, Marktrechte oder Bauvorhaben der Stadt mitbestimmen zu können.
Unzufrieden waren auch die unteren Schichten in der Stadtbevölkerung. Sie lebten oft in bitterer Armut und hatten keine politischen Mitbestimmungsrechte. Zu ihnen zählten Lehrlinge, Handwerksgesellen, Tagelöhner und Dienstboten. Ihnen ging es in der Regel darum, wenigstens ein sicheres Existenzminimum zu haben. Zu den Randgruppen ganz unten gehörten u. a. Hausierer und Bettler.
Da die Patrizier die Macht nicht teilen wollten, kam es vielerorts zu Auseinandersetzungen um Macht und Mitbestimmungsrechte in der Stadt. Man nannte dies oft „uplop" (Auflauf) oder auch „tweitracht" (Streit). An den Kämpfen, oft mit vielen Opfern, waren zum Teil auch die unteren Schichten der Stadtbevölkerung beteiligt. In mehreren Städten bildeten danach Patrizier und Zünfte einen gemeinsamen Rat.

Q2 Lübeck (Holzschnitt, 1493)

Q3 Kämpfe in Lübeck

1384 kam es in Lübeck zu Konflikten zwischen den reichen Kaufleuten der Stadt, die im Stadtrat saßen, und den Vertretern der Zünfte, die mehr Rechte forderten und Unterstützung von Adligen von außerhalb der Stadt hatten. Die Chronik berichtet darüber Folgendes:

Zwei Knochenhauer [Metzger], zwei Bäcker und ein Kürschner [Hersteller von Fell- und Lederkleidung] hatten sich viele aus ihren Zünften herausgesucht, die ihnen behilflich sein sollten, und zwar hatten sie Folgendes vor: Wenn am Tag des St. Lambert [15.09.] [...] morgens der ganze Rat sich versammelte, so sollten vierzig mit Schwertern zusammenkommen und den Rat schlagen und überwältigen. [...] Am Donnerstag vor St. Lambert wurde der Rat aber vor dem Verrat gewarnt. Die Anführer des Aufstandes wurden ergriffen und hingerichtet. Dann mussten alle Zünfte von Lübeck einzeln vor den Rat kommen und schwören, dass sie dem Rat der Stadt treu sein wollen. Die Weiber und Kinder der Gerichteten mussten alle, groß und klein, aus der Stadt. Den Fleischhauern wurde die Zunft verboten und all ihre Buden abgebrochen.

Chroniken der deutschen Städte, Lübeck II, S. 345 ff., zitiert nach: Wolfgang Lautemann (Hrsg.), Geschichte in Quellen, Bd. 2: Mittelalter, München 1978, S. 748–750 (gekürzt und sprachlich angepasst)

Q4 „Zünftliche Regierung"

In einer Chronik der Stadt Augsburg von 1466 heißt es:

Am Sonntagabende, dem 22. Oktober 1368, versammelten sich in Augsburg die Zünfte unter Leitung des Hans Weiß, des Kellermeisters der Weberzunft, wohl bewaffnet am Perlachturm [neben dem Rathaus gelegen]. Sie schlossen alle Stadttore und besetzten alle Straßen und Plätze der Stadt. [...] Sturmglocken riefen in der Frühe des 23. Oktobers die Ratsherren zu einer außerordentlichen Ratssitzung zusammen. Schweigend eilten die Ratsherren durch die Reihen der bewaffneten Handwerker dem Rathaus zu. Dann besetzten Wachen der Zünfte die Rathauspforten und schlossen so die Falle.

Sechs ehrenwerte Zunftmeister traten vor den Rat und Hans Weiß forderte in schlichten Worten die Teilnahme der Zünfte an der städtischen Regierung. Nach stundenlangen Debatten gaben die Ratsherren schließlich nach. Der auf dem Perlachplatz wartenden Menge verkündete man die baldige Einführung der Zunftverfassung. Der Rat übergab als Unterpfand seines Wortes die Hoheitszeichen der Stadtregierung: die Türschlüssel und die Schlüssel zur Sturmglocke und zum Ratsarchiv, das Stadtsiegel und das Stadtrechtsbuch. Dann schworen „Reich und Arm", Ratsherren und Handwerker, eine „zünftliche Regierung" einzuführen.

Werner Ripper, Von den bürgerlichen Revolutionen bis zum Imperialismus, Frankfurt am Main 1973, S. 165

1 Betrachtet die Abbildung *Q 1*: Beschreibt, woran man die Angehörigen der jeweiligen Stände erkennen kann. Lest dazu auch den ersten Abschnitt des Textes.

2 Lest den zweiten Abschnitt des Textes durch. Erstellt eine Grafik, die darstellt, welche Gruppen in der Stadt leben, welche Rechte sie hatten oder beanspruchten. → S. 193

3 Jeweils in Partnerarbeit beschäftigt sich eine Hälfte der Klasse mit *Q 3*, die andere mit *Q 4*:
- Lest euch die Schilderung der Ereignisse aufmerksam durch und klärt unbekannte Begriffe oder unklare Stellen im Text.
- Füllt nun in Partnerarbeit jeweils das Untersuchungsschema „Protest – Aufstand – Revolution" aus.

4 Vergleicht in der Klasse eure Ergebnisse.

5 Stellt Vermutungen darüber an, warum die Vertreter der untersten Schichten in der Regel keine Aufstände planten oder durchführten.

Das Zeitalter der Revolutionen

Q1 Unterzeichnung der Unabhängigkeitserklärung
Historiengemälde von John Trumbull, 1786–1797

Das Bild zeigt einen Kongress, an dem die Vertreter der Kolonien teilnahmen. Thomas Jefferson übergibt die Unabhängigkeitserklärung, die er größtenteils verfasst hat, an den Präsidenten der Versammlung. Links und rechts von ihm stehen Gelehrte, die in den Kolonien besonders hohes Ansehen hatten.

⚠ Gewaltenteilung
Die Staatsgewalt ist nicht bei einer Person, sondern wird auf unterschiedliche staatliche Einrichtungen verteilt. Das soll Machtmissbrauch verhindern und den Staat verbessern. Es gibt die Legislative (gesetzgebende Gewalt), Exekutive (ausführende Gewalt) und Judikative (richterliche Gewalt).

⚠ Aufklärung
In dieser Epoche der Wissenschafts- und Geistesgeschichte (17. und 18. Jh.) wurde das selbstständig-kritische Denken gefordert. Die Aufklärer waren überzeugt, dass die Menschen mithilfe der Vernunft die Wahrheit finden und sich richtig verhalten können.

⚠ Absolutismus
Regierungsform, bei der ein einzelner Herrscher ohne Rücksicht auf Adel und Klerus seines Landes regieren kann. Er allein kann Gesetze einführen und abschaffen.

Die „Vereinigten Staaten von Amerika" entstehen

Die britischen Kolonisten in Nordamerika konnten zwar ihre Angelegenheiten weitgehend selbstständig regeln. Sie wurden aber benachteiligt, weil die grundlegenden politischen und wirtschaftlichen Entscheidungen das Mutterland traf. So sollten die Menschen in den Kolonien beispielsweise Steuererhöhungen hinnehmen, ohne überhaupt im britischen Parlament Abgeordnete zu haben. Daher erklärten sich die Kolonien 1776 für unabhängig und erkämpften sich ihre Freiheit in einem langen und blutigen Unabhängigkeitskrieg. Später gründeten die 13 Kolonien die „Vereinigten Staaten von Amerika" (USA). Dabei ging es nicht nur darum, in einem eigenen demokratischen Staat mit **Gewaltenteilung** zu leben und seine Gesetze selbst zu beschließen. Sie wollten auch garantierte Rechte haben. Sie griffen damit Gedanken und Ideen auf, die die Denker der **Aufklärung** in Europa entwickelt hatten.

Die Französische Revolution

In Frankreich geriet der **absolutistische** König unter starken Druck. Die Menschen des Dritten Standes wurden mit der Ständegesellschaft, der fehlenden politischen Mitbestimmung und den großen Belastungen durch Steuern und Abgaben immer unzufriedener. Die katastrophale finanzielle Lage des Staates brachte Ludwig XVI. dazu, die Generalstände einzuberufen. Als die Vertreter des Dritten Standes gewählt wurden, brachte die Bevölkerung ihren Ärger über die Lage im Staat zum Ausdruck (siehe S. 22).
Revolutionär war schon, dass sich die Vertreter des Dritten Standes zur Nationalversammlung erklärten. Als eigentlicher Beginn der Französischen Revolution gilt aber der Sturm auf die Bastille 1789 (siehe S. 26). Damit begann auch eine Reihe von gewalttätigen Auseinandersetzungen. Mit diesen sollten Forderungen durchgesetzt oder Gegner der Revolution ausgeschaltet werden.
Die Macht des Königs wurde immer mehr eingeschränkt. Die Erklärung der Menschenrechte und Verfassungen schrieben Rechte der Untertanen fest. Frankreich wurde Republik, nachdem 1793 der König hingerichtet worden war. Napoleon erklärte 1799 die Revolution für beendet. Er regierte zwar autoritär, wollte allerdings wichtige Forderungen der Revolution umsetzen.

Vormärz und Märzrevolution

Gegen den Deutschen Bund, der die Herrschaft der Fürsten sicherte, und die Unterdrückungsmaßnahmen wie z. B. die Zensur, gab es eine breite Opposition. Veranstaltungen wie das Wartburgfest und Demonstrationen wie das Hambacher Fest drückten die Forderungen nach grundlegenden Reformen öffentlich aus (siehe S. 74). Dichter wie Heinrich Heine und Georg Büchner kritisierten die bestehenden Verhältnisse in ihren Schriften.
Die Menschen, die Änderungen wollten, hatten unterschiedliche Ziele. **Liberale** forderten die Mitbestimmung der Bürger, Verfassungen und die Beachtung von Grundrechten. Anhänger eines deutschen Nationalstaats stritten darum, ob er eine Republik oder eine Monarchie mit Parlament sein sollte. Besonders die Arbeiter und Bauern forderten auch bessere Lebensbedingungen.
Nach revolutionären Aufständen in vielen Städten gaben die Könige und Fürsten zunächst nach: Eine Nationalversammlung erarbeitete eine Verfassung mit Grundrechten. Sie trat jedoch nie in Kraft, da der preußische König, der als Staatoberhaupt vorgesehen war, sie ablehnte.

Q2 Märzforderungen

Die Bevölkerung in Mannheim hat als erste auf die Revolution in Frankreich reagiert. Am 27. Februar 1848 kommen ca. 2500 Menschen zu einer Volksversammlung zusammen. Sie verabschiedet eine Petition (Forderungskatalog). Sie wurde zum Unterschreiben ausgelegt und dann dem Präsidenten von Baden, wozu Mannheim gehörte, übergeben:

Deutschland darf nicht länger zusehen, wie es mit Füßen getreten wird. Das deutsche Volk hat das Recht zu verlangen: Wohlstand, Bildung und Freiheit für alle Klassen der Gesellschaft, ohne Unterschied der Geburt und des Standes. Die Zeit ist vorüber, die Mittel zu diesen Zwecken lange zu beraten. Was das Volk will, hat es durch seine gesetzlichen Vertreter, durch die Presse und durch Petitionen deutlich genug ausgesprochen. Aus der großen Zahl von Maßregeln, durch deren Ergreifung allein das deutsche Volk gerettet werden kann, heben wir hervor:

1) Volksbewaffnung mit freien Wahlen der Offiziere
2) Unbedingte Pressefreiheit
3) Schwurgerichte* nach dem Vorbilde Englands
4) Sofortige Herstellung eines deutschen Parlaments

Diese vier Forderungen sind so dringend, dass mit deren Erfüllung nicht länger gezögert werden kann und darf. Vertreter des Volks! [...] Wir stehen für dieselben mit Gut und Blut ein und mit uns, davon sind wir durchdrungen, das ganze deutsche Volk.

Karl Obermann, Flugblätter der Revolution. Eine Flugblattsammlung zur Geschichte der Revolution von 1848/49, Berlin 1970, S. 54f.

Q3 „Die Grundrechte des deutschen Volkes"

Farblithografie von Adolf Schrödter, 1848

Oben führt Germania ihre Kinder Gerechtigkeit und Freiheit an der Hand. Der Drachen, auf den sie tritt, ist das Symbol für Willkürherrschaft.

1 Versucht zu erklären, warum der Maler die Szene so darstellte (*Q 1*). ➔ S. 193

2 Betrachte die Abbildung zu den Grundrechten genau (*Q 3*):
a) Beschreibe, woran schon durch die Art der Darstellung deutlich wird, dass diese Rechte für die Menschen damals etwas ganz Besonderes waren.
b) Stellt Vermutungen darüber an, warum die Rechte auf zwei Tafeln stehen. ➔ S. 193

3 Erkläre, woran schon beim Betrachten des Bildes – ohne den Text zu lesen – deutlich wird, dass es um „Freiheit" geht.

4 Erstelle zu den Rechten, die in *Q 2* genannt werden, eine Tabelle und ordne den Oberbegriffen „Allgemeines Menschenrecht" „Mitwirkung im Staat" „Rechtssicherheit" die entsprechenden Textauszüge oder Artikel zu.

5 Die Grundrechte der BRD sind im Grundgesetz verankert. Recherchiere die Inhalte der Artikel 1–20.

6 Erkläre den Unterschied zwischen einem Bürger und einem Untertan.

7 Bildet drei Gruppen zu USA, Frankreich und dem Deutschen Bund. Lest euch den entsprechenden Text links genau durch und schlagt auch nochmals auf den Seiten im Buch nach, die sich auf euer Thema beziehen.

8 Füllt dann in Partnerarbeit je ein Untersuchungsschema „Protest – Aufstand – Revolution" für die USA, Frankreich und den Deutschen Bund aus.

9 Vergleicht eure Ergebnisse.

10 Diskutiert darüber, warum diese Rechte bis heute wichtig sind.

Liberalismus
(lat. liber: frei): Nach dieser Lehre soll sich jeder Einzelne aus religiösen und politischen Abhängigkeiten lösen und sein Leben frei gestalten können. Seit dem Ende des 18. Jh. fordern Liberale den Schutz von Menschenrechten und Verfassungen, die den Bürgern politische Mitsprache einräumen.

***Schwurgericht**
Dabei wirken Laien als Richter mit, die kein Rechtsstudium gemacht haben. Früher wurden sie Geschworene genannt, heute Schöffen.

Die Industrielle Revolution

Q1 Fabriken bestimmen das Stadtbild
Zeichnung von 1895

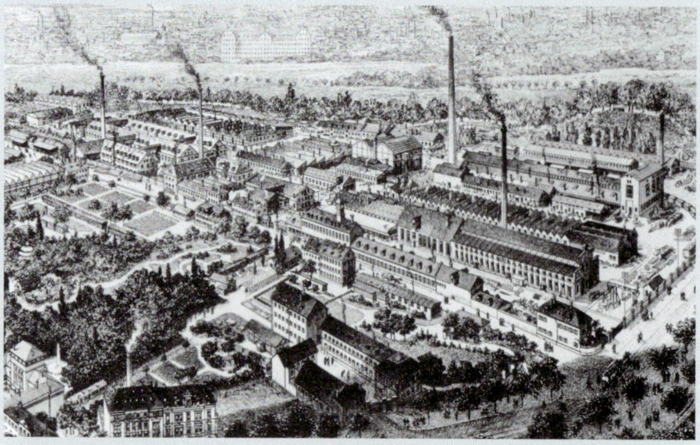

Zu sehen ist im Vordergrund das Werk der Maschinenbau-Actiengesellschaft in Nürnberg, dahinter die Altstadt von Nürnberg.

Zu weiteren Informationen und Materialien zum Aufstand der schlesischen Weber führt Mediencode 30022-31

Eine Revolution verändert das Leben …

Im Gegensatz zur Amerikanischen, Französischen und deutschen Revolution waren bei der Industrialisierung nicht gewaltsame Erhebungen der Auslöser für radikale Veränderungen, sondern neue technische und wissenschaftliche Errungenschaften (u.a. Dampfmaschine, Webstühle, Eisenbahn, bessere landwirtschaftliche Geräte, Kunstdünger). Außerdem dauerte es mehrere Jahrzehnte, bis die „Industrielle Revolution" den größten Teil der Menschen in Europa erfasste.

Zunächst betrafen die Veränderungen die Produktion von Waren. Mithilfe der neuen technischen Möglichkeiten konnten Waren und landwirtschaftliche Produkte schneller und in wesentlich größeren Mengen gewonnen werden – und mit weniger Arbeitsaufwand.

… und führt zu Konflikten

Das folgende Beispiel aus der Frühzeit der Industrialisierung zeigt, wie existenzbedrohend die Einschnitte in das Leben der Menschen waren und zu welchen Konflikten es kam:

In Schlesien stellten viele Menschen als Weber in Heimarbeit Textilien her. Durch neue Fabriken mit industrieller Produktion waren sie aber bald nicht mehr konkurrenzfähig. Zwar konnten in den neuen Betrieben einige Menschen arbeiten. Es gab aber insgesamt einen Überschuss an Arbeitskräften und deshalb nur sehr geringe Löhne. Die anfangs friedlichen Proteste schlugen in einen gewalttätigen Aufstand um, an dem sich tausende von Webern beteiligten: Sie verwüsteten das Wohnhaus und die Fabrik der Unternehmer. Da die Regierung eine Revolution fürchtete, schlug sie den Aufstand militärisch nieder. Elf Weber wurden getötet, viele Menschen, darunter Frauen und Kinder, verletzt. Von den etwa 100 Männern, die verhaftet wurden, wurden einige zu hohen Gefängnisstrafen verurteilt.

Die Arbeiterbewegung formiert sich

Nachdem ihre Zahl stark angestiegen war, organisierten sich die Arbeiter in Gewerkschaften, Vereinen und Parteien. Diese Organisationen traten nicht nur dafür ein, dass sich die größtenteils elenden Arbeits- und Lebensbedingungen verbessern, sondern dass es auch politische Veränderungen gibt. Während die Sozialdemokratie im Parlament Verbesserungen durchsetzen will, ist für den Kommunismus eine gerechte Gesellschaft nur durch einen völlig neuen Staat zu erreichen.

Um die Arbeiterbewegung zu schwächen, reagierte der Staat – einerseits mit Unterdrückungsmaßnahmen, aber auch mit Reformen. Die staatliche Renten-, Unfall- und Krankenversicherung, die Reichskanzler Bismarck einführte, ist in Grundzügen noch heute gültig.

Q2 „Mann der Arbeit, aufgewacht!"
Bildpostkarte der Gewerkschaften, 1908

Der Text lautet:
Mann der Arbeit,
aufgewacht!
Und erkenne deine Macht!
Alle Räder stehen still,
Wenn dein starker Arm es
will.

M1 Die Zyklen der Weltkonjunktur nach Kondratieff

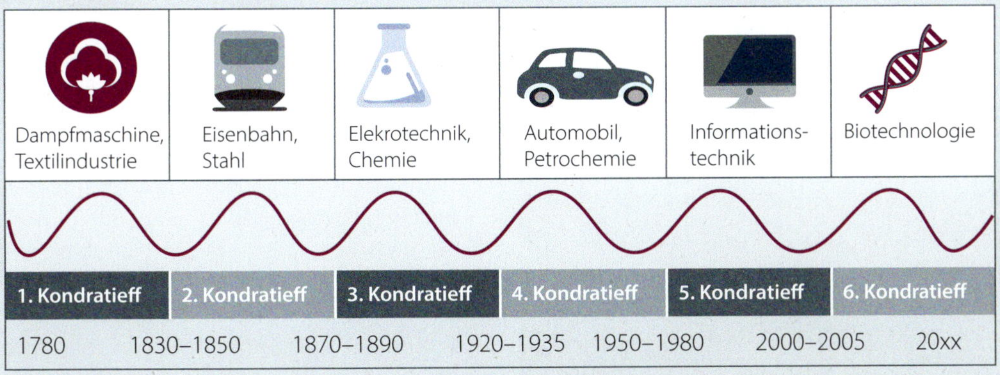

Neuerungen heute

Nach den Erfindungen zur Zeit der Industrialisierung verändert sich auch in unserer Gegenwart die Welt rasant, vor allem durch die Digitalisierung. Ob Informationsbeschaffung oder Einkaufen im Internet, Austausch von Nachrichten mit dem Handy – die Menschen müssen sich auf diese Neuerungen einstellen. Diese bringen oft viele Verbesserungen, können aber auch Nachteile haben. Der russische Forscher Kondratieff hat herausgefunden, dass es alle 50 bis 60 Jahre radikale Veränderungen durch neue Techniken gibt (*M 1*). Es gibt Phasen des Wachstums und der Entwicklung, die man Konjunktur nennt. Dies liegt daran, dass eine neue umwälzende Technik erfunden wurde. Auf diese Phasen folgen dann Phasen, in denen die Wirtschaft nicht weiter wächst oder sogar schrumpft. Man spricht dann von einer Rezession.

1 Erkläre: Warum passt das bisherige Untersuchungsschema für „Aufstand – Protest – Revolution" hier nicht, obwohl es sich auch um eine Revolution handelt? (*VT*, *Q 2*, *Q 3*).
- Schreibt die Definition zu „Revolution" auf Seite 147 entsprechend um, indem ihr sie ergänzt.
- Wiederholt und tragt zusammen, was die Industrielle Revolution bis 1900 für positive und negative Folgen für das Leben der Menschen mit sich brachte. → S. 193

2 Zu *M 1*:

a) Elektrotechnik und Chemie: Recherchiert zu den Begriffen Kunstdünger/Justus von Liebig, Anilin, Aspirin, Telegrafie, Strom/Stadtbeleuchtung, Siemens-Erfindungen und macht euch Notizen dazu.

b) Erklärt euren Mitschülern, wie sich der Alltag der Menschen durch diese Erfindungen verändert hat.

c) Informationstechnik oder Biotechnik: Tauscht euch darüber aus, welche „revolutionären" Veränderungen es dort in den letzten 30 Jahren gab oder heute noch gibt.

3 Diskutiert: Welche aktuellen technischen Entwicklungen findet ihr gut, welche machen euch Angst?

4 Übertragt die Zyklen (*M 1*) auf eine quer gespannte Raufasertapete oder eine andere große Papierrolle. Sammelt Bilder zu den Zyklen und gestaltet dazu eine Wandzeitung für das Klassenzimmer oder die Aula der Schule.

Mitwirkung und Mitgestaltung in der Schule heute

M1 Renovierungsbedürftig
Foto von 2013

Das Bild wurde aufgenommen an einer Realschule in München.

Möglichkeiten von Protest und Mitwirkung in der Schule

Wir leben in einer Demokratie und in einem Rechtsstaat. Dazu gehört, sich zu informieren, einzumischen, mitzugestalten und mitzuentscheiden. Auch gegen Missstände zu protestieren, kann sinnvoll oder notwendig sein.

Schule soll nicht nur Kenntnisse und Kompetenzen, sondern auch grundlegende Werte in unserem Land vermitteln. Dafür sollt ihr als Schülerinnen und Schüler die Möglichkeit zur Mitbestimmung haben und lernen, sie verantwortungsvoll zu nutzen. So könnt ihr euch als Klassensprecher, Schülersprecher und im Rahmen der SMV einbringen, die Interessen und Ansprüche der Schülerinnen und Schüler an die Schule vertreten und die Entwicklung der Schule mitgestalten.

M2 Stadt Augsburg reagiert auf Schülerprotest gegen marode Schulen

In einem Artikel vom 9. März 2018 mit dieser Überschrift heißt es:

Schülerinnen und Schüler der Augsburger Fach- und Berufsoberschule haben heute gegen den Zustand ihrer Schulen demonstriert. Jetzt hat die Stadt Augsburg in einem Schreiben eine Generalsanierung angekündigt. Es tropft durchs Dach, der Regen muss mit Mülltonnen aufgefangen werden, manche Lampen sind nur mit Kabelbindern festgemacht – diese Zustände wollen die Schülerinnen und Schüler der Fach- und Berufsoberschule in Augsburg nicht länger hinnehmen. Deshalb fordern sie von der Stadt Geld für eine Sanierung der Gebäude. Außerdem wollen sie erreichen, dass die Lerninhalte modernisiert und digitale Medien eingeführt werden. [...]

Auf die Kritik der Schüler hat die Stadt Augsburg nun reagiert. [...] Deshalb soll eine Generalsanierung des gesamten Komplexes durchgeführt werden.
[...]

Schüler kämpfen auch für bessere Bildung

Die Schüler kritisieren mit ihrer Demonstration auch die Prioritäten in der Finanzpolitik der Stadt. Statt das knappe Geld in Straßen, neue Kundenzentren oder ins Theater zu stecken, sollten ihrer Meinung nach erst einmal die Schulen auf Vordermann gebracht werden. Sie kämpfen deshalb auch gegen eine Unterfinanzierung der Schulen und für bessere Bildung.

https://www.br.de/nachrichten/bayern/stadt-augsburg-reagiert-auf-schuelerprotest-gegen-marode-schulen,QloHC5V [17.06.2019]

M3 Aus dem Bayerisches Gesetz über das Erziehungs- und Unterrichtswesen

In Artikel 62 heißt es dort unter der Überschrift „Schülermitverantwortung, Schülervertretung" unter anderem:

Im Rahmen der Schülermitverantwortung soll allen Schülerinnen und Schülern die Möglichkeit gegeben werden, Leben und Unterricht ihrer Schule ihrem Alter und ihrer Verantwortungsfähigkeit entsprechend mitzugestalten; hierfür werden Schülersprecher und Schülersprecherinnen sowie deren Stellvertreter und deren Stellvertreterinnen gewählt. Die Schülerinnen und Schüler werden dabei von der Schulleiterin oder vom Schulleiter, von den Lehrkräften und den Erziehungsberechtigten unterstützt. Zu den Aufgaben der Schülermitverantwortung gehören insbesondere die Durchführung gemeinsamer Veranstaltungen, die Übernahme von Ordnungsaufgaben, die Wahrnehmung schulischer Interessen der Schülerinnen und Schüler und die Mithilfc bei der Lösung von Konfliktfällen.

www.gesetze-bayern.de [18.07.2019]

M4 Demonstration in München

Unter dem Motto „Wir sind viele" demonstrierten am 23. Juli 2013 Schülerinnen und Schüler für bessere Unterrichtskonzepte und mehr Schülerrechte.

M5 Rechte und Pflichten von Schülern

Eine Internetseite informiert über Rechte und Pflichten von Schülerinnen und Schülern:

Demonstrationsrecht

Art. 8 Absatz 1 des Grundgesetzes garantiert das Grundrecht auf Versammlungsfreiheit, Art. 5 Abs. 1 die Meinungsfreiheit. Die Kombination beider Vorschriften ergibt das Demonstrationsrecht.

Demonstrationsteilnahme

Grundsätzlich dürfen auch Schüler demonstrieren – allerdings nur in der unterrichtsfreien Zeit.

Wer sich nicht daran hält, verletzt durch unentschuldigtes Fehlen vom Unterricht die Schulpflicht. Die Verpflichtung zur regelmäßigen Teilnahme am Unterricht lässt sich nämlich nicht mit dem Recht auf Versammlungsfreiheit entschuldigen. In wenigen Ausnahmefällen können Schüler wegen der Teilnahme an einer Demonstration beurlaubt werden. Das müssen sie aber unbedingt vorher bei der Schulleitung beantragen.

Teilnahme an Schülerstreiks

Der Schülerstreik ist die kollektive Leistungsverweigerung durch Fernbleiben vom Unterricht. Die Teilnehmer verstoßen auch dann gegen ihre Schulpflicht und hindern die Schule an der Ausübung ihres Erziehungs- und Bildungsauftrages, wenn sie sich auf ihr Grundrecht auf Versammlungsfreiheit berufen.

https://www.das.de/de/rechtsportal/schule-und-unterricht/rechte-von-schuelern/demonstrationsrecht-von-schuelern.aspx [15.01.2019]

1 Erkläre, wogegen die Schüler in Augsburg demonstrierten (*M 2*).

2 Erläutere in eigenen Worten, was der Artikel 62 des Erziehungs- und Unterrichtsgesetzes regelt (*M 3*).

3 Wofür engagiert sich die SMV an eurer Schule? Sammelt eure Vorschläge in einer Mindmap.

4 Bist du mit deiner Schule zufrieden? Was könnte besser sein? Das kann z. B. Schulgebäude, Schulgelände, Ausstattung der Klassenzimmer, das Schulleben betreffen.
Sammelt eure Vorschläge und diskutiert, wie ihr euch dafür einsetzen könntet.

5 Schülerdemonstration oder Schülerstreik – erlaubt oder nicht? Informiere dich in *M 5* darüber.

6 Diskutiert über die Einstellung „Sich engagieren – das bringt doch eh' nichts".

7 Längsschnitt: Kriege und ihre Folgen

Q1 Zerstörung einer Stadt
Foto von Jewgenij Chaldej
Am 22. Juni 1942, während des Zweiten Weltkriegs, wurde den deutschen Truppen der Befehl gegeben, die russische Stadt Murmank niederzubrennen. An einem Tag fielen 350 000 Brandbomben.

Im Krieg und in der Liebe ist alles erlaubt.
(Napoleon Bonaparte zugeschrieben)

Der einzige Weg einen Krieg zu gewinnen, ist ihn zu verhindern.
(George C. Marshall)

In der Menschheitsgeschichte kam und kommt es immer wieder zu Kriegen. Auch zurzeit gibt es auf allen Kontinenten kriegerische Auseinandersetzungen. Sie bedeuten Tod und Leid für unzählige Menschen, Soldaten und Zivilisten.

Dieser Längsschnitt behandelt Beispiele von Kriegen aus unterschiedlichen Epochen, von der Antike bis zur Neuzeit. Dabei stellen sich unter anderem folgende Fragen: Wie kommt es zum Krieg? Warum sind Menschen immer wieder bereit dazu und sogar begeistert? Welche Folgen haben Kriege und welchen Wert hat der Frieden? Wer war von den Kriegen betroffen und wer weniger? Wem nützen Kriege?

Kriege zerfressen die Seele eines Volkes.

(Anke Maggauer-Kirsche)

Der Krieg wird niemals zu Ende sein, solange noch eine Wunde blutet, die er geschlagen hat.

(Heinrich Böll)

Kein Krieg hatte jemals eine positive Gesamtbilanz.

(Achim Schmidtmann)

Q2 **Plünderung eines Bauernhauses**
Ölgemälde von Sebastian Vrancx, etwa 1630
Der Maler stellte in einigen seiner Bilder Gräuel während des Dreißigjährigen Krieges (1618–1648) dar.

Q3 **Krieg in Syrien**
Foto von 2014
Das Bild entstand während des Bürgerkriegs in Syrien.

Was weißt du schon?

- Beschreibt die Bilder und stellt Vermutungen über die Absicht des Fotografen/Malers an (*Q 1–Q 3*).
- Diskutiert die Zitate auf diesen beiden Seiten und erstellt eine Reihenfolge: Welche sind eurer Meinung nach wichtiger/treffender bzw. welche weniger?
- Das Foto (*Q 3*) entstand erst vor wenigen Jahren. Recherchiert, welche Kriege zurzeit stattfinden und welche Ursachen sie haben.
- Fasst die Folgen von Kriegen zusammen, die in *Q 1–Q 3* dargestellt werden.
- Besprecht in der Klasse, welche weiteren Folgen euch einfallen.
- Im Text auf der linken Seite werden einige Fragen zum Krieg genannt. Welche weiteren Fragen fallen euch ein?

Orientierung

Krieg ist nicht gleich Krieg

Kämpfe und gewaltsame Auseinandersetzungen gab es schon immer in der Menschheitsgeschichte. Aber kann man einen steinzeitlichen Kampf als „Krieg" bezeichnen?

M1 Krieg? Frieden?

Es ist leicht erkennbar, dass Kriege nie zu allen Zeiten gleich waren. Wenn sich die Gesellschaften und deren Kultur und Einstellungen verändern, wandeln sich auch die Formen des Krieges, die Kriegsführung und das Ausmaß von Kriegen. Es gibt Angriffs- und Eroberungskriege, Verteidigungskriege, Bürgerkriege, Religionskriege, Unabhängigkeitskriege und viele mehr. Auch terroristische Aktionen wie zum Beispiel Bombenanschläge sind eine Form des Krieges, den Einzelne oder Gruppen führen.

Für gewaltsame Auseinandersetzungen jeder Art führen Menschen die unterschiedlichsten Gründe an. Die Folgen dagegen sind immer gleich: Große Not und unermessliches Leid gehen einher mit Zerstörung und Tod.

Frieden – warum hält er nicht?

Der Begriff „Frieden" kommt aus dem Althochdeutschen und bedeutet ursprünglich „Schutz, Sicherheit". Frieden bedeutet nicht nur, dass gerade kein Krieg herrscht. es gibt unterschiedliche Formen, den Frieden herzustellen: Unterwerfung, Kapitulation, Vernichtung des Feindes, aber auch Verträge, Versöhnung, diplomatische Vermittlung und Friedensschlüsse. Sie sollten möglichst einen dauerhaften Frieden gewährleisten.

Auch ohne Kriegsgeschehen kann der Friede gefährdet sein. In der Forschung gibt es deshalb den Begriff des „positiven Friedens". Damit ist gemeint, dass innerhalb und zwischen den Staaten Gewalt verhütet und Unfreiheit vermindert werden soll. Vor allem Rechtsstaatlichkeit, der Wille zum Verhandeln und Toleranz sind grundlegende Bedingungen für Frieden.

Am Ende des Kapitels könnt ihr

- verschiedene Gründe für Kriege und deren öffentliche Rechtfertigung vergleichen;
- mehrere Arten der Kriegsführung unterscheiden;
- Folgen von Kriegen für Soldaten und die Zivilbevölkerung benennen;
- beurteilen, wie und warum in den genannten Beispielen Frieden zustande kam.

58–51 v. Chr. – Gallischer Krieg

1095–1291 – Kreuzzüge

1524–1526 – Bauernkrieg

Kriege analysieren und vergleichen

Um die jeweiligen Kriege miteinander vergleichbar zu machen, musst du die Informationen strukturiert sammeln und darstellen. Die folgende Tabelle hilft dir dabei.

Hinweis: Auch bei mehreren direkt aufeinander folgenden Kriegen spricht man bisweilen auch von einem einzigen.

Kriterium	Fragestellungen	Ergebnisse
Bezeichnung	Wie wird der Krieg bezeichnet?	
Beteiligte	Wer kämpft gegen wen?	
Dauer	Von wann bis wann dauerte der Krieg?	
Epoche	Wo kann ich im Zeitstrahl den Krieg verorten?	
Kriegsart	Um welche Art von Krieg handelt es sich?	
Anlass	Welches Ereignis oder welche Umstände lösten den Krieg aus?	
Gründe	Welchen Grund/welche Gründe hatte die eine Partei?	
	Welchen Grund/welche Gründe hatte die andere Partei?	
Friedensschluss	Wie wurde der Frieden hergestellt?	
Folgen	Welche Folgen zog der Krieg nach sich/brachte er mit sich?	
Das ist mir noch wichtig …	Was hat mich besonders berührt bzw. was fand ich interessant …	

Unter Mediencode 30023-32 findest du die Tabelle als Arbeitsblatt.

- Bildet sechs Arbeitsgruppen.
- Verteilt die Themen der folgenden sechs Doppelseiten (S. 162–173).
- Übertragt die Zeitleiste auf diesen Seiten in euer Heft und tragt die Zeitspanne „eures Krieges“ dort ein.
- Jede Arbeitsgruppe wertet nun die Texte und Quellen ihrer Doppelseite aus und trägt die Informationen in den Analysebogen ein.
- Bearbeitet gemeinsam die Abschlussseiten (S. 174 f.). Nutze dafür den Mediencode rechts.

1618–1648 Dreißigjähriger Krieg

1813–1815 Befreiungskriege

1870–1871 Deutsch-Französischer Krieg

Der Gallische Krieg

M 1 Gaius Julius Caesar

Szene aus dem Zeichentrickfilm von „Asterix – Sieg über Cäsar", 1985

Der Aufstieg Caesars

Gaius Julius Caesar stammte zwar aus einer alten Patrizierfamilie*. Diese hatte aber im Vergleich zu anderen Adelsfamilien wenig politischen Einfluss und war im Vergleich nicht wohlhabend. Außerdem häufte **Caesar** zusätzlich Schulden an. Denn er finanzierte teure Veranstaltungen, um sich beim Volk beliebt zu machen. Im Jahr 60 v. Chr. war er dann einer der wichtigsten Politiker Roms. Denn er schloss mit dem reichsten Mann Roms, Marcus Lucius Crassus, und dem berühmten Feldherrn Gnaeus Pompeius ein Bündnis, das sogenannte Triumvirat*. Die drei Männer wollten ihre Ziele gemeinsam durchsetzen und missachteten dabei die Regeln der Republik. Caesar selbst wurde mithilfe der beiden anderen zum Konsul ernannt.

Caesar – ein „Schutzherr" als Eroberer?

Caesar rang darum, Pompeius an Ansehen zumindest gleichzukommen. Er setzte sich deshalb zum Statthalter der relativ unbedeutenden gallischen Provinz ein. Von dort wollte er durch Eroberungen, die ihm rechtlich nicht zustanden, seine Macht steigern. Der Zug der Helvetier lieferte ihm den gewünschten Vorwand.
In seiner Propagandaschrift „Gallischer Krieg" rechtfertigte er nachträglich sein Vorgehen und stellte sein Verhalten so dar, als ob er Rom eilig vor Schaden bewahren musste.

*Patrizier
Die vornehmsten römischen Familien, die den meisten Grundbesitz hatten, bildeten den Adel und nannten sich Patrizier (lat. pater: Vater).

⚠ Caesar
Gaius Julius Caesar war ein Feldherr und Staatsmann. Nach seinem Sieg im Bürgerkrieg wurde er Diktator. 44 v. Chr. ermordeten ihn Senatoren, die die Republik wiederherstellen wollten. Unter seinem Adoptivsohn Augustus wurde „Caesar" ein Titel. Davon wurden später die Herrschertitel Kaiser und Zar (in Russland) abgeleitet.

*Triumvirat
Als Triumvirat bezeichnet man das Bündnis von drei Männern. In der römischen Geschichte ist das Triumvirat ein privater Zusammenschluss, um eigene Ziele gegen die Regeln der Republik durchzusetzen.

Q 1 Gerechter Krieg?

Der Staatsmann und Philosoph Cicero (106–43 v. Chr.) erläutert die römische Vorstellung vom „gerechten Krieg":

Jene Kriege sind ungerecht, die ohne Grund unternommen werden: denn ohne den Grund, sich zu rächen oder die Feinde zurückzuschlagen, kann kein gerechter Krieg geführt werden.

Kein Krieg gilt als gerecht außer dem angesagten, erklärten, außer nach Stellung der Forderung auf Rückgabe des Eigentums.

Marcus Tullius Cicero, De re publica – Vom Gemeinwesen, übersetzt und herausgegeben von Karl Büchner, Stuttgart 1995, S. 283

Q 2 Große Gefahr für die Provinz?

In seiner Schrift „Über den Gallischen Krieg" rechtfertigt Caesar nachträglich sein eigenmächtiges Vorgehen:

Caesar erhielt die Nachricht, die Helvetier wollten durch das Land der Sequaner und Häduer ins Gebiet der Santonen ziehen [...]. Damit war, wie er erkannte, die große Gefahr für die Provinz verbunden, kriegslustige Menschen, Feinde des römischen Volkes, in einer sehr fruchtbaren Gegend mit offenen Grenzen als Nachbarn zu bekommen. [...]

Die Helvetier hatten ihre Scharen schon durch das Land der Sequaner geführt, waren im Gebiet der Häduer angelangt und verwüsteten deren Felder. Da die Häduer sich und ihre Habe vor ihnen nicht schützen konnten, schickten sie Gesandte zu Caesar und baten um Hilfe. Sie hätten sich allezeit um das römische Volk höchst verdient gemacht, und es dürfe nicht geschehen, dass fast vor den Augen unseres Heeres ihre Felder verwüstet, ihre Kinder in die Sklaverei verschleppt und ihre Städte erstürmt würden.

Hans Jürgen Hillen, Die Geschichte Roms. Römische und griechische Historiker berichten, Düsseldorf 2006, S. 208

M2 Die Eroberung Galliens

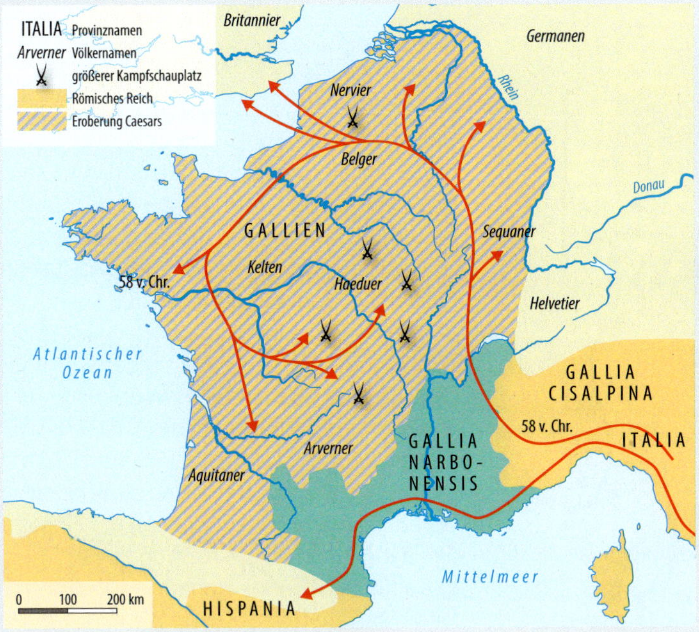

Q3 „Krieg an Krieg reihen"

Das Reich des Königs Mithridates VI. in Kleinasien wurde von Pompeius 63 v. Chr. größtenteils erobert. Der römische Historiker Sallust (86–34 v. Chr.) lässt Mithridates über die Römer urteilen:

Die Römer haben ein einziges und uraltes Motiv dafür, mit allen Nationen und Völkern und Königen Krieg anzufangen: unermessliche Begierde nach Herrschaft und Reichtum. [...] die Römer führten ihre Waffen gegen alle Völker, die schärfsten gegen die, deren Niederlage die meiste Waffenbeute einbringt; durch [...] Täuschen und dadurch, dass sie Krieg an Krieg reihen, sind sie groß geworden. Und so werden sie alles vernichten und selbst zugrunde gehen.

Sallust, Historien 4, 69, in: Walter Arend (Bearbeiter und Übersetzer), Geschichte in Quellen, Altertum, München 1989, S. 505

Gallien war kein einheitliches, politisch geeintes Land. Stattdessen lebte dort eine Vielzahl von Stämmen. Oft regierte die keltische Oberschicht über die Einheimischen.

Galliens Weg unter die römische Herrschaft

Einige Stämme waren bereits mit Rom verbündet. Caesar gab vor, der „Schutzherr" Galliens zu sein. Im Grunde aber wollte er das große Gebiet unterwerfen und ausbeuten. Immer wieder kam es zu Widerstand seitens der Gallier. Sie hofften, bis zum Ende von Caesars Statthalterschaft durchhalten zu können. Caesar ging einerseits mit extremer Brutalität gegen Aufständische vor. Andererseits gelang es ihm auch, die Adligen der Stämme mit Nachsicht und Milde für sich zu gewinnen. Dadurch akzeptierten immer mehr Stämme die römische Herrschaft.

Folgen des Gallischen Kriegs

Caesar, der später Alleinherrscher in Rom wurde, eroberte in den Jahren 58 bis 51 v. Chr. Gallien. Dadurch steigerte er seine Macht und vergrößerte sein Vermögen.

Eine Million Gallier sollen nach Schätzungen in den sieben Kriegsjahren ums Leben gekommen sein. Die Felder waren zerstört und das Land insgesamt vom langen Krieg geschwächt. Gallien wurde in der Folgezeit rasch **romanisiert** und entwickelte sich sogar zu einem Kernland des Römischen Reiches. Die gallo-römische Kultur prägt unsere Lebenswelt nach dem Fall des Weströmischen Reiches 476 n. Chr. zum Teil bis heute.

⚠ Romanisierung
Als Romanisierung bezeichnet man den Einfluss der römischen Sprache, Denkweise, Rechtsprechung, Bauweise, Verwaltung, Technik und Zivilisation auf die unterworfenen Völker. Dazu zählt auch die Gründung von Städten als Zentren römischen Lebens. Vor allem in West- und Mitteleuropa sind die ältesten Städte von den Römern gegründet worden.

1 Vergleiche die Karte (*M 2*) mit einer heutigen Karte von West- oder Südwesteuropa. Um welche heutigen Gebiete erweiterte Caesar seinen Einfluss?

2 Cicero, ein berühmter römischer Philosoph, spricht von einem „gerechten Krieg" (*Q 1*). Versetzt euch in die Situation einer keltischen Familie während der Eroberung Galliens. Spielt eine mögliche Unterhaltung zu dem Thema nach.

3 Erkläre, warum Caesar sein Werk über den Gallischen Krieg geschrieben hat (*Q 2, M 2, VT*).

4 Das römische Weltreich ist vor allem durch Kriege entstanden. Diskutiert, ob Krieg ein legitimes Mittel der Politik sein kann (*Q 2–Q 4, VT*).

Die Kreuzzüge – heiligt der Zweck die Mittel?

Q1 Ritter als Soldat Christi

Palästina unter muslimischer Herrschaft

Nach der Gründung des **Islam** eroberten muslimische Herrscher große Gebiete. Ende des 11. Jh. gehörten dazu Vorderasien, weite Teile Nordafrikas und Spaniens. Seit dem 7. Jh. gehörte dazu auch Palästina, das „Heilige Land". In ihm befanden sich heilige Stätten für das Judentum, Christentum und den Islam. Eine besonders große Bedeutung hat dabei Jerusalem.

Wie kommt es zu den Kreuzzügen?

Lange Zeit gab es einen friedlichen und respektvollen Austausch mit den Muslimen im „Heiligen Land". Christen durften ihre Heiligtümer dort weiterhin besuchen. Im 11. Jh. verschlechterte sich dann aber das Verhältnis. Denn die muslimischen Seldschuken eroberten Palästina und sperrten die Handels- und Pilgerwege für Christen. Davon war der Kaiser des Oströmischen Reiches* besonders betroffen, weil sein Reich eine wichtige Station auf dem Weg nach Palästina war. Er suchte Hilfe beim Papst.
Papst Urban II. sah darin eine große Chance, um seine Macht und sein Ansehen zu vergrößern. Er fühlte sich als Schirmherr aller Christen, also auch der orthodoxen im byzantinischen Reich. Außerdem wollte er nicht hinnehmen, dass die Freiheit der Christen bedroht war. Auch im **Investiturstreit** kämpfte er darum, dass die Kirche unabhängig war von den christlichen Fürsten. Auf dem Konzil von Clermont rief er dazu auf, das Heilige Land zu erobern.

Kriege nur für den Glauben?

Große Hilfe bekamen die Kreuzritter bei der Eroberung der Küstenstädte von den italienischen Handelsstädten Pisa, Genua und besonders Venedig. Vor allem die beiden letzten waren neben den Heerführern Gewinner der **Kreuzzüge**. Sie verlangten für ihre Unterstützung Sonderrechte, zum Beispiel Steuerfreiheit, Marktrecht oder Zollfreiheit. Dadurch beherrschten sie den Mittelmeerhandel und vergrößerten ihre Macht. Zudem verdienten sie gut an der Versorgung der Pilger oder Kreuzritter. 1204 überredeten die Venezianer die Kreuzfahrer dazu, das christliche Konstantinopel, die Hauptstadt des Byzantinischen Reiches, zu überfallen. Diese Stadt war Venedigs größte Konkurrenz. Bei der Einnahme der Stadt entluden sich Neid und Hass. Eine der gewaltigsten Plünderungen des Mittelalters fand hier statt: Unschätzbare Werte wurden geraubt. Die Stadt wurde zum großen Teil zerstört und erholte sich von dieser Katastrophe nie mehr völlig.

M1 Motive der Kreuzfahrer

Die Motive der Kreuzfahrer, bei denen es sich nicht nur um Ritter, sondern auch um Menschen aus unteren Schichten handelten, waren vielfältig:
- Steigerung von Macht und Ansehen
- Gewinnen von Ablässen (wodurch im Jenseits Strafen für Sünden erlassen oder gemildert werden)
- Hoffnung auf Reichtum und Wohlstand
- größere Gewinne durch Handel
- Abenteuerlust
- religiöse Überzeugung
- Hass auf Anhänger anderer Religionen

Folgen der Kreuzzüge

Zwischen 1096 und 1270 wurden mehrere Kreuzzüge nach Palästina durchgeführt. Aber nur der erste, bei dem auch Jerusalem erobert wurde, war militärisch erfolgreich. Danach wurden sogenannte Kreuzfahrerstaaten gegründet. Es gab zwar auch einen friedlichen Austausch zwischen Christen und Muslimen während der Kreuzzüge, und Anführer der Kreuzritter arbeiteten mit arabischen Fürsten zusammen. Meist verhielten sich die Kreuzfahrer gegenüber den

⚠ Kreuzzüge
Bezeichnung für die Kriege zwischen den Christen und Muslimen in den Jahren zwischen 1095 und 1291. Der Begriff selbst war den ersten Kreuzfahrern noch nicht bekannt; sie sahen sich auf einer Reise zum Heiligen Grab in Jerusalem.

⚠ Islam
Im 7. Jh. von Mohammed gegründete Religion. Das arabische Wort bedeutet die völlige Hingabe an Allah (Gott).

***Oströmisches Reich**
(= Byzantinisches Reich) 395 n. Chr. war das Römische Reich geteilt worden. Hauptstadt des östlichen Teils war Konstantinopel (alter griechischer Name „Byzantion"). Das Oströmische Reich bestand bis 1453, während das Weströmische Reich 476 endete.

⚠ Investiturstreit
Investitur bedeutet wörtlich „Einkleidung"; feierliche Einsetzung eines Bischofs in sein Amt. Den Streit um das Recht der Investitur zwischen Königen/dem Kaiser und dem Papst nennt man Investiturstreit.

M2 Die Hauptwege der Kreuzfahrer

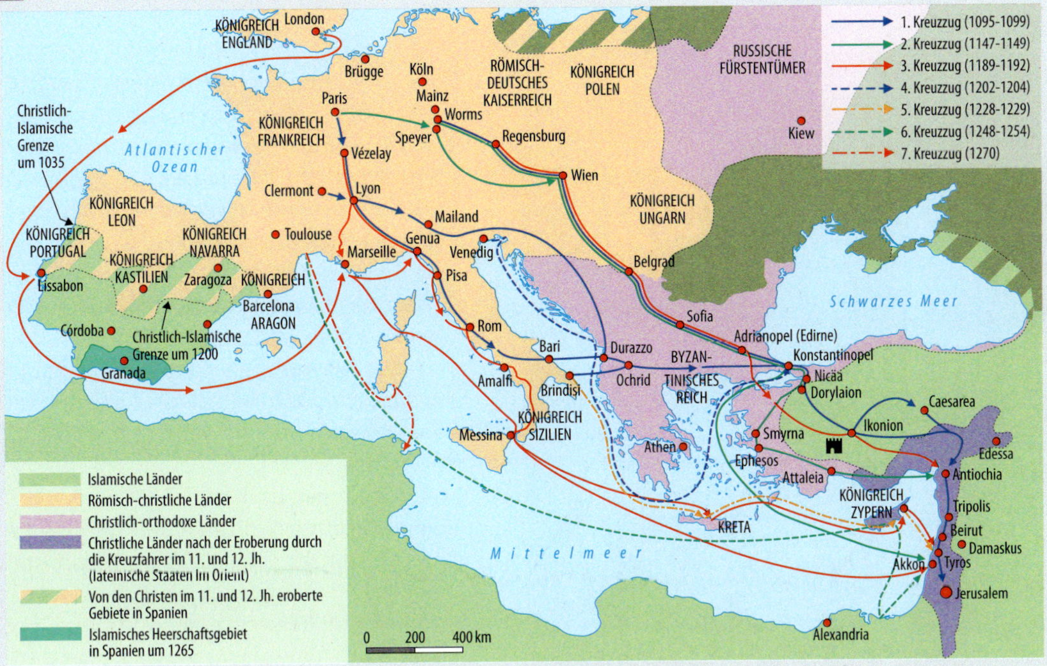

Muslimen jedoch wie Sieger Unterworfenen gegenüber. Sie verübten zahlreiche Gewalttaten, auch gegenüber der einfachen Bevölkerung. Daher breitete sich zunehmend eine Christenfeindlichkeit aus. Durch ständige Kriege untereinander und Neid schwächten sich die Kreuzfahrer auch selbst. 1187 gelang es den Muslimen, Jerusalem zurückzuerobern. Mit der Rückeroberung der Stadt Akkon durch die Muslime 1291 endete die Herrschaft der Kreuzfahrer in Palästina. Noch heute löst der Begriff „Kreuzzug" wegen der Gewalttätigkeiten der Christen bei Muslimen Schrecken aus.

Kreuzzüge nicht nur gegen Muslime

Die Kreuzzüge richteten sich nicht nur gegen Muslime, sondern auch gegen andere Menschen, die als Ungläubige und „Feinde Christi" galten. So wurden seit Beginn der Kreuzzüge Juden immer wieder überfallen, vertrieben und getötet, ihre Häuser geplündert. Auch die Anhänger christlicher Sekten, die nicht der Lehre der Kirche folgten, wurden erbarmungslos verfolgt. Grundsätzlich verschärfte sich das Vorgehen gegen Ungläubige und „Ketzer" ab dem 11. Jh. Das wurde deutlich an der Zurückeroberung und den Kreuzzügen gegen Katharer und Waldenser.

1 Stelle die unterschiedlichen Gründe der Kreuzfahrer dar, die sie dazu bewogen, ins Heilige Land zu ziehen (*VT*, *M 1*).

2 Die Venezianer hatten die Idee, den vierten Kreuzzug nach Konstantinopel umzulenken. Vergleiche die ursprüngliche Idee der Kreuzzüge und die Wirklichkeit dieser Kriege, (*VT*, *M 2*).

3 Recherchiere, was das Pferde-Viergespann (auch Quadriga genannt) aus Bronze, das auf der Kirche San Marco in Venedig steht, mit den Kreuzzügen zu tun hat. ➔ S. 193

4 Sammle Argumente, die zeigen, dass die Kreuzzüge nicht ausschließlich ein Religionskrieg waren (*M 1*, *VT*).

5 Was können wir heute aus dem wechselhaften Verhältnis der Muslime und der Christen für unser Zusammensein ableiten? Sammelt Ideen in der Klasse.

Der Bauernkrieg – bringt er den Bauern die Freiheit?

Q1 Bauern plündern ein Kloster

Der Abt Jacob Murer aus dem Kloster Weißenau bei Ravensburg hat die Ereignisse des Bauernaufstandes 1525 aufgezeichnet.

Q2 Aus den „Zwölf Artikeln" der Bauern

Sebastian Lotzer aus Memmingen fasst zwölf zentrale Forderungen in einer Programmschrift zusammen. Mithilfe des Buchdrucks wurde sie schnell verbreitet. Darin wird u. a. gefordert:

1) Es ist unsere demütige Bitte und unser Wunsch, dass jede Gemeinde den Pfarrer selbst wählen soll.

2) Der Kornzehnt [eine Abgabe an kirchliche Grundherren] soll für den Unterhalt des Pfarrers und als Almosen verwendet werden.

4) Bisher ist es Brauch gewesen, dass kein Untertan Wild, Geflügel und Fische fangen durfte. Dies ist eigennützig und entspricht nicht der brüderlichen Liebe.

6) Unsere Dienste werden von Tag zu Tag vermehrt. Wir erkennen nur Dienste an, die schon unsere Eltern geleistet haben.

7) Die Pachtzinsen sollen nach der Ertragslage des Hofes festgesetzt werden.

8) Für Vergehen setzt man immer neue Strafen fest. Wir wünschen, dass man aufgrund alter Strafsatzungen Recht spricht und nicht nach Lust und Laune des Grundherrn.

Günther Franz (Hrsg.), Quellen zur Geschichte des Bauernkrieges, München 1963, S. 174ff. (stark vereinfacht)

⚠ Grundherrschaft
Herrschaftssystem im Mittelalter und der frühen Neuzeit. Dabei verfügt der **Grundherr** über Land und Hörige. Diese unfreien Bauern durften die Höfe und das Land bewirtschaften, mussten dafür aber einen Teil der Erträge abliefern und Dienste leisten. Die Grundherren boten ihren Leuten Schutz und Hilfe und durften über Straftaten richten.

⚠ Martin Luther
Theologe und Reformator. Er veröffentlichte 1517 seine 95 Thesen, in denen er den Ablasshandel der Kirche kritisierte. Später lehnte er den Papst als Oberhaupt der Kirche ab. Über ihn wurde die Reichsacht verhängt. Doch der Kurfürst von Sachsen gewährte ihm Schutz. Luthers Lehre führte zur Spaltung der Kirche (Reformation). Seine Übersetzung der Bibel ins Deutsche wurde weit verbreitet.

Das Leben der Landbevölkerung

80 Prozent der Bevölkerung waren im 16. Jh. Bauern. Die meisten von ihnen unterstanden als unfreie Bauern einem **Grundherrn**. Sie besaßen wenig Rechte. So durften sie ihr Land nicht verlassen und nur mit Erlaubnis des Grundherrn heiraten.

Neben den Frondiensten belasteten sinkende Lebensmittelpreise und Missernten die Bauern sehr. Ihr Unmut gegen die Obrigkeiten wuchs – aus folgenden Gründen:

- Frondienste und Abgaben wurden teilweise erhöht.
- Bauern wurde immer mehr die gemeinsame Nutzung von Wäldern, Wiesen und Seen (Allmende) verweigert.
- Bauern durften immer weniger ihre Dörfer selbst verwalten. Das ärgerte vor allem die freien Bauern.
- Angesichts der Missstände in der Kirche (u. a. schlechte Ausbildung und unsittlicher Lebenswandel von Priestern) fürchteten sie um ihr Seelenheil.

Seit dem Ende des 15. Jh. kam es immer wieder zu gewaltsamen Aktionen. Daran beteiligten sich auch andere Teile der Landbevölkerung, die unter harten Lebensbedingungen litten, wie zum Beispiel Handwerker und Tagelöhner.

Die Reformation und die Bauern

1520 schrieb **Martin Luther**: „Ein Christenmensch ist ein freier Herr über alle Dinge und niemand untertan." Davon fühlten sich die Bauern angesprochen und in ihrem Protest ermutigt. Allerdings meinte Luther die innere Freiheit von Christen. Er hatte zwar anfangs Verständnis für die Unzufriedenheit der Bauern. Er wollte aber auf keinen Fall die **Ständegesellschaft** abschaffen. Denn er war davon überzeugt, dass sie gottgewollt sei. Außerdem wollte er den Adel und die Fürsten als Verbündete gegen die katholische Kirche gewinnen. Andere Reformatoren, die viele Anhänger in der Schweiz und im süddeutschen Raum hatten, hielten es allerdings für rechtmäßig, gegen Ungerechtigkeiten vorzugehen.

Q3 „Gräuliche Sünden"

In seiner Schrift „Wider die stürmenden Bauern" vom Mai 1525 schreibt Luther:

Dreierlei gräuliche Sünden gegen Gott und die Menschen laden diese Bauern auf sich, wofür sie mehrfach den Tod von Leib und Seele verdient haben:

Zum ersten, dass sie ihrer Obrigkeit Treu und Huld geschworen haben, untertänig und gehorsam zu sein, so wie es Gott gebietet [...]. [...]

Zum andern, dass sie Aufruhr anrichten, rauben und frevelhaft Klöster und Schlösser plündern, die nicht ihnen gehören. Damit verschulden sie als die öffentlichen Straßenräuber und Mörder alleine den Tod an Leib und Seele.

Zum dritten, dass sie solche schrecklichen, gräulichen Sünden mit dem Evangelium rechtfertigen.

Wolfgang Lautemann und Manfred Schlenke (Hrsg.), Geschichte in Quellen. Renaissance – Glaubenskämpfe – Absolutismus, München [2]1976, S. 153

Q4 Hinrichtung eines Bauernführers

Zeichnung von 1551

Das Bild zeigt, wie der Anführer Jäcklein Rohrbach 1525 bei lebendigem Leib verbrannt wurde.

Gegen die Unterdrückung

Im Herbst 1524 und Frühjahr 1525 versuchten Gruppen von Bauern in einigen Regionen Süddeutschlands mit ihren Herren über die Erhöhung der Abgaben zu verhandeln. Nachdem diese aber ihren Bauern nicht entgegenkamen und zum Teil sogar noch provozierten, zerstörten bewaffnete Haufen der Landbevölkerung Burgen und Klöster.

Die gewaltsamen Aufstände breiteten sich über Württemberg, nach Franken, in das Allgäu und nach Thüringen aus. In Oberschwaben beteiligten sich zwischen 200 000 und 300 000 Menschen.

Manchmal einigten sich die Bauern mit den Grundherren. In den meisten Fällen aber kam es zu Gewalttaten und Plünderungen.

Insgesamt waren die Bauernhaufen nicht gut organisiert und schlecht bewaffnet. Zudem kämpften sie nicht gleichzeitig, weshalb sie bald vernichtend geschlagen wurden. Ihr Versuch, Freiheit zu erlangen, scheiterte.

Die Folgen des Bauernkriegs

Großenteils waren die Äcker und Höfe der Bauern in den Gebieten mit Aufständen verwüstet. Die adligen Herren und Fürsten rächten sich zunächst fürchterlich. Bauern wurden hingerichtet, verstümmelt oder zu Schadensersatz verpflichtet. Etwa 70 000 Bauern starben während der Kämpfe.

Auch wenn der Aufstand scheiterte, machte ein Teil der Grundherren den Bauern Zugeständnisse und erfüllte deren Forderungen teilweise. Denn sie hatten Angst vor erneuten Aufständen. Die Leibeigenschaft wurde aber erst im 19. Jh. abgeschafft.

⚠ Stände/Ständegesellschaft
Geburt und Abstammung bestimmen im Mittelalter darüber, zu welcher Gruppe (= Stand) man gehörte. Jeder Stand hatte bestimmte Rechte und Pflichten.

1 Beschreibe die Abbildung über die Plünderung des Klosters (*Q 1*).

2 Erkläre den Zusammenhang zwischen Bauernkrieg und Reformation (*VT*, *Q 2*).

3 Begründe, warum Luther in *Q 3* gerade diese Kritikpunkte nennt. → S. 193

4 Beziehe Stellung zu den Forderungen der Bauern und deren Bestrafung (*Q 2*, *Q 4*, *VT*).

5 Verfasse die Rede eines Bauernführers an seinen Herrn. Er möchte sich mit ihm auf einen Kompromiss einigen.

Der Dreißigjährige Krieg – Kampf um den richtigen Glauben?

Q1 „Der Galgenbaum"
Kupferstich von Jacques Callot, 1633

Das Bild ist eine der bekanntesten Darstellungen zum Dreißigjährigen Krieg. Meistens wird es so gedeutet, dass die Soldaten im Vordergrund Gräuel an der Bevölkerung begehen. Neuerdings haben Wissenschaftler starke Zweifel daran: Sie meinen, dass die Hingerichteten selbst Soldaten sind, die Verbrechen begangen haben. Damit wäre es ein Versuch, innerhalb der Truppe für Disziplin zu sorgen.

*Konfession
(von lat. confessio: Glaubensbekenntnis) Glaubensgemeinschaft. Im Zuge der Reformation entwickelte sich innerhalb des Christentums neben der katholischen u. a. die evangelisch-lutherische Konfession.

*Söldnerheer
eine Armee von Soldaten, die für diejenigen in den Krieg ziehen, die ihnen Sold (= Lohn) bezahlen

*Tross
Menschen, die zu den Soldaten gehören oder sie versorgen, wie z. B. deren Familien, Händler oder Feldgeistliche

*brandschatzen:
niederbrennen und ausrauben

*Massaker:
Ermordung vieler, meist wehrloser Menschen

Dreißigjähriger Krieg (1618–1648)
Er entstand aus einem konfessionellen Konflikt zwischen Protestanten und Katholiken und entwickelte sich zu einem Kampf um politische Macht.

Wie der Konflikt beginnt

Seit dem Augsburger Religionsfrieden aus dem Jahr 1555 waren die evangelisch-lutherische und die katholische Konfession gleichberechtigt. Der Religionskonflikt war damit aber nicht beigelegt. Denn immer wieder gab es Auseinandersetzungen zwischen den Anhängern der beiden Konfessionen. Oft versuchten sie bzw. die jeweiligen Landesherren, im Heiligen Römischen Reich Deutscher Nation das Kräfteverhältnis zum Vorteil ihrer Konfession* und ihrer persönlichen Macht zu ändern.
1608 gründeten mehrere protestantische Fürsten die „Union" als militärisches Schutzbündnis. Der Kaiser und katholische Fürsten reagierten mit der Gründung der „Liga".
Es kam zum **Dreißigjährigen Krieg**. Auslöser war der „Prager Fenstersturz": Protestantische Adlige fühlten sich vom König von Böhmen, der gleichzeitig Kaiser war, um ihr Recht auf freie Ausübung ihrer Religion betrogen und warfen dessen Beamte aus dem Fenster.

Ringen um Macht

Bei dem Krieg ging es auch um die Verschiebung der Machtverhältnisse. Daran beteiligten sich auch Nachbarstaaten. So wollte das katholische Frankreich seinen Rivalen, den Habsburger Kaiser, und das Reich schwächen. Schweden und Dänemark unterstützten Fürsten, die ebenfalls protestantisch waren. Auch katholische Fürsten wie der Herzog von Bayern wollten verhindern, dass der Kaiser zu mächtig wurde.

Eine sich ausweitende Katastrophe

Der Krieg war besonders für die Bevölkerung eine Katastrophe. Nur selten fanden klassische Feldschlachten statt. Stattdessen zogen Söldnerheere*, die von Kriegsunternehmern zusammengestellt worden waren, durchs Land. Die Heere führten immer auch einen großen Tross* mit sich. Sie versorgten sich auf Kosten der Gebiete, durch die sie zogen. Ihren Anführern war es zwar erlaubt, in den von ihnen besetzten Gebieten Kriegssteuern einzutreiben. Diese Steuern reichten ihnen meist aber nicht aus.
Dauernd kam es zu Plünderungen, Brandschatzung*, Raubzügen und Massakern* an der Zivilbevölkerung. Frauen wurden systematisch vergewaltigt. Im Verlauf des Krieges starb etwa ein Drittel der Bevölkerung Mitteleuropas. Dazu trugen neben den unmittelbaren Kriegsfolgen auch Missernten und Seuchen bei. In einigen Gegenden dauerte es mehr als ein Jahrhundert, bis die Bevölkerungszahl vor dem Krieg wieder erreicht wurde.

Q2 Gräueltaten

1634 erscheint in einer Züricher Zeitung der folgende Bericht über die Gräueltaten der kaiserlichen Truppen in Höchstadt:

Die meisten Frauen wurden jämmerlich zu Tode geschändet [= vergewaltigt]. Männern und Frauen wurde kaltes Wasser, vermischt mit Essig und Jauche eingegossen. Mit Ketten und Stricken wurden sie bis auf den Tod gerädert. Etlichen wurden Stöcke angelegt, andere bei den Gemächten* aufgehängt und ihnen Nadeln in den Körper gestochen. Noch anderen wurden die Schienbeine zersägt, mit Holzscheiten die Schienbeine bis auf den Knochen zerrieben oder die Fußsohlen zerquetscht und zerschlagen, bis das Fleisch von den Füßen abfiel. […]"

*Gemächt: männliche Geschlechtsteile

Zitiert nach: Udo Witzens, Abgründe der Gewalt. Die größten Massaker der Weltgeschichte – eine Dokumentation, Norderstedt [2]2017, S. 193

Q3 Kinderlied

In einem badischen Kinderlied aus der Zeit des Dreißigjährigen Krieges heißt es:

Die Schweden sind gekommen,
haben alles mitgenommen,
Haben's Fenster eingeschlagen,
Haben's Blei davongetragen,
Haben Kugeln draus gegossen,
Und die Bauern erschossen.

Zitiert nach: Herbert Langer, Hortus Bellicus – Der Dreißigjährige Krieg, Leipzig 1982, S. 109

Das Ende des Krieges

Mit dem **Westfälischen Frieden** 1648 endete der Krieg. Zuvor gab es sechs Jahre lang Verhandlungen, an denen Vertreter aller Kriegsparteien teilnahmen. Die Machtverhältnisse veränderten sich: Frankreich konnte seine Macht in Europa noch weiter steigern. Schweden wurde zu einer Großmacht. Der Kaiser war geschwächt. Davon profitierten die Landesfürsten. Denn sie konnten in ihren Territorien nun selbstständiger regieren.

⚠ Westfälischer Friede
Der Frieden wurde 1648 in den westfälischen Städten Münster und Osnabrück geschlossen. Er beendete den Dreißigjährigen Krieg und schuf eine neue europäische Friedensordnung.
Die Territorialstaaten im Heiligen Römischen Reich bekamen ein größeres politisches Gewicht.

M1 Die wichtigsten Ergebnisse des Westfälischen Friedens

Gebietsveränderungen	Religiöse Bestimmungen	Heiliges Römisches Reich
– Frankreich und Schweden gewinnen neue Gebiete. – Bayern erhält die Oberpfalz und wird Kurfürstentum. – Die Vereinigten Niederlande und die Schweiz scheiden als unabhängige Staaten aus dem Reich aus.	– Katholiken und Protestanten sind gleichberechtigt. – Der Landesherr bestimmt die Konfession in seinem Gebiet.	– Der Kaiser verliert an Macht, z. B. müssen die Fürsten Gesetzen und Steuern zustimmen. – Die deutschen Fürsten erringen die politische Selbstständigkeit, z. B. das Recht auf Bündnisse mit anderen Staaten. – Das Heilige Römische Reich hat mehr als 300 selbstständige Einzelstaaten („Flickenteppich").

1 Das Bild *Q 1* wird sehr häufig in Büchern und Artikeln zum Dreißigjährigen Krieg verwendet. Erkläre, warum das so ist.

2 Beschreibe die unterschiedlichen Gründe für den Krieg (*VT*).

3 In einem Theaterstück von Schiller über den Dreißigjährigen Krieg heißt es „Der Krieg ernährt den Krieg". Erkläre diesen Satz.

4 Arbeite heraus, welche Folgen die grausame Kriegsführung mit sich brachte (*VT*, *Q 2*, *Q 3*).

5 Diskutiert, wer mit dem Westfälischen Frieden zufrieden sein konnte und wer weniger (*M 1*).

6 Die Kriegsparteien behaupteten, um den „rechten Glauben" zu ringen. Trefft euch in einer Diskussionsrunde und stellt ein Gespräch nach. Verteilt vorher die Rollen: Die einen verteidigen die Behauptung, die anderen stellen sie infrage. ➔ S. 193

Die Befreiungskriege – Napoleons Herrschaft wankt

M1 Der Brand Moskaus
Gemälde von A. F. Smirnow, 1813

Q1 „Es lebe unser König Ferdinand"

Ein französischer Offizier beschreibt den Widerstand der Spanier gegen Napoleon im Jahr 1808:

Die Weiber, die Greise, selbst die Kinder waren gegen uns und dienten dem Feinde als Spione. Ich sah einst einen jungen Knaben von acht Jahren zwischen den Füßen unserer Pferde spielen und sich uns zum Wegweiser anbieten. Er führte einen kleinen Trupp unserer Husaren in einen Hinterhalt, lief dann plötzlich um die Felsen, indem er seine Mütze in die Höhe warf und aus allen Kräften rief: „Es lebe unser König Ferdinand", und sogleich begann das Flintenfeuer. [...] In den Gebirgen vereitelten die Bergbewohner durch ihre Fechtart die Anstrengung unserer Truppen, selbst wenn diese ihnen an Anzahl überlegen waren [...]. Fließend vernichteten sie oft ganze Kolonnen, ohne dass wir uns rächen konnten. [...]

Zitiert nach: Georg Eckert, Von Valmy bis Leipzig. Hannover 1955, S. 175 f.

⚠ Napoleon
Napoleon Bonaparte (1769–1821) war in den Revolutionskriegen ein erfolgreicher General. Nach einem Staatsstreich errang er 1799 die Alleinherrschaft und krönte sich 1804 zum Kaiser der Franzosen. Mit seinen Truppen eroberte er fast ganz Europa. Der erfolglose Russlandfeldzug 1812 leitete das Ende seiner Herrschaft ein. 1815 wurde er bei Waterloo endgültig besiegt und verbannt.

***Guerilla**
Das spanische Wort bedeutet kleiner Krieg. Typisch ist ein aus dem Hinterhalt geführter Krieg, bei dem kurze und schnelle Angriffe kleiner Gruppen wie Nadelstiche eine zahlenmäßig überlegene Armee angreifen. Die Kämpfenden werden von der örtlichen Bevölkerung unterstützt.

Napoleon beherrscht Kontinentaleuropa

Nachdem sich **Napoleon** 1799 zum Alleinherrscher und 1804 zum Kaiser der Franzosen aufgeschwungen hatte, machte er Frankreich dank seiner strategisch klugen Feldzüge zur Hegemonialmacht in Kontinentaleuropa. Er beherrschte weite Teile des Festlandes.

1806 verkündete Napoleon die sogenannte Kontinentalsperre. Danach sollte der Handel mit Großbritannien und mit englischen Waren verboten sein. Zuvor hatte Napoleon vergeblich versucht, Großbritannien zu besiegen. Nun wollte er den Rivalen, der durch die fortgeschrittene Industrialisierung die stärkste Wirtschaftsmacht war, auf diese Weise schwächen und das Festland auch wirtschaftlich beherrschen. Mit großem Eifer wollte er die Kontinentalsperre überall durchsetzen.

Die Eroberung Portugals und Spaniens ...

Portugal war ein wichtiger Handelspartner Englands und lehnte es aus wirtschaftlichen Gründen ab, sich an die Kontinentalsperre zu halten. Napoleon eroberte daher innerhalb kurzer Zeit das Land und vertrieb die Königsfamilie. Zudem mischte er sich skrupellos in den Streit um die Thronfolge im benachbarten Spanien ein und setzte seinen Bruder Joseph, der sich später als unfähiger Monarch erwies, auf den spanischen Thron.

... entfacht großen Widerstand

Napoleon war fest davon überzeugt, dass die Völker Europas für die von ihm eingeführten modernen Neuerungen (z. B. Verfassungen und eine bessere Verwaltung) dankbar sein und sich deshalb gerne unterwerfen würden. In Spanien erfuhr er aber erstmals, wie sich ein Volk gegen die Fremdherrschaft massiv auflehnte. Bereits die Folgen des Handelsverbots mit England hatten die Spanier empfindlich zu spüren bekommen, aber die Absetzung des populären Königs war für sie unannehmbar. Ihr Nationalstolz flammte auf. Sie entfachten einen Guerillakrieg*. Nachdem sie eine französische Armee geschlagen und den neuen König vertrieben hatten, musste Napoleon 300 000 Soldaten einsetzen, um sich durchzusetzen. Der Widerstand im Land bestand aber weiter.

Q2 Die Erschießung der spanischen Aufständischen
Ölgemälde von Francisco de Goya, 1814

Der Anfang vom Ende Napoleons

Während der französischen Besatzungszeit entwickelte sich auch in anderen Staaten ein stärkeres Nationalbewusstsein. In Deutschland forderten immer mehr, die verhasste Fremdherrschaft abzuschütteln. Außerdem wollten viele ein Ende der bisherigen vielen Einzelstaaten und stattdessen einen einigen deutschen Staat. Napoleons Niederlage gegen Russland 1812 verlieh dem Widerstand vielerorts weitere Schubkraft. Viele meldeten sich freiwillig für den Kampf um ein Ende der Besatzung. Nach und nach schlossen sich auch ehemalige verbündete Fürsten dem Widerstand gegen Napoleon an. In der Völkerschlacht bei Leipzig 1813 wurde Napoleon dann besiegt. Man zwang Napoleon zur Abdankung.

Q3 „An mein Volk"

Am 20. März 1813 wird ein Aufruf des preußischen Königs erstmals in einer Zeitung veröffentlicht. Darin heißt es:

Brandenburger, Preußen, Schlesier, Pommern, Litauer! Ihr wisst, was ihr seit sieben Jahren geduldet habt, ihr wisst, was euer trauriges Los ist, wenn wir den beginnenden Kampf nicht ehrenvoll enden […]. Gedenkt des großen Beispiels unserer mächtigen Verbündeten, der Russen, gedenkt der Spanier und Portugiesen, selbst kleine Völker sind für gleiche Güter gegen mächtigere Feinde in den Kampf gezogen und haben den Sieg errungen […]. Große Opfer werden von allen Ständen gefordert werden […]. Ihr werdet jene lieber bringen für das Vaterland, für euren angeborenen König, als für einen fremden Herrscher […].

Hans Bernd Spieß (Hrsg.), Die Erhebung gegen Napoleon 1806–1814/15. Quellen zum politischen Denken der Deutschen im 19. und 20. Jahrhundert, Darmstadt 1981, S. 255

1. Beschreibe, auf welche Weise sich die Spanier gegen Napoleon wehrten (*VT*, *Q 1*).
2. Stelle die Folgen für die Bevölkerung dar (*Q 2*).
3. Diskutiert die Rechtmäßigkeit der Militäraktion in *Q 2* unter dem Gesichtspunkt der Menschenrechte.
4. Recherchiert vergleichbare Aktionen deutscher Armeen (z. B. Kreta 1941–1945).
5. Benenne die Gefühle, die die Besatzung bei den Völkern Europas hervorrief (*Q 1*, *Q 3*).
6. Verfasst einen Aufruf, der sich gegen Joseph als neuen spanischen Herrscher ausspricht.

Krieg gegen Frankreich – … und für Deutschland?

Nationalismus
Einstellung, die die eigene Nation oder den eigenen Staat hochschätzt. Damit verbunden ist der Anspruch auf nationale Selbstständigkeit. Heute wird mit dem Begriff Nationalismus ein Nationalgefühl bezeichnet, das gleichzeitig Menschen anderer Völker abwertet.

Deutscher Bund
auf dem Wiener Kongress gegründeter lockerer Staatenbund, dem anfangs 35 souveräne Fürstentümer und vier freie Städte (Lübeck, Hamburg, Bremen und Frankfurt am Main) angehörten. Nach dem Sieg Preußens im Krieg gegen Österreich 1866 wurde der Deutsche Bund aufgelöst.

Deutsches Kaiserreich
Deutscher Staat, der im Verlauf des Deutsch-Französischen Krieges 1871 gegründet wurde. Er war eine konstitutionelle Monarchie und ein Bundesstaat. An seiner Spitze stand der König von Preußen als Deutscher Kaiser.

Q1 Das verfluchte Jahr
Lithografie von Honoré Daumier, 1871

Q2 „Einmütig in Waffen"?

Unmittelbar nach dem Kriegsausbruch 1870 spricht Wilhelm I. zu Soldaten:

Ganz Deutschland steht einmütig in Waffen gegen einen Nachbarstaat, der uns überraschend und ohne Grund den Krieg erklärt hat. Es gilt die Verteidigung des bedrohten Vaterlandes, unserer Ehre, des eigenen Heeres. Ich übernehme heute das Kommando über die gesamten Armeen und ziehe getrost in den Kampf, den unsere Väter einst ruhmvoll bestanden. Mit mir blickt das ganze Vaterland vertrauensvoll auf euch. Gott der Herr wird mit unserer gerechten Sache sein.

Zitiert nach: Ernst Deuerlein, Die Gründung des Deutschen Reiches 1870/71 in Augenzeugenberichten, München 1977, S. 60

Konkurrenz für Frankreich

Das Verhältnis zwischen Deutschland und seinem Nachbarland Frankreich war jahrhundertelang weit nicht so gut wie heute. Denn in dieser Zeit standen sich die beiden Staaten feindlich gegenüber, galten sogar als „Erbfeinde". Preußen hatte seit dem 17. Jh. nach und nach den Rang einer europäischen Großmacht erlangt, neben Großbritannien, Frankreich, Österreich und Russland.

Der preußische Ministerpräsident Otto von Bismarck versuchte gezielt, eine Reichseinigung* unter preußischer Führung herbeizuführen. Dabei nutzte er den wachsenden **Nationalismus** in Deutschland geschickt aus. Die anderen europäischen Staaten, vor allem Frankreich, standen einem geeinten Deutschland misstrauisch gegenüber.

Vom Deutschen Bund zum Deutschen Kaiserreich

Seit 1866 führte Preußen bereits den Norddeutschen Bund. Zuvor hatte es den Krieg gegen Österreich, seinen Rivalen im **Deutschen Bund**, gewonnen.

Das Verhältnis zwischen Frankreich und Deutschland wurde immer angespannter. Bismarck schürte bei den süddeutschen Staaten die Furcht vor Frankreich, spitzte den Konflikt bewusst zu und provozierte das Nachbarland. Letztendlich erklärte der französische Kaiser Napoleon III. 1870 Preußen den Krieg. Bismarck war es dadurch gelungen, Frankreich als Verursacher des Krieges darzustellen.

Begeisterung und Demütigung

Kurze Zeit später siegten die unter preußischer Führung kämpfenden Deutschen in der Entscheidungsschlacht bei Sedan. Im Mai 1871 unterschrieben die Kriegsparteien einen Friedensvertrag. Frankreich musste hohe Kriegsentschädigungen zahlen. Außerdem musste es Elsass-Lothringen abtreten, gegen den Willen der dortigen Bevölkerung.

In Deutschland feierte man das Ereignis mit großer Begeisterung: Nun gab es ein einiges Deutsches Reich. Am 18. Januar 1871 wurde im Spiegelsaal des Schlosses von Versailles und damit besonders demütigend für Frankreich der preußische König Wilhelm I. zum Kaiser des neu gegründeten **Deutschen Kaiserreiches** ausgerufen. Aus der Großmacht Preußen war ein noch stärkerer Staat unter preußischer Führung geworden. Die Beziehungen zwischen Frankreich und dem Deutschen Reich belastete vor allem, dass Elsass-Lothringen nun an Deutschland angegliedert worden war. Bis zum Ersten Weltkrieg blieb in Frankreich das Bedürfnis nach Revanche* bestehen.

*Reichseinigung
Nach der gescheiterten Revolution von 1848/49 endete der Einigungsprozess in Deutschland zunächst. Erst Ende der 1850er-Jahre bekam die deutsche Nationalbewegung wieder Auftrieb. Die Gründung des Königreiches Italien 1861 war für viele Anhänger der Nationalbewegung ein Vorbild.

*Revanche
dt.: Rache

Q3 Durst nach Vergeltung

Der Schriftsteller Paul de Saint-Victor schreibt am 4. Juli 1871 in einem Artikel:

Nach der Belagerung von Paris, nach den Vorverhandlungen zu jenem unmenschlichen Frieden, der das Vaterland unter die Geißel der Eroberung stellte, wie war da dieser heilige Hass stark und glühend. Der Durst nach Vergeltung quälte uns alle, die Hoffnung auf baldige oder spätere Revanche war der stete Gedanke des ganzen Landes […].

Zitiert nach: Deutschland und Frankreich – Vom „Erbfeind" zum Partner, Quellen zur Geschichte und Politik, Stuttgart 1996 S. 38

M 1 Die deutsch-französischen Beziehungen im 19. und 20. Jh.

1803–1806	Deutsche Fürstentümer schließen sich im Rheinbund Napoleon an. Die linksrheinischen Gebiete deutscher Staaten fallen an Frankreich. Neuordnung Deutschlands durch Napoleon: u. a. Mediatisierung und Säkularisation.
1870/71	Sieg Deutschlands und Demütigung Frankreichs. Elsass-Lothringen wird dem Deutschen Kaiserreich angegliedert.
1914–1918 (Erster Weltkrieg)	Stellungskrieg (u. a. in Elsass-Lothringen): immense Bevölkerungsverlusten auf beiden Seiten. Niederlage Deutschlands: Besonders Frankreich dringt im „Versailler Vertrag" auf harte Bedingungen für das Deutsche Reich. Elsass-Lothringen wird wieder Frankreich angegliedert.
1920er-Jahre	Deutschland sichert Frankreich zu, auf gewaltsame Änderungen seiner Westgrenze zu verzichten.
1939–1945 (Zweiter Weltkrieg)	1940 besetzt die deutsche Wehrmacht Frankreich. Elsass-Lothringen gehört wieder zum deutschen Reichsgebiet. Viele Franzosen müssen Zwangsarbeit in Deutschland leisten.
1945	Frankreich erhält nach dem Krieg eine Besatzungszone in Deutschland. Elsass-Lothringen fällt zurück an Frankreich.
1949	Auf dem Gebiet der amerikanischen, britischen und französischen Besatzungszonen wird die Bundesrepublik Deutschland gegründet.
1952	Sechs Staaten, darunter Frankreich und Deutschland, gründen die Europäische Gemeinschaft für Kohle und Stahl, aus der später die Europäische Union hervorgeht.
1963	Deutsch-Französischer Freundschaftsvertrag

1 Beschreibe den Weg in den Deutsch-Französischen Krieg.

2 Erkläre, welche Folgen der Krieg hatte – für Frankreich, für Preußen und seine Verbündeten sowie für Europa? (*VT, Q 2–Q 4*)

3 Deute die Karikatur *Q 1*.

4 Der berühmte Schriftsteller Heinrich Böll sagte einst: „Der Krieg wird niemals zu Ende sein, solange noch eine Wunde blutet, die er geschlagen hat." Stelle einen Bezug her zum deutsch-französischen Verhältnis (*VT, M 1*).

5 Die Bevölkerung in Elsass-Lothringen musste oft die Staatsangehörigkeit wechseln (*M 1*). Stellt ein Streitgespräch nach, in welchem zwei Elsässer 1872 über ihre Zugehörigkeit zu Deutschland diskutieren.

6 Diskutiert, welche Bedeutung die europäische Einigung mit der EU heute für Regionen wie Elsass-Lothringen hat.

7 Erörtert, welche alternativen Handlungsmöglichkeiten es gegeben hätte, um einen Krieg zu vermeiden.

Die UNO-Blauhelme – Einsätze für den Frieden

Q1 Verteilung von Trinkwasser
Foto vom 26. September 2011

Ein ägyptischer Soldat der „UNO-Blauhelme" verteilt Trinkwasser an Einwohner eines Ortes im Südsudan.
In dem afrikanischen Staat tobt seit vielen Jahren ein Bürgerkrieg. Die UNO-Friedensmission, an der etwa 13 000 Soldaten aus 59 Nationen (auch Deutschland) teilnehmen, hat dabei u. a. folgende Aufgaben: Schutz der Zivilbevölkerung und Versorgung mit lebenswichtigen Gütern sowie Unterstützung bei der Umsetzung eines Waffenstillstandsabkommens.

Was sind „Blauhelme"?

Die Friedenstruppen der Vereinten Nationen oder UN-Friedenstruppen werden umgangssprachlich als Blauhelmsoldaten oder Blauhelmtruppen bezeichnet. Sie werden von den Mitgliedsländern der Vereinten Nationen (UNO) für Einsätze zur Sicherung des Friedens bereitgestellt und kommandiert.
1988 erhielten „die Blauhelme" für ihr Engagement den Friedensnobelpreis. Ihre Aufgaben sind dabei vielfältig. Ob es zu einem Einsatz kommt, entscheidet der UN-Sicherheitsrat*.

Wo finden die Einsätze statt?

Seit der Gründung der Vereinten Nationen hat es mehr als 60 Friedensmissionen gegeben. Trotz der Zustimmung der Konfliktparteien ist ein Blauhelm-Einsatz gefährlich. Von 1948 bis heute sind mehr als 2400 UN-Soldaten und zivile UN-Mitarbeiter im Einsatz ums Leben gekommen.

M1 Peacebuilding

Eine Arbeitsgruppe der UNO hat 2009 zusammengefasst, wie nach Konflikten in einem Land ein dauerhafter Friede entstehen kann:
- Entwaffnung, Wiedereingliederung der Soldaten in die Gesellschaft, Rechtsstaatlichkeit und Reform der Behörden, die für die Sicherheit des Landes zuständig sind
- Unterstützung politischer Prozesse: u. a. Wahlen und Strukturen, um Konflikte friedlich beizulegen
- Förderung der Grundversorgung (u. a. mit Wasser), Gesundheitsversorgung, Förderung der Bildung
- Unterstützung beim Aufbau zentraler Funktionen des Staates: u. a. Verwaltung, Finanzwesen
- Unterstützung der wirtschaftlichen Entwicklung: u. a. Schaffung von Arbeitsplätzen, vor allem für Jugendliche und ehemalige Soldaten, Wiederaufbau der Infrastruktur des Landes.

Nach: https://www.refworld.org/docid/4a4c6c3b2.html (übersetzt von Markus Brogl)

*** UN-Sicherheitsrat**
Ihm gehören insgesamt 15 Mitglieder an: Die fünf ständigen Mitglieder China, Frankreich, Großbritannien, Russland und die USA haben ein Vetorecht. Außerdem gibt es zehn wechselnde Mitglieder. Beschlüsse kommen nur zustande, wenn mindestens neun Mitglieder zustimmen und keines der ständigen Mitglieder ein Veto einlegt.

M2 Friedenseinsätze (Stand: März 2017)

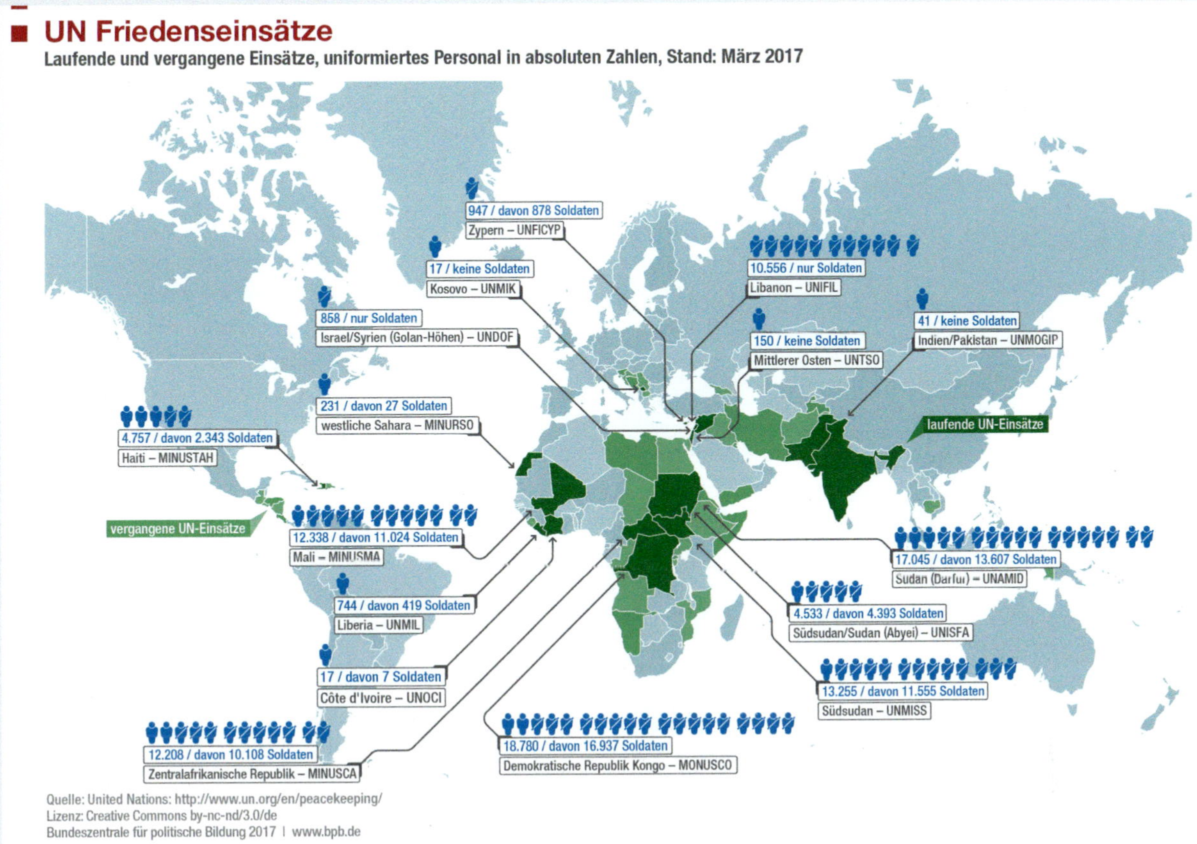

Quelle: United Nations: http://www.un.org/en/peacekeeping/Lizenz: cc by-nc-nd/3.0/de [02.08.2019]

M3 Voraussetzung für Einsätze von Friedenstruppen

- Alle Konfliktparteien und beteiligte Staaten müssen zur Kooperation mit den „Blauhelmen" bereit sein.
- Die Friedenstruppen dürfen Waffen nur einsetzen, um sich oder die Zivilbevölkerung zu verteidigen.
- Die Truppen müssen Neutralität wahren.
- Der Einsatz muss von der Gemeinschaft kollektiv finanziert werden. Personal, Soldaten und Geld müssen freiwillig bereitgestellt werden.

1 Fasst zusammen, was man unter „Blauhelm-Soldaten" versteht und in wessen Auftrag sie handeln (*VT*, *M 3*).

2 Beschreibt, wo sie eingesetzt werden und wie sie eingesetzt werden (*Q 1*, *M 1* und *M 2*).

3 Begründe, warum Friedenseinsätze nur schwer zustandekommen (*VT*, *M 3*).

4 Diskutiert über die Möglichkeiten und Grenzen von „Blauhelmeinsätzen" (*VT*, *M 3*).

5 Recherchiert einen Einsatz der UNO-Friedenstruppen und dokumentiert deren Schwierigkeiten und Erfolge.

6 Es gibt immer wieder auch Kritik daran, wie die Friedenseinsätze ablaufen. Beurteilt, was die Durchführung der Einsätze problematisch machen könnte.

Grundlegende Daten und Begriffe aus Jg. 6 und 7

Ab 3000 v. Chr.

Hochkultur in Ägypten
Kennzeichen einer Hochkultur sind Städte, große Bauwerke, Schrift, Verwaltung, Religion und Handel.

5. Jh. v. Chr.

Blütezeit Athens
Nach dem Sieg über die Perser übernimmt Athen die Führung im Delisch-attischen Seebund.
Prächtiger Wiederaufbau der Akropolis unter Perikles

753 v. Chr.

Mythische Gründung Roms
(„7-5-3 Rom schlüpft aus dem Ei") In diesem Jahr soll der Sage nach Romulus die Stadt gegründet haben.

1. Jh. v. Chr.

Übergang von der römischen Republik zur Kaiserzeit

Um Christi Geburt

Zeitalter des Augustus. Er begründete das Kaisertum; prächtige Ausstattung Roms und lange Friedenszeit.

962

Kaiserkrönung Ottos des Großen

um 1200

Kulturelle Blüte zur Zeit der Staufer

1453

Eroberung Konstantinopels (Hauptstadt des byzantinischen Reiches) durch das Osmanische Reich

1492

Entdeckung Amerikas durch Christoph Kolumbus

1517

Beginn der Reformation
Am 31. Oktober 1517 veröffentlichte Martin Luther seine 95 Thesen gegen den Ablasshandel.

1618–1648

Der Dreißigjährige Krieg
Er entstand aus einem konfessionellen Konflikt zwischen Protestanten und Katholiken und entwickelte sich zu einem Kampf um politische Macht.

17./18. Jh.

Regierungsform des Absolutismus in Europa

Absolutismus
Regierungsform, bei der ein einzelner Herrscher ohne Rücksicht auf → Adel und Klerus seines Landes regieren kann. Er allein kann Gesetze einführen oder abschaffen.

Adel
Einer der → Stände im → Mittelalter. Man unterscheidet zwischen Geburts- und Amtsadel. Geburtsadel (im → Mittelalter) hat seine Stellung aufgrund seiner Herkunft. Amtsadel (in der frühen → Neuzeit) wird vom Monarchen ernannt. Der Adel zahlte nur wenige Steuern.

Altsteinzeit
Ältester Abschnitt der Geschichte, der vor rund 2,5 Millionen Jahren begann. Die Menschen lernten das Feuer zu gebrauchen und Werkzeuge und Waffen aus Stein, Knochen und Holz herzustellen. Sie lebten als Jäger und Sammler.

Antike
Der Begriff Antike umfasst etwa den Zeitraum zwischen 1200 v. Chr. und 500 n. Chr. In diesem Zeitraum entwickelten sich die Hochkulturen rund ums Mittelmeer, vor allem die griechische und die römische.

Aristokratie
(griech.: „Herrschaft der Besten"): Regierungsform, in der eine Gruppe von Adligen (→ Adel) oder besonders angesehenen Menschen herrscht

Bürger
Im → Mittelalter bezeichnete der Begriff die Einwohner einer Stadt, die vom Rat in die Gemeinde der Stadtbevölkerung ausdrücklich aufgenommen wurden. Bürger konnte nur werden, wer ein eigenes Haus oder ein bestimmtes Vermögen besaß. Der größte Teil der Einwohner einer Stadt hatte kein Bürgerrecht und durfte deshalb auch nicht mitbestimmen.

Caesar
Gaius Julius Caesar war ein Feldherr und Staatsmann. Nach seinem Sieg im Bürgerkrieg wurde er → Diktator. 44 v. Chr. ermordeten ihn Senatoren, die die → Republik wiederherstellen wollten.
Augustus durfte zusätzlich den Namen seines Adoptivvaters für sich verwenden. So wurde aus dem Namen Caesar ein Titel. Später wurde aus Caesar unser Wort → Kaiser, das einen mächtigen Monarchen bezeichnet.

Christentum
Glaube, der auf Jesus Christus zurückgeht. Im Römischen Reich wurden Christen manchmal verfolgt, wenn sie sich wei-

gerten, römischen Göttern zu opfern. Unter Konstantin dem Großen durften sie ab 313 ihren Glauben frei ausüben. 391 wurde das Christentum Staatsreligion.

Demokratie
(griech.: „Volksherrschaft"): Regierungsform, in der das Volk die Regierung bestimmt

Diktator
Ein Diktator besitzt die ganze Macht in einem Staat. In der römischen → Republik bestimmte der → Senat Diktatoren nur für ein Jahr. Gaius Julius → Caesar erhielt ein Jahr vor seiner Ermordung den Titel „Diktator auf Lebenszeit".

Ghetto
Abgetrenntes Wohngebiet der Juden im Mittelalter, meist am Rand der Stadt. Die Bezeichnung stammt aus Venedig, wo Juden seit 1516 im Stadtteil „Ghetto Nuovo" wohnen mussten.

Grundherrschaft
Herrschaftssystem im → Mittelalter. Dabei verfügt der Grundherr über Land und Hörige. Die unfreien Bauern durften die Höfe und das Land bewirtschaften, mussten dafür aber einen Teil der Erträge abliefern und Dienste leisten. Die Grundherren boten ihren Leuten Schutz und Hilfe und durften über Straftaten richten.

Hegemonie
Vorherrschaft eines Staates in einem Bündnis oder in einem Gebiet; sie kann auf militärischer, politischer oder wirtschaftlicher Stärke beruhen.

Investiturstreit
Investitur bedeutet wörtlich „Einkleidung"; feierliche Einsetzung eines Bischofs in sein Amt. Den Streit um das Recht der Investitur zwischen → Königen/dem → Kaiser und dem Papst nennt man Investiturstreit.

Islam
Im 7. Jh. von Mohammed gegründete Religion. Das arabische Wort bedeutet die völlige Hingabe an Allah (Gott).

Judentum
Religion des „Volkes Israel" sowie aller Menschen, die der jüdischen Gemeinschaft durch Geburt oder Glauben angehören. Der jüdische Glaube ist die älteste → monotheistische Religion und beeinflusste → Christentum und → Islam.

Jungsteinzeit
Sie begann etwa 10 000 v. Chr. Die Lebensweise der Menschen änderte sich radikal: Die Menschen wurden allmählich sesshaft und entwickelten Ackerbau und Viehzucht.

Kaiser
höchster Titel eines Herrschers in einer → Monarchie. Der Kaiser war angesehener als ein → König, aber nicht immer mächtiger. Vorbild waren die römischen Kaiser. Im → Mittelalter wurde der Kaiser vom Papst eingesetzt.

Karl der Große
König der Franken (768–814): Unter ihm hatte das Frankenreich die größte Ausdehnung. Er wurde 800 vom Papst zum → Kaiser gekrönt und war Vorbild aller mittelalterlichen Kaiser.

Kloster
(lat. claustrum: verschlossener Raum): abgeschlossener Bereich, in dem Mönche bzw. Nonnen leben und arbeiten. Ein Kloster wird nach bestimmten Regeln von einem Abt bzw. einer Äbtissin geleitet.

König
höchster Herrscher eines Reiches. Ein König regiert eine → Monarchie.

Kreuzzüge
Bezeichnung für die Kriege zwischen den Christen und Muslimen in den Jahren zwischen 1095 und 1291. Der Begriff selbst war den ersten Kreuzfahrern noch nicht bekannt; sie sahen sich auf einer Reise zum Heiligen Grab in Jerusalem.

Kurfürsten
Fürsten, die seit dem 14. Jh. den → König wählten. Der Begriff kommt vom mittelhochdeutschen kur = die Wahl.

Limes
Grenzbefestigungsanlage zwischen dem Römischen Reich und Germanien. Er wurde am Ende des 2. Jh. n. Chr. erbaut und diente als Schutzwall, hinter dem in römischen Militärlagern (Kastellen) Soldaten untergebracht waren. Der Limes war keine undurchlässige Grenze, sondern ließ regen Handel zwischen Römern und Germanen zu.

Lehnswesen
Lehen bedeutet „das geliehene Gut". Ein Eigentümer (= Lehnsherr) verleiht dem Lehnsmann auf Lebenszeit Grundbesitz, Ämter oder Rechte. Dafür dient der Lehnsmann seinem Lehnsherrn und verspricht ihm Treue. Dieses System bezeichnet man als Lehnswesen.

Martin Luther
Theologe und Reformator. Er veröffentlichte 1517 seine 95 Thesen, in denen er den Ablasshandel der Kirche kritisierte. Später lehnte er den Papst als Oberhaupt der Kirche ab. Über ihn wurde die Reichsacht verhängt. Doch der → Kurfürst von Sachsen gewährte ihm Schutz. Luthers Lehre führte zur Spaltung der Kirche (→ Reformation). Seine Übersetzung der Bibel ins Deutsche wurde weit verbreitet.

Mittelalter
In der europäischen Geschichte die Zeitspanne zwischen → Antike und → Neuzeit (ca. 500–1500)

Migration
Der Begriff Migration bezeichnet die Aus- und Einwanderung von Menschen aus einem Land in ein anderes. Bei der griechischen Kolonisation wanderten Menschen aus griechischen → Poleis aus und gründeten rund ums Mittelmeer neue Siedlungen (Kolonien).

Monotheismus
Glaube an einen Gott. Die großen monotheistischen Religionen sind → Judentum, → Christentum und → Islam.

Monarchie
Herrschaft eines → Königs/→ Kaisers oder einer Königin/Kaiserin. Der Begriff setzt sich aus den griechischen Wörtern „monos" = einer und „archein" = herrschen zusammen.

Neuzeit
in der europäischen Geschichte die Zeit, die das → Mittelalter ablöst. Die → Renaissance, der Buchdruck, die Entdeckung Amerikas und die → Reformation gelten u.a. als Gründe für den Beginn der Neuzeit, die bis in die Gegenwart reicht. Die sog. frühe Neuzeit reicht von ca. 1500 bis 1789.

Pharao
Titel der ägyptischen Könige. „Pharao" bedeutet wörtlich „Hohes Haus".

Polis (Plural: Poleis)
Die Polis ist eine Stadt mit kleinem Umland und gleichzeitig ein unabhängiger Staat: ein Stadtstaat. Im 5. Jh. v. Chr. waren Athen und Sparta die mächtigsten griechischen Poleis.

Provinzen
Römische Gebiete, die außerhalb Italiens lagen, bezeichnete man als Provinzen. Die dortige Bevölkerung musste Steuern und Abgaben an den Statthalter zahlen. Der musste nur eine bestimmte Summe an den römischen Staat abführen. Den Rest des Geldes konnte er behalten. Deshalb wurden die Provinzen oft von den Statthaltern ausgebeutet.

Pyramide
Pyramiden errichteten die Ägypter als Grabstätten der Pharaonen. Die größte ist die Cheops-Pyramide. Auch die Maya und Inka in Mittelamerika bauten Pyramiden als Tempelanlagen.

Quellen
alle Überreste aus der Vergangenheit, wie zum Beispiel Briefe, andere Texte, Bilder, Gebäude, Werkzeuge, alte Namen usw., die uns etwas über die früheren Zeiten erzählen

Reformation
von → Martin Luther ausgehende Bewegung, die Kirche und Glaube erneuern wollte. Sie endete in der Spaltung der katholischen Kirche in verschiedene christliche Konfessionen .

Renaissance
(frz.: Wiedergeburt): moderner Begriff für die „Wiedergeburt" der Kunst und Kultur der → Antike. In dieser Zeit (ca. 1350–1600) gab es in Europa außerdem starke Veränderungen in den Bereichen Politik, Wirtschaft und Religion.

Republik
Eine Republik ist ein Staat, dessen Oberhaupt gewählt wird. Nach der Vertreibung des etruskischen → Königs wurde Rom Republik.

Romanisierung
Als Romanisierung bezeichnet man den Einfluss der römischen Sprache, Denkweise, Rechtsprechung, Bauweise, Verwaltung, Technik und Zivilisation auf die unterworfenen Völker. Dazu zählt auch die Gründung von Städten als Zentren römischen Lebens. Vor allem in West- und Mitteleuropa sind die ältesten Städte von den Römern gegründet worden.

Stadtrecht
Recht einer Stadt im → Mittelalter, sich selbst und unabhängig von einem Stadtherrn zu verwalten

Stände
Geburt und Abstammung bestimmen im → Mittelalter darüber, zu welcher Gruppe (= Stand) man gehörte. Jeder Stand hatte bestimmte Rechte und Pflichten.

Senat
Der römische Senat war eine sehr angesehene Versammlung und in der römischen → Republik der wichtigste Teil der → Verfassung. In ihm saßen ehemalige Regierungsbeamte, die die anderen Politiker berieten.

Verfassung
rechtliche Grundordnung eines Staates; in ihr werden u. a. die Rechte und Pflichten von Regierenden und Bürgern festgelegt.

Westfälischer Friede
Der Frieden wurde 1648 in den westfälischen Städten Münster und Osnabrück geschlossen. Er beendete den Dreißigjährigen Krieg und schuf eine neue europäische Friedensordnung. Die Territorialstaaten im Heiligen Römischen Reich bekamen ein größeres politisches Gewicht.

Grundlegende Daten und Begriffe aus Jg. 8/Band 3

1 Der Weg in die Moderne – Aufklärung, Unabhängigkeit der USA und Französische Revolution

1776

Amerikanische Unabhängigkeitserklärung;

Mit ihr sagten sich die 13 Kolonien in Nordamerika von Großbritannien los.

1789

Am 14. Juli stürmten Bürger die Bastille. Dieses Ereignis gilt als Beginn der Französischen Revolution.

Aufklärung
In dieser Epoche der Wissenschafts- und Geistesgeschichte (17. und 18. Jh.) wurde das selbstständig-kritische Denken gefordert. Die Aufklärer waren davon überzeugt, dass die Menschen mithilfe der Vernunft die Wahrheit selbst finden und sich richtig verhalten können.

Volkssouveränität
Die Macht/Staatsgewalt geht vom Volke aus.

Gewaltenteilung
Die Staatsgewalt ist nicht bei einer Person, sondern wird auf unterschiedliche staatliche Einrichtungen verteilt. Das soll Machtmissbrauch verhindern und den Staat verbessern. Es gibt die Legislative (gesetzgebende Gewalt), Exekutive (ausführende Gewalt) und Judikative (richterliche Gewalt).

Parlament
Versammlung von Abgeordneten, die das Volk politisch vertreten

Menschenrechte
Rechte und Freiheiten, die alle Menschen von Natur aus haben

Bürgertum
Seit dem Mittelalter verstand man unter dem Begriff „Bürger" die freien Einwohner einer Stadt, die das Bürgerrecht besaßen. Im Verlauf der Französischen Revolution veränderte sich die Bedeutung und der Begriff umfasste nun alle Mitglieder einer → Nation.

Konstitutionelle Monarchie
Bei dieser Staatsform ist der Monarch (z. B. → König) an eine Konstitution (= → Verfassung) gebunden. Seine Macht ist dadurch gesetzlich begrenzt.

2 Napoleon und die Umgestaltung Europas

1806

1. Januar: Bayern wird vom Kurfürstentum zum Königreich erhoben.

6. August: Ende des Heiligen Römischen Reiches Deutscher Nation

Napoleon
Napoleon Bonaparte (1769–1821) war in den Revolutionskriegen ein erfolgreicher General. Nach einem Staatsstreich errang er 1799 die Alleinherrschaft und krönte sich 1804 zum → Kaiser der Franzosen. Mit seinen Truppen eroberte er fast ganz Europa. Der erfolglose Russlandfeldzug 1812 leitete das Ende seiner Herrschaft ein. 1815 wurde er bei Waterloo endgültig besiegt und auf die Insel St. Helena im Südatlantik verbannt.

Säkularisation
(lat. saecularis: weltlich): Übernahme der Herrschaft in kirchlichen Gebieten durch weltliche Fürsten während der napoleonischen Herrschaft. Dabei handelte es sich um vier Erzbistümer, 18 Bistümer und etwa 300 → Klöster. Diese verloren dabei auch das gesamte dazugehörige Eigentum, wie z. B. den Grundbesitz.

3 Deutschland zwischen Restauration und Revolution

1814/15

Wiener Kongress

Auf ihm versammelten sich die europäischen Mächte, um in einer neuen Friedensordnung das Gleichgewicht der Staaten auf dem Kontinent und die Macht der Fürsten wiederherzustellen.

1832

Hambacher Fest

Politische Veranstaltung der Opposition, bei der u. a. ein deutscher Nationalstaat mit einer Verfassung sowie Presse-, Meinungs- und Versammlungsfreiheit gefordert wurde

1848/49

Revolution in den deutschen Staaten

Deutscher Bund

Auf dem Wiener Kongress gegründeter lockerer Staatenbund, dem anfangs 35 souveräne Fürstentümer und vier freie Städte (Lübeck, Hamburg, Bremen und Frankfurt am Main) angehörten.
Die Fürsten meinten, dass ihre Macht von Gott gegeben war, und sahen dies als Grundlage dafür, allein und ohne das Volk zu herrschen.
Nach dem Sieg Preußens über Österreich 1866 wurde der Deutsche Bund aufgelöst.

Nation

(lat. natio: Herkunft, Abstammung): Als Nation wird seit dem 18. Jh. eine große Gruppe von Menschen mit gleicher Abstammung, Geschichte, Sprache, Kultur oder mit gemeinsamer Regierung und Staatsordnung (→ Verfassung) in einem Staat bezeichnet.
Nationen sind keine natürlichen Gebilde, sondern Konstruktionen.

Nationalismus

Einstellung, die die eigene → Nation oder den eigenen Staat hochschätzt. Damit verbunden ist der Anspruch auf nationale Selbstständigkeit.
Heute wird mit dem Begriff Nationalismus ein Nationalgefühl bezeichnet, das gleichzeitig Menschen anderer Völker abwertet.

Liberalismus

(lat. liber: frei): Nach dieser Lehre soll sich jeder Einzelne aus religiösen und politischen Abhängigkeiten lösen und sein Leben frei gestalten können.
Seit dem Ende des 18. Jh. fordern Liberale den Schutz von → Menschenrechten und → Verfassungen, die den Bürgern politische Mitsprache einräumen.

4 Industrialisierung und Soziale Frage

Industrialisierung

Entwicklung, bei der aus einer Agrargesellschaft eine Industriegesellschaft wird und der größte Teil der Erwerbstätigen in Industriebetrieben arbeitet. In Deutschland fand sie im 19. Jh. statt. Begleitet wurde die Industrialisierung von einer Bevölkerungsexplosion, einer Verstädterung (Urbanisierung), dem Entstehen der → Sozialen Frage und des → Sozialismus.

Proletariat

Im antiken Rom wurden damit die Bürger bezeichnet, die keinen Besitz hatten außer ihrem eigenen Nachwuchs (lat. proles: Nachkomme) und auf Lohn angewiesen waren. Bei Karl Marx wurde Proletariat ein Kampfbegriff und bezeichnete die Arbeiter als „ausgebeutete Klasse" während der → Industrialisierung.

Soziale Frage

Soziale und gesellschaftliche Probleme vor und während der → Industrialisierung. Kennzeichen waren Bevölkerungsexplosion und Massenelend der Arbeiterschaft (niedrige Löhne, schlechte Arbeits- und Lebensbedingungen). Staat, Kirche, Unternehmer, Arbeiter und politische Denker suchten nach Lösungen für diese Probleme.

Sozialismus

(lat. socius: Genosse): Wirtschafts- und Gesellschaftsordnung, die den Kapitalismus abschaffen will. Dabei sollen die Produktionsmittel (Fabriken etc.) im Besitz der Gesellschaft bzw. des Staates sein. Ziel ist eine gerechte Verteilung der Güter und Gewinne.

Sozialgesetzgebung

Gesetze zur sozialen Absicherung der Menschen in Deutschland durch den Staat. Reichskanzler → Otto von Bismarck führte zwischen 1883 und 1890 eine Kranken-, Unfall- und Altersversicherung ein. Heute gibt es in der Bundesrepublik Deutschland außerdem eine Arbeitslosen- und Pflegeversicherung.

5 Das Deutsche Kaiserreich

1871

Gründung des Deutschen Kaiserreiches; Wilhelm I. wird der erste Deutsche Kaiser und Otto von Bismarck der erste Reichskanzler.

Otto von Bismarck (1815–1898)

1862–1890 preußischer Ministerpräsident und Außenminister, 1871–1890 auch Reichskanzler. Bismarck gilt als eigentlicher Gründer des → Deutschen Kaiserreiches.

Deutsches Kaiserreich

Deutscher Staat, der im Verlauf des Deutsch-Französischen Krieges 1871 gegründet wurde. Das Deutsche Kaiserreich war zum einen eine → konstitutionelle Monarchie und zum anderen ein Bundesstaat. An seiner Spitze stand der → König von Preußen als Deutscher → Kaiser. Der erste Reichskanzler war → Otto von Bismarck.

Reichstag

Bezeichnung für das → Parlament im → Deutschen Kaiserreich. Es wurde demokratisch durch allgemeine, geheime, freie und direkte Wahlen bestimmt. Erst ab 1918 durfte der Reichstag die Regierung (u.a. den Reichskanzler) kontrollieren.

Reichstag ist auch die Bezeichnung für das Gebäude, in dem das → Parlament des Kaiserreiches tagte (heute Sitz des Deutschen Bundestages).

Im → Mittelalter war der Reichstag die Versammlung der Großen im Heiligen Römischen Reich (u.a. → Kurfürsten, Herzöge). Sie wurde vom → König einberufen.

Wissen im Überblick

zu Kap. 1 „Der Weg in die Moderne – Aufklärung, Unabhängigkeit der USA und Französische Revolution"

Grundlegende Daten und Begriffe sind rot unterstrichen bzw. blau unterlegt.

Inwiefern hängen Aufklärung, die Unabhängigkeit der USA und die Französische Revolution miteinander zusammen?

Die Denker der Aufklärung forderten, dass die Menschen konsequent und in allen Bereichen (u. a. Politik, Naturwissenschaften, Religion) ihre Vernunft gebrauchen. Das hieß auch, dass sie bisherige Vorstellungen infrage stellten. So wurde auch der Absolutismus, den es damals in den meisten Staaten gab, kritisiert. Statt der Überzeugung, dass die Alleinherrschaft der Fürsten gottgewollt sei, entwickelten die Denker neue Ideen.
Führende Politiker in den britischen Kolonien Nordamerikas waren Anhänger der Aufklärung und griffen die neuen politischen Ideen auf. Sie akzeptierten nicht mehr, dass das Mutterland Großbritannien alleine über die Angelegenheiten in ihren Kolonien entschied.
Wie in den anderen europäischen Staat verbreiteten sich auch in Frankreich die Ideen der Aufklärung. Aber auch die Amerikanische Unabhängigkeitserklärung 1776 und die weitere Entwicklung in den dortigen Kolonien gaben dem Widerstand gegen den Absolutismus Auftrieb.

Was waren die weiteren Ursachen für die Französische Revolution?

Der Dritte Stand, zu dem die Bürger und Bauern gehörten, wurde immer unzufrieden. Das lag an den hohen Steuern und Abgaben, an der schlechten Versorgung der Bevölkerung, der fehlenden politischen Mitbestimmung und an dem prunkvollen Lebensstil, den vor allem hohe Geistliche und Adlige hatten.
Außerdem geriet König Ludwig XVI. immer stärker unter Druck. Denn der Staat war pleite. So berief er die Generalstände ein, um die Staatskrise zu lösen. Nach langen erfolglosen Verhandlungen erklärten sich schließlich die Vertreter des Dritten Standes zur Nationalversammlung. Somit begann 1789 die Französische Revolution.

Warum war die Staatsordnung der USA damals ungewöhnlich?

Die Verfassung der USA war die erste rein demokratische Verfassung der Neuzeit. An der Spitze stand nicht ein Monarch, wie bei einer konstitutionellen Monarchie, sondern ein Präsident.
Viele Forderungen der Aufklärung wurden erfüllt:
Es gab keine Standesunterschiede. (Allerdings galten die vollen Rechte nur für die männlichen Staatsbürger.) Die drei staatlichen Gewalten, also die gesetzgebende Gewalt (Legislative), die vollziehende Gewalt (Exekutive) und die richterliche Gewalt (Judikative) waren getrennt und kontrollierten sich gegenseitig.

Welche Grundlagen der Moderne wurden in der damaligen Zeit geschaffen?

Viele politischen Ideen, die in dieser Zeit entwickelt und umgesetzt wurden, sind in heutigen demokratischen Staaten üblich. Dazu gehören u. a. die Achtung der Menschenrechte, Volkssouveränität und Gewaltenteilung. Parlamente gab es zwar bereits vorher. Aber nach der Aufklärung setzte sich immer mehr die Vorstellung durch, dass dort alle Teile der erwachsenen Bevölkerung vertreten sein sollten, unabhängig von Einkommen oder Stand.
Bürgertum bekam eine neue Bedeutung. In den vorrevolutionären Gesellschaften bezeichnete es einen bestimmten Stand. In der Französischen Revolution bedeutete Bürger nun Staatsbürger, also alle Mitglieder eines Staates.
Aber auch die Naturwissenschaften erzielten große Fortschritte. Zahlreiche Erkenntnisse und Erfindungen von damals sind noch heute wichtig.

1 Erkläre Gemeinsamkeiten und Unterschiede zwischen der amerikanischen Unabhängigkeit und der Französischen Revolution.

2 Fasse die Ziele der Aufklärung zusammen und nimm Stellung dazu.

3 Bewerte den Verlauf der Französischen Revolution.

Wissen im Überblick

zu Kap. 2 „Napoleon und die Umgestaltung Europas“

Grundlegende Daten und Begriffe sind rot unterstrichen bzw. blau unterlegt.

Wie wurde Napoleon Bonaparte zum mächtigsten Herrscher Europas?

Napoleon stammte aus dem niederen Adel Korsikas, das erst einige Jahre zuvor zu Frankreich kam. Nachdem sein Vater die Regierung Frankreichs unterstützt hatte, erhielt Napoleon die Möglichkeit zu einer militärischen Ausbildung. Er bekam die Unterstützung mächtiger Politiker und gewann durch seine zahlreichen Siege bei Schlachten, vor allem in Italien, hohes Ansehen. Mithilfe seines Geschicks, seines Ehrgeizes und durch Glück wurde er zum Alleinherrscher und krönte sich 1804 zum Kaiser. Durch Siege über die europäischen Großmächte Österreich, Preußen und Russland erlangte er die Hegemonie über Kontinentaleuropa. Deutschland gestaltete er grundlegend um. 1806 löste sich das Heilige Römische Reich auf. Großbritannien, das er militärisch nicht bezwingen konnte, wollte er durch die Kontinentalsperre schwächen.

Warum ist Napoleon für die bayerische Geschichte bedeutend?

1806 wurde Bayern Königreich. Das hatte der damalige König Max I. Joseph Napoleon zu verdanken. Denn das war der Lohn für die Bündnistreue zu dem Kaiser der Franzosen. Rangerhöhungen wie diese waren ein wichtiges Mittel Napoleons. Denn Napoleon wollte die deutschen Mittelstaaten wie Bayern, Württemberg und Baden stärken und damit gleichzeitig die Großmacht Preußen schwächen.
Große Gebietsgewinne machte das neue Königreich Bayern durch die Mediatisierung und die Säkularisation, u. a. gewann es ehemalige geistliche Territorien. Der neue König und sein wichtigster Minister, Graf Montgelas, setzten in Bayern viele Reformen durch, wobei sie dabei zum Teil Frankreich als Vorbild nahmen.

Welche Vorstellung von seinem Kaisertum hatte er?

Im Gegensatz zu den übrigen Monarchen hatte nach Napoleons Vorstellungen nicht Gott, sondern das Volk ihm das Kaisertum verliehen. Dazu passt, dass er durch seine Alleinherrschaft nicht die Französische Revolution rückgängig machen, sondern wichtige Errungenschaften in allen Ländern durchsetzen wollte. Außerdem versuchte Napoleon, seinem Kaisertum durch Bezüge auf die römischen Imperatoren und auf mittelalterliche Herrscher wie zum Beispiel Karl den Großen zusätzlich Würde zu verleihen.

Inwiefern begünstigte er die Nationalbewegungen?

Napoleon war davon überzeugt, dass ihm die unterworfenen Völker dankbar sind – für die Reformen u. a. in der Verwaltung, in der Politik und in der Rechtsprechung. Aber die Völker sahen die französische Herrschaft als Besatzung. Außerdem entstand immer mehr Unzufriedenheit, weil die einheimische Bevölkerung Soldaten für die langen und zahlreichen Feldzüge Napoleons stellen musste. Dadurch förderte Napoleon ungewollt das Zusammengehörigkeitsgefühl der Völker. In Deutschland entstand ein Nationalgefühl und der Wunsch nach einem Nationalstaat.

Wie endete Napoleons Herrschaft?

1812 entschloss sich Napoleon zu einem Feldzug gegen Russland, weil es die Kontinentalsperre nicht einhielt. Aber seine Armee musste sich erfolglos zurückziehen und erlitt große Verluste. Immer mehr ehemalige Verbündete des Kaisers wurden zu dessen Gegner, auch Bayern. In der Völkerschlacht bei Leipzig 1813 erlitt Napoleon eine entscheidende Niederlage. Danach dankte er als Kaiser ab. Ein Jahr später riss er nochmals die Herrschaft an sich, wurde aber 1815 bei Waterloo endgültig geschlagen.

1 Erläutere, wie Napoleon die Vorherrschaft in Europa erreicht hat.

2 Charakterisiere das Kaisertum Napoleons.

3 Bewerte die Herrschaft Napoleons.

Wissen im Überblick

zu Kap. 3 „Deutschland zwischen Restauration und Revolution"

Grundlegende Daten und Begriffe sind rot unterstrichen bzw. blau unterlegt.

Was bedeutet „Restauration" für die Zeit von 1815 bis 1848?

Bei der „Restauration" sollten die früheren Verhältnisse in Politik und Gesellschaft vor der Französischen Revolution und der Herrschaft Napoleons wiederhergestellt werden. Auf dem Wiener Kongress 1814/15 ordneten die führenden Staatsmänner Europa neu. Kein Staat sollte künftig so stark sein, dass er sich wieder zur führenden Macht aufschwingen könnte. Statt Demokratie sollte wieder die alte Ständeordnung gelten, mit Fürsten an der Spitze. Die Regierungen unterdrückten andere politische Meinungen (z. B. durch Zensur) und verboten politische Vereine.

Einige politische Änderungen aus der napoleonischen Zeit wurden jedoch nicht rückgängig gemacht. So wurden das alte Heilige Römische Reich Deutscher Nation und die ehemaligen geistlichen und kleineren Herrschaftsgebiete nicht wiederhergestellt.

Anstelle des Alten Reiches wurde der Deutsche Bund gegründet. Er war ein Staatenbund; Österreich und Preußen waren darin die führenden Großmächte.

Wie verhielt sich die deutsche Bevölkerung zwischen 1815 und 1848?

Auch die Unterdrückungsmaßnahmen der Regierungen konnten die liberale und nationale Bewegung (→ Liberalismus, → Nationalismus) nicht völlig unterdrücken. Das Hambacher Fest 1832 ist ein Beispiel dafür, dass mutige Menschen gegen die Macht der Obrigkeiten demonstrierten. Sie forderten mehr Mitbestimmung, mehr Gerechtigkeit und einen geeinten Staat für die deutsche Nation. Immer wieder gab es auch gewaltsame Aufstände.

Die Mehrheit der deutschen Bürger allerdings zog sich nach 1815 aus der Politik zurück und konzentrierte sich auf Privatleben und Familie. Zum häuslichen Programm gehörten Spaziergänge, Spiele und Hausmusik. Die Flucht in eine idyllische Welt spiegelte sich auch in den Kunstrichtungen der Romantik und des Biedermeier wider.

Was waren die Ziele der Revolution von 1848/49?

Die Bevölkerung in den deutschen Staaten war aus unterschiedlichen Gründen mit der Situation in Deutschland unzufrieden: Arbeiter lebten oft am Rand des Existenzminimums. Sie verlangten höhere Löhne und eine bessere Versorgung. Die reichen und gebildeten Bürger kritisierten die Bevorzugung der Adligen. Sie verlangten eine Verfassung, Mitbestimmung im Staat und einen geeinten Nationalstaat. Die meisten von ihnen wollten die Monarchie nicht abschaffen und lehnten die radikalen Demokraten ab. Denn diese bekämpften die Monarchie. Nach ihren Vorstellungen sollten alle Bürger gleichberechtigt sein und mitbestimmen.

Nachdem die Fürsten die Nationalversammlung in der Frankfurter Paulskirche zugelassen hatten, schien eine Verfassung für einen deutschen Nationalstaat in greifbarer Nähe.

Warum scheiterte die Revolution?

Nach langen Debatten beschloss die Nationalversammlung eine Verfassung. Sie trat aber nicht in Kraft. Denn die Fürsten, die nach der Revolution wieder die Kontrolle über ihre Herrschaftsgebiete erlangt hatten, lehnten sie ab. Der preußische König wollte keine Krone vom Volk verliehen bekommen.

1 Erkläre, inwiefern sich die Zeit nach 1815 trotz Restauration von der Zeit vor 1789 unterschied.

2 Beurteile, was die Gründung eines deutschen Nationalstaats verhinderte.

3 Die Paulskirche ist heute ein wichtiges Symbol. Begründe, warum.

Wissen im Überblick

zu Kap. 4 „Industrialisierung und Soziale Frage"

Grundlegende Begriffe sind blau unterlegt.

Was versteht man unter Industrialisierung?

Unter Industrialisierung versteht man den Übergang zur industriellen Produktionsweise. Güter, später aber auch Dienstleistungen, werden in großen Mengen maschinell erzeugt. Die Lebens- und Arbeitswelt der Menschen veränderte sich grundlegend. Für die Arbeit in den Fabriken waren immer mehr und in der Landwirtschaft immer weniger Arbeitskräfte nötig. Somit entwickelten sich aus Agrargesellschaften Industriegesellschaften. Wegen der tief greifenden Veränderungen in dieser Zeit spricht man auch von der „Industriellen Revolution".

Was bedeutet Proletariat?

In Abgrenzung zur Bourgeoisie (Bezeichnung für das wohlhabende Bürgertum, die Inhaber der Produktionsmittel und damit – nach Karl Marx – „herrschende Klasse") fasst der Begriff „Proletariat" die abhängig beschäftigten Arbeiterinnen und Arbeiter zusammen, die meist unter elenden Lebens- und Arbeitsbedingungen zu leiden hatten.

Welche sozialen Folgen hatte die Industrialisierung?

Mit dem Begriff Soziale Frage werden die großen sozialen Probleme bezeichnet, die es in Deutschland seit der Mitte des 19. Jh. als Folge der Industrialisierung gab: Immer mehr Fabriken, Urbanisierung, ein Überangebot von Arbeitskräften, zum Teil lebensgefährliche Arbeitsbedingungen, niedrige Löhne und oft katastrophale Wohnbedingungen bedeuteten für viele Menschen einen Teufelskreis und bittere Armut.

Welche Ziele verfolgte der Sozialismus?

Karl Marx und Friedrich Engels sahen die Auseinandersetzung zwischen der Bourgeoisie und dem Proletariat als „Klassenkampf". Ihrer Überzeugung nach musste dieser zwangsläufig zu einer Revolution führen. Dem Sieg des Proletariats sollte der Zusammenbruch des Kapitalismus und schlussendlich der Kommunismus folgen. Darunter verstanden die beiden Vordenker eine klassenlose Gesellschaft ohne Privateigentum. Diese sollte dann von Frieden und Gerechtigkeit geprägt sein. Ein Zwischenschritt dorthin sollte der Sozialismus sein, bei dem der Staat für gerechte Lebens- und Arbeitsbedingungen sorgen sollte.

Was versteht man unter Sozialgesetzgebung?

Otto von Bismarck gilt noch heute als „Vater der Sozialgesetzgebung". Seine Motive indes waren in erster Linie nicht „sozial". Denn er wollte mit seinen Gesetzen vor allem die immer stärker werdende Arbeiterbewegung an den Staat binden und damit der Sozialdemokratie die Anhänger abwerben. Vorrangig zu diesem Zweck führte er ab 1883 die Kranken-, Unfall- und Invaliditäts- bzw. Altersversicherung ein. Seit dieser Zeit ist die Bereitstellung eines „sozialen Netzes" eine zentrale Aufgabe unseres (Sozial-)Staates.

1 Unterscheide verschiedene Phasen der Industrialisierung.

2 *„Die industrielle Revolution hat das Zusammenleben der Menschen bis heute maßgeblich verändert!"*
Begründet diese These (= Behauptung) hinsichtlich der Aspekte
- Staat,
- Gesellschaft,
- Wirtschaft.

3 Wägt ab und beurteilt: Hatte die Industrialisierung für die Mehrheit der Bevölkerung in den Industrieländern mehr Vor- oder mehr Nachteile? Bezieht euch auf
a) das 19. Jh.,
b) heute.

Wissen im Überblick

zu Kap. 5 „Das Deutsche Kaiserreich"

Grundlegende Daten und Begriffe sind rot unterstrichen bzw. blau unterlegt.

Wie kam es zur Gründung des Kaiserreiches?

Nach seinem Sieg über Österreich 1866 und der Auflösung des Deutschen Bundes führte Preußen den Norddeutschen Bund. Die süddeutschen Staaten, die vorher Verbündete Österreichs waren, schlossen Bündnisse mit Preußen – aus Furcht vor Frankreich.

Preußen schürte den Konflikt mit Frankreich und provozierte das Nachbarland. Im darauffolgenden Krieg, bei dem die süddeutschen Staaten aufseiten Preußens standen, unterlag Frankreich und verlor Elsass-Lothringen. Nach der Zustimmung der süddeutschen Staaten kam es 1871 zur Gründung des Deutschen Kaiserreiches. Maßgeblichen Anteil daran hatte der preußische Ministerpräsident Otto von Bismarck, der der erste Reichskanzler wurde.

Wie war die Gesellschaft im Kaiserreich aufgebaut?

Das Kaiserreich war ein Obrigkeitsstaat. Die gesellschaftliche Elite bildete nach wie vor der Adel. Er hatte die höchsten Ämter in Verwaltung und Militär inne. Aber nicht nur die Herkunft war für das Ansehen in der Gesellschaft wichtig, sondern auch Vermögen und Bildung. So gehörten auch Unternehmer, hohe Beamte und bürgerliche Offiziere zur Oberschicht. Besonderes Ansehen genoss das Militär. Die Bürger glaubten, dass die nationale Einigung durch die Siege der Armee zustande gekommen war.

Ein gesellschaftlicher Aufstieg war für Angehörige der unteren Schichten nur sehr schwer möglich (u. a. Landarbeiter, Dienstboten, Industriearbeiter). Sie hatten meist nur geringe Löhne und eine geringe Bildung.

Frauen waren grundsätzlich benachteiligt. Sie bekamen geringere Löhne und waren in Ehe und Familie dem Mann untergeordnet.

Wodurch kam Bewegung in die Ordnung des Kaiserreiches?

Die Industrialisierung sorgte nicht nur für Veränderungen in der Wirtschaft, sondern auch in Politik und Gesellschaft.

Unternehmer gewannen stärkeren Einfluss. Die Arbeiterbewegung erhielt immer stärkeren Zulauf. Die Sozialdemokraten, die von Bismarck als „Reichsfeinde" bekämpft wurden, stellten schließlich die meisten Abgeordneten im Reichstag. Der Staat, der sich bisher nicht um bessere Lebens- und Arbeitsbedingungen für sozial Schwache kümmerte, schuf eine moderne Sozialgesetzgebung, die grundsätzlich heute noch besteht.

Die Unterrichtsfächer und -inhalte an den Schulen, in denen ansonsten Disziplin und die Treue zu Kaiser und Staat anerzogen wurden, wurden den neuen Herausforderungen in der Industrialisierung und der Verwaltung angepasst.

Die Frauenbewegungen setzten sich für die Rechte der Frauen ein, für politische Mitbestimmung, Gleichberechtigung und eine bessere Schulbildung. Während die bürgerliche Frauenbewegung schrittweise Reformen im Staat wollte, kämpfte die sozialistische für eine neue Staatsordnung, in der Frauen grundsätzlich gleiche Rechte haben.

Welche Verfassung hatte das Deutsche Kaiserreich?

Das Deutsche Kaiserreich war eine konstitutionelle Monarchie. Der Bundesrat, in dem Vertreter der einzelnen Fürstentümer (wie zum Beispiel des Königreiches Bayern) saßen, war neben dem Reichstag für die Gesetzgebung zuständig. Der Reichskanzler hatte eine starke Stellung. Denn er konnte nur vom Deutschen Kaiser entlassen werden und hatte den Vorsitz im Bundesrat.

Das Wahlrecht für den Reichstag (allgemein, gleich, direkt, frei) war für die damalige Zeit sehr fortschrittlich. Allerdings hatten Frauen auch weiterhin kein politisches Mitbestimmungsrecht.

1 Erkläre, weshalb Bismarck von einer Reichsgründung mit „Blut und Eisen" sprach.

2 Bevölkerungsgruppen hatten im Kaiserreich aus unterschiedlichen Gründen Macht und Einfluss. Erläutere das.

3 Beurteile, welche Merkmale und Vorstellungen im Kaiserreich heutigen Grundsätzen widersprechen.

Methodenkarten aus den Jahrgangsstufen 6 und 7

Methode: Texte verstehen

1

Öffne Schubladen im Kopf
- Lies die Überschrift. Was könnte hinter der Überschrift stecken?
- Sie dir auch die Bilder und die Überschriften der anderen Texte auf der Seite an. Was erwartest du von diesem Text?
- Was weißt du schon über das Thema?

2

Lerne den Text kennen
- Lies den Text einmal zügig. Notiere vier bis fünf Schlüsselbegriffe.
- Worum geht es in diesem Text? Formuliere zwei bis drei Sätze.

3

Erfasse den Text
Tipp: Lege eine leere Folie über den Text, so kannst du im Text markieren.
- Lies den Text genau.
- Unterstreiche alle Fachbegriffe und Fremdwörter in einer Farbe. Versuche ihre Bedeutung aus dem Zusammenhang herauszufinden.
- Unterstreiche die Zahlen und Daten in einer weiteren Farbe.
- Setze neben jeden verstandenen Absatz ein Häkchen, neben jeden unklaren Absatz ein Fragezeichen. Wiederhole unklare Absätze. Lies auch zwei bis drei Sätze davor und danach.
- Stelle selbst drei bis fünf Fragen an den Text. Was möchtest du zum Thema erfahren? Achte darauf, keine Ja- / Nein-Fragen zu stellen.
- Markiere / unterstreiche nun jede Antwort auf deine Fragen in einer unterschiedlichen Farbe.
- Fasse den Inhalt zusammen. Lasse dabei nebensächliche Informationen weg und beschränke dich auf das Wichtigste.

4

Möglichkeiten, mit dem Text weiterzuarbeiten
Die beiden folgenden Anregungen können dir helfen, den Text noch besser zu verstehen:
- Schreibe auf deine Folie Denkblasen / Sprechblasen, in die du Überlegungen / Erklärungen / Notizen ergänzen kannst.
- Erstelle ein Schaubild, eine Zeitleiste, eine Mindmap, eine Tabelle etc., um das Gelesene zu ordnen.

Methode: Bildquellen analysieren

Beschreiben

- Nenne, wann und wo das Bild geschaffen und veröffentlicht wurde.
- Nenne den Künstler des Bildes.
- Beschreibe den Bildinhalt und beantworte folgende Fragen:
  - Wie ist das Bild unterteilt?
  - Welche Personen erkennst du auf dem Bild?
  - Was tun die Personen?
  - Wie sind sie gekleidet?
  - Haben sie Gegenstände bei sich? Wenn ja, welche?
  - Welche weiteren Dinge oder Tiere kannst du erkennen?
  - Wo sind Personen, Gegenstände oder Tiere auf dem Bild platziert?

Untersuchen

- Nun solltest du die einzelnen Bildteile genauer untersuchen und Zusammenhänge herstellen.
- Beantworte die folgenden Fragen:
  - Ist auf dem Bild etwas hervorgehoben? Woran erkennst du das?
  - Wie sind die Personen dargestellt? Fällt dir dabei etwas auf?
  - Sind es wirkliche Personen oder stehen sie für etwas?
  - In welcher Beziehung zueinander sind die Personen dargestellt?
  - Welchen historischen Sachverhalt erkennst du wieder?

Deuten

- Erläutere, zu welchem Zweck das Bild geschaffen wurde.
- Beurteile, was das Bild dem Betrachter sagen soll.
- Beurteile, ob bestimmte Ereignisse oder Vorstellungen für die Darstellung eine Bedeutung haben. Wenn ja, erkläre das.

Methode: Bauwerke untersuchen

Beschreiben

- Nenne das Bauwerk, um das es geht.
- Beschreibe sein Äußeres und was du darüber sonst noch erfährst (Lage = Ort auf der Karte, Größe).
- Beschreibe, welche Bauwerke sich in der Nähe befinden.

Untersuchen

- Erkläre, wer das Gebäude errichten ließ und welchem Zweck es diente.
- Beschreibe die Bautechnik.
- Erkläre, welche Schwierigkeiten beim Bau überwunden werden mussten.

Deuten

- Erkläre, ob die Form und die Größe etwas mit dem Zweck des Bauwerks zu tun haben.
- Gehe dabei darauf ein, wie sie auf den Betrachter gewirkt haben bzw. immer noch wirken.
- Vergleiche mit Bauwerken heute oder aus anderen Epochen: Wie sahen oder wie sehen die Gebäude aus, die einem ähnlichen Zweck dienen?

Methode: Geschichtskarten lesen

Beschreiben

- Benenne, um welches Thema und um welche Zeit es bei der Karte geht. Dabei hilft dir die Über- bzw. Unterschrift.
- Der Maßstab der Karte zeigt die Größenverhältnisse an und hilft, Entfernungen zu verstehen.
- Sieh dir alle Informationen an, die in der Legende gegeben werden, und suche dazu jeweils ein Beispiel in der Karte.

Untersuchen

- Erkläre, was wir aus der Karte erfahren.
- Hole das Hintergrundwissen ein, das dir noch fehlt.
- Wenn zwischen zwei Karten verglichen werden soll:
  - Arbeite Gemeinsamkeiten und Unterschiede der Karten heraus (z. B. Länder, Orte).
  - Vergleiche die Namen der Orte und Städte.
  - Ordne die Orte Ländern zu (falls angegeben).

Deuten

Diskutiert darüber, ob interessante Informationen in der Karte fehlen.

Methode: Geschirr als historische Quelle

Beschreiben

Beschreibe die Form und die Bemalung des Geschirrs.

Untersuchen

- Bestimme, aus welcher Zeit das Geschirr stammt.
- Informiere dich darüber, ob es zu dieser Zeit bestimmte Moden bei der Formgebung oder der Bemalung gab und wie sich diese verändert haben.

Deuten

- Auf dem Geschirr werden oft bestimmte Themen behandelt. Erläutere, ob dies auch bei deinem Geschirr zutrifft, und wenn ja, zu welcher Art von Thema dein Geschirr gehört.
- Erläutere, was das Geschirr über das Leben der Menschen zu der damaligen Zeit aussagt.
- Oft ist es sinnvoll, das Geschirr miteinander zu vergleichen. Dann wird seine Bedeutung noch deutlicher.

Methode: Sachquellen: Münzen – mehr als Geld

Beschreiben

- Beschreibe die Münze möglichst genau (Größe, Metall, Bild und Umschrift auf der Vorder- und Rückseite).
- Bei verschiedenen Münztypen: Nenne die Unterschiede.
- Wenn Herrscher genannt werden: Achte darauf, wie der Herrscher genannt wird.
- Stelle zusammen, welche Informationen die Münze (außer dem Herrschernamen) noch gibt.

Untersuchen

- Überlege, wann die Münze geprägt wurde. Begründe deine Vermutung.
- Erkläre, warum die Gegenstände bzw. Symbole auf der Münze abgebildet sind.
- Bei verschiedenen Münzen: Erkläre, warum sich die Münzen unterscheiden.

Deuten

- Seit der Antike sehen alle Münzen recht ähnlich aus. Vergleiche deine Münze mit anderen und erläutere, ob diese eine Besonderheit aufweist. Erkläre Ähnlichkeiten oder Unterschiede.
- Vergleiche mit heutigen Münzen (zum Beispiel mit einer Euro-Münze):
  - Welche Ähnlichkeiten und Unterschiede kannst du erkennen?
  - Wer ist heute als „Münzherr" abgebildet?

Methode: Perspektivität bei Textquellen untersuchen

Wie du eine Textquelle deuten kannst, erfärst du auf den Seiten 128/129. Hier bekommst du Hinweise, worauf du beim Vergleich von zwei Quellen achten sollst.

Beschreiben

Inhalte der Texte
- Zunächst wollen wir verstehen, was die Autoren der Quellen schreiben. Dazu erledigen wir folgende Aufgaben:
  - Lies die Texte aufmerksam durch und nenne jeweils das Thema der Quelle.
  - Nenne den Zeitpunkt / Zeitraum, wann das beschriebene Geschehen stattgefunden hat.
  - Lies den Text ein zweites Mal durch und schlage die Wörter und Formulierungen nach, die für dich unklar sind.
  - Fasse den Inhalt der Texte in eigenen Worten zusammen.

Untersuchen

Vergleich der Texte und ihrer Autoren
- Nun vergleichen wir die Texte:
  - Finde Gemeinsamkeiten, Übereinstimmungen und Ähnlichkeiten.
  - Arbeite Unterschiede heraus.
  - Wann wurden die Texte jeweils verfasst?
- Damit wir die unterschiedlichen Perspektiven verstehen können, müssen wir die Autoren der Texte unter die Lupe nehmen:
  - Wer sind die Autoren (z. B. Beruf, Stellung)?
  - Waren sie Augenzeugen des Geschehens oder berichten sie, was sie von anderen gehört haben?
  - Berichten sie zeitnah oder liegt eine längere Zeit zwischen Ereignis und Verfassen der Quelle?
  - Berichten sie einseitig, weil sie eine bestimmte Seite vertreten? Sind sie glaubwürdig?
  - Bewerten sie das Geschehen in irgendeiner Weise?

Deuten

- Warum haben die Autoren unterschiedliche Perspektiven?
- Hältst du die Autoren für glaubwürdig bzw. welchen hältst du für glaubwürdiger? Begründe.
- Was können wir aus den Quellen tatsächlich erfahren?

Methode: Schaubilder beschreiben, untersuchen und deuten

Beschreiben

- Nenne das Thema des Schaubildes.
- Beschreibe die Form.
- Beschreibe die Zeichnungen und Zeichen, die für das Schaubild verwendet wurden.
- Nenne die weiteren Symbole, die zu sehen sind.

Untersuchen

- Erkläre, warum diese Form der Darstellung gewählt wurde.
- Erkläre die Anordnung der Zeichen und Symbole.

Deuten

- Erkläre die Aussagen und Zusammenhänge, die im Schaubild dargestellt werden.
- Beurteile, welche Wirkung die Form des Schaubildes auf den Betrachter hat.
- Vergleiche möglichst das Schaubild mit anderen Informationen zum Thema.

Methode: Spottbilder entschlüsseln

Beschreiben

- Beschreibe zunächst die zentrale Gestalt.
- Gehe dann auf die Gebäude, Personen oder Elemente im Hintergrund ein.
- Gib ggf. den Text mit eigenen Worten wieder.

Untersuchen

- Sammle Informationen zur Entstehung (Erscheinungsdatum, -ort, Zeichner, Auftraggeber usw.).
- Entschlüssle die Bedeutung der einzelnen Elemente und Symbole, die du gefunden hast.
- Überlege, auf welche Ereignisse, Personen oder Probleme der Zeit sich das Spottbild bezieht.
- Ordne zu, aus welchem religiösen oder politischen Lager die Karikatur stammt und an wen sie sich richtet.
- Begründe, welchen Standpunkt der Autor vertritt.

Deuten

- Erkläre, welche Übertreibungen der Zeichner verwendet hat und warum er dies tut.
- Erläutere die Aussage des Spottbildes im Zusammenhang mit dem beigefügten Text.
- Fasse deine Ergebnisse zusammen und erkläre die Kernaussage/Kritik des Künstlers, die er mit seinem Werk ausdrückt.
- Stelle Vermutungen darüber an, wie das Spottbild auf die Menschen damals gewirkt hat.
- Diskutiert darüber, ob ihr den Standpunkt des Zeichners teilt oder nicht. Begründet eure Aussagen anhand historischer Fakten.

Hilfestellungen Kapitel 1

Orientierungsseite (S. 13, Aufgabe 1)
Tipp: Achte auch auf die Richtung der Pfeile und erkläre, was sich hier grundlegend geändert hat.

Orientierungsseite (S. 13, Aufgabe 3)
Denke daran, wer in der Bundesrepublik Deutschland regiert, Gesetze beschließt, die Regierung wählt und welches höchste Gericht darüber wacht, ob die Regelungen des Grundgesetzes (unserer Verfassung) eingehalten werden.

Themenseite (S. 15, Aufgabe 1)
Achte dabei auf die Personen am unteren Bildrand. Links ist ein türkischer Mann zu sehen, daneben Vertreter unterschiedlicher Konfessionen, ganz rechts Männer mit Perücken, wie sie zur damaligen Zeit üblicherweise getragen wurden.

Themenseite (S. 15, Aufgabe 3)
Bedenkt dabei u. a. auch, warum für den kategorischen Imperativ Vernunft und das gute Zusammenleben in einer Gemeinschaft (bzw. Gesellschaft) eine große Rolle spielen.

Themenseite (S. 17, Aufgabe 4)
Du könntest beispielsweise folgendermaßen beginnen: „Mit Verlaub, königliche Majestät, ich erlaube mir höflichst euch zu widersprechen. Denn meiner Meinung nach …"

Themenseite (S. 19, Aufgabe 3)
Lies dazu ggf. die Seiten 16 und 17.

Themenseite (S. 27, Aufgabe 2)
Beachte dabei u. a. die Darstellung der Personen, die Haltung der Arme. Überlege auch, welche Bedeutung der vom Wind aufgebauschte Vorhang haben könnte.

Themenseite (S. 27, Aufgabe 5)
Zwei mögliche Deutungen wären „Versöhnung zwischen König und Volk" und „Eindämmung der königlichen Macht".

Themenseite (S. 29, Aufgabe 5)
Lies dazu auch die Erklärung des Grundbegriffs „Stände" im Anhang durch (S. 178).

Abschlussseite (S. 34, Aufgabe 1)
Tipp: Manche Stichworte passen zu mehreren Oberbegriffen.

Abschlussseite (S. 35, Aufgabe 1)
Besucht dazu den Link unter Mediencode 30023-33 und ladet euch die PDFs zur Biografie und die beiden Reden Karavans herunter.

Hilfestellungen Kapitel 2

Auftaktseite (S. 37, Aufgabe 1)
Sieh ggf. auf Seite 27 nach.

Themenseite (S. 41, Aufgabe 1)
Nimm dafür die Methodenkarte hinten im Anhang auf S. 187 zu Hilfe.
Beachte bei dem Bild u. a. die Körperhaltung, die Mimik Napoleons. Wohin blickt er?

Themenseite (S. 45, Aufgabe 7)
Folgende Hinweise und Stichwörter können euch weiterhelfen:
- altehrwürdige Königsfamilie/Dynastie
- gewachsene Traditionen, die seit Jahrhunderten bestehen
- Napoleon als Anhänger der Französischen Revolution, bei der Ludwig XVI. hingerichtet wurde
- Napoleon nutzt zum Teil dieselben Traditionen und Insignien wie andere Könige.

Themenseite (S. 47, Aufgabe 8)
Die Darstellung spielt auf eine Erzählung in der Bibel an. Ihr findet die Szene in der Bibel (Exodus, 19 ff.). Ihr könnt dazu auch recherchieren, wenn ihr in eine Suchmaschine die folgenden Stichworte eingebt: Berg Sinai, Mose

Themenseite (S. 47, Aufgabe 9)
Ihr tut euch leichter, wenn ihr vorher die einzelnen Aspekte dazu übersichtlich darstellt, zum Beispiel in Form einer Tabelle:

Grundsätze der Revolution	Maßnahmen Napoleons im Sinne der Revolution	Maßnahmen, die Grundsätzen der Revolution widersprechen
Freiheit	Code civil: Religionsfreiheit	Benachteiligung von Ehefrauen
Gleichheit	…	…

Geschichte hört nicht auf (S. 49, Aufgabe 3)
Dazu die folgenden Hinweise:
- Place de la Concorde
- Der Louvre wurde zeitweise das Musée Napoleon (= Napoleon-Museum) genannt. Warum?
- Maßnahmen für einen besseren Straßenverkehr

Themenseite (S. 53, Aufgabe 1)
Die Pfalz ist ein anschauliches Beispiel für die Veränderungen in Deutschland. Warum?

Themenseite (S. 55, Aufgabe 3)
Gehe auch darauf ein, warum sich der König mit seiner rechten Hand auf die Verfassung stützt und warum er die Krone nicht auf dem Kopf hat.

Themenseite (S. 57, Aufgabe 1)
Nimm evtl. auch die Methodenkarte hinten im Anhang (S. 187) zu Hilfe.
Achte bei dem Bild u. a. auf die Perspektive, die der Zeichner einnimmt, die Körperhaltung Hofers und die Menge an Soldaten.

Themenseite (S. 57, Aufgabe 2)
Folgende Begriffe können dir weiterhelfen: Volksaufstand gegen Besatzungsarmee, Verehrung Hofers.

Themenseite (S. 57, Aufgabe 6)
Analysiere dazu die Zeilen 17 f.

Themenseite (S. 59, Aufgabe 1)
Lies dazu ggf. auf Seite 54 nach.

Click in Geschichte (S. 61, Aufgabe 2)
Gehe auf „Anleitung", um den Arbeitsauftrag mit den Zeitebenen besser zu verstehen.

Hilfestellungen Kapitel 3

Auftaktseite (S. 65, Aufgabe 2)
Mithilfe der folgenden Schlagworte kannst du ggf. recherchieren: Spitzbögen, Maßwerk.

Themenseite (S. 71, Aufgabe 4)
Denkt neben möglichen Rivalitäten von Staaten auch an die politische Bedeutung, an Wirtschaft und Handel und die Bedeutung von Grenzen.

Themenseite (S. 73, Aufgabe 2)
Denkt dabei an die ersten neun Wörter. Überlegt euch auch, welches Gebiet Deutschland in dem Lied umfassen soll. Recherchiert ggf. nach den Flüssen Maas, Memel und Etsch sowie die Meerenge Belt und sucht sie in auf einer Karte.

Themenseite (S. 79, Aufgabe 5)
Du könntest dabei folgende Aspekte berücksichtigen:
- Was war der Auslöser für die Unruhen?
- Wer war beteiligt?
- Der Aufstand brach spontan los und die Menschen waren unbewaffnet. Welche Waffen konnten sie benutzen oder herstellen (z. B. Pflasterstein, Dachziegel; Schmieden von Lanzen etc.)?

Themenseite (S. 81, Aufgabe 3)
Folgende Fragestellungen können dir weiterhelfen:
- Was ist im Zentrum zu sehen?
- Wie werden die Abgeordneten dargestellt (Kleidung, Haltung)?
- Sind Fraktionen erkennbar (vergleiche dazu *Q 1*)?
- Warum wird der Künstler wohl diese Ansicht auf die Nationalversammlung gewählt haben?

Geschichte hört nicht auf (S. 85, Aufgabe 3)
Beachte Folgendes: Die Nationalsozialisten werden mit der Farbe Braun bezeichnet. Die Uniformen der ersten bewaffneten Kampforganisation der Nationalsozialisten waren braun. Bunker spielt auf die Schutzbunker an, in die sich Menschen bei Bombenangriffen flüchteten. Hitler selbst verbrachte die letzte Zeit bis zu seinem Selbstmord in einem Bunker in Berlin. 1923 versuchte Hitler erstmals, die Macht in Deutschland zu erringen. Mit einem Putsch wollte er die Regierung stürzen. „Natürlich blond": Blond galt als die Haarfarbe des idealen „Deutschen".

Hilfestellungen Kapitel 4

Auftaktseite (S. 89, Aufgabe 5)
Berücksichtige dabei die Aspekte: Energie, Verkehrswege, Transport.

Themenseite (S. 93, Aufgabe 3)
Hinweise: Die folgenden Begriffe und Phrasen sind bei der Beurteilung wichtig: „uns schwindelte", „mechanisches Leben", „nur selten reißende Fäden", „Kinder wickelten …", „auf die leichteste Weise durch Maschinen bewirkt", „mit bewunderungswerter Genauigkeit und Zierlichkeit", „Blitzesschnelle", „die darum beschäftigten Menschen die Maschinen".

Themenseite (S. 93, Aufgabe 5)
Denkt darüber nach, aus welchem Material Eisenbahnen hergestellt und mit welcher Energiequelle sie betrieben wurden.

Themenseite (S. 95, Aufgabe 5)
Lies den Abschnitt „Deutschland holt auf" des Verfassertextes (erneut) durch.

Themenseite (S. 103, Aufgabe 8)
Tipps zum Erstellen findet ihr in einem Video, das ihr mithilfe von Mediencode 30023-34 abrufen könnt.

Themenseite (S. 105, Aufgabe 1)
Überlege dabei, warum es einen Zusammenhang gibt zwischen der Verelendung des Proletariats, das immer mehr wächst, und der Überproduktion von Waren.

Themenseite (S. 109, Aufgabe 2)
Denke daran, dass die Kommunisten Marx und Engels im Gegensatz zum eher reformerischen Ansatz der Sozialdemokratie die Lage der Arbeiter durch ein revolutionäres Konzept verbessern wollten.

Themenseite (S. 109, Aufgabe 4)
Denke dabei an die Französische Revolution und lies ggf. nochmals die Seiten 26–29.

Themenseite (S. 111, Aufgabe 1)
Die junge Witwe steht mit ihren Kindern am Sarg, während auf Einlass zum Friedhof gewartet wird. Ein Arbeiter wendet sich mit drohender Faust den Industrieanlagen zu: Seine Klagegeste legt die Vermutung nahe, dass der Tote bei einem Arbeitsunfall ums Leben kam und er nun die mittellosen Witwe und zwei Waisen hinterlässt.

Themenseite (S. 111, Aufgabe 3)
Folgende Hinweise können dir weiterhelfen:
- genügend Einnahmen, um die Bedürftigen zu unterstützen
- Wer ist vielleicht nicht darauf angewiesen?
- Wie verhält man sich gegenüber Menschen, die sich nicht versichert haben, aber später in Not geraten?
- Zusammengehörigkeitsgefühl

Themenseite (S. 111, Aufgabe 5)
Sieh evtl. auf Seite 130 nach.

Themenseite (S. 113, Aufgabe 2)
Dafür kannst du auch den Internettipp in der Randspalte links nutzen.

Themenseite (S. 113, Aufgabe 3)
Deine Tabelle könnte beispielsweise so aussehen:

	1. Ind. Revolution	2. Ind. Revolution	3. Ind. Revolution	4. Ind. Revolution
Zeitraum				
Dominante Technik und Rohstoffe				
Dominante Energieträger				
Verkehr/Kommunikation				
Gesellschaft/Staat				
Rolle des Arbeiters				
Kernländer				

Hilfestellungen Kapitel 5

Orientierungsseite (S. 121, Aufgabe 1)
Achte darauf
- welche Größenverhältnisse es zwischen den Staaten gibt, die nicht dem Norddeutschen Bund angehören,
- wie sich die Größenverhältnisse zwischen den Staaten ändern würden,
- welchen Staat die süddeutschen Staaten wahrscheinlich untergeordnet wären.

Orientierungsseite (S. 121, Aufgabe 3)
Lies zu 1848/49 ggf. nochmals auf den Seiten 78–81 nach.

Themenseite (S. 123, Aufgabe 6)
Nimm dafür ggf. auch die Hinweise auf Seite 83 zu Hilfe.

Themenseite (S. 125, Aufgabe 1)
Achte dabei auch darauf, ob sie sich gerne führen lassen, und erkläre, was das bedeutet.

Themenseite (S. 125, Aufgabe 4)
Überlegt euch u. a. dabei, wie die SPD ihre politischen Ziele durchsetzen kann. Achtet auch auf das Wahlrecht.

Themenseite (S. 125, Aufgabe 5)
Denk daran, wer vielleicht in den Reichstag gewählt werden konnte.

Click in Geschichte (S. 127, Aufgabe 2)
Hinweise zum Bild „Kaiserproklamation“ (Anton von Werner): Im Bild rechts wird darauf hingewiesen, wo auf dem Bild wichtige Persönlichkeiten abgebildet sind. Wilhelm I. und Otto von Bismarck sollten für dich relativ leicht zu finden sein.

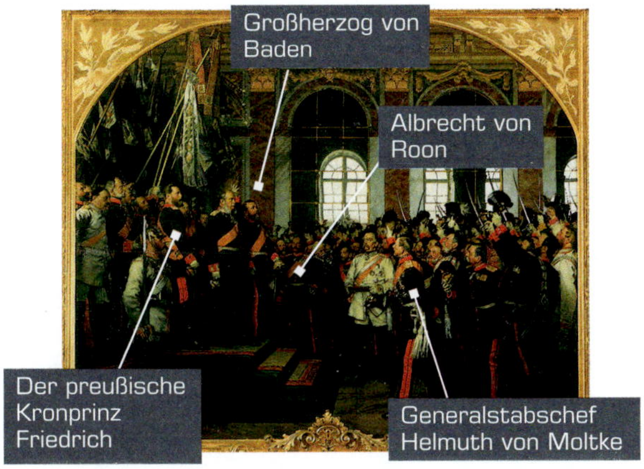

Weitere Erklärungen: Bismarck trug seinen blauen Waffenrock und nicht seine weiße Paradeuniform der Kürassiere. Auch sieht man an seiner Uniform den Orden „Pour le mérite“, den er erst 1884 verliehen bekam.
Der Kriegsminister Albrecht von Roon war ein guter Freund Bismarcks, konnte aber aus gesundheitlichen Gründen nicht bei der Kaiserproklamation anwesend sein.
Aus anderen Quellen wissen wir, dass die Feier in Wirklichkeit weniger feierlich war. Dazu kannst du bei Wikipedia unter „Proklamierung des deutschen Kaiserreichs“ auch ein Gemälde finden, wie der Spiegelsaal nur wenige Tage vor der Proklamation genutzt wurde.

Themenseite (S. 131, Aufgabe 1)
Nutze dafür ggf. die Hinweise auf den Methodenseiten (S. 83).

Themenseite (S. 131, Aufgabe 6)
Achte dabei u. a. darauf, welche Rolle in der Rede das Militär spielt und welche Wörter aus dem Bereich des Militärischen Bismarck verwendet werden.

Themenseite (S. 137, Aufgabe 1)
Lies dazu ggf. nochmals die Seite 124 und beachte das Schaubild *M 1*.

Themenseite (S. 137, Aufgabe 5)
Lies dazu ggf. nochmals den ersten Abschnitt des Verfassertextes („Frauen ohne Rechte“).

Geschichte hört nicht auf (S. 141, Aufgabe 5)
Nutzt dafür auch das Kapitel zur Industrialisierung in eurem Schulbuch.

Hilfestellungen Kapitel 6

Themenseite (S. 151, Aufgabe 2)
Du kannst beispielsweise die folgende Grundstruktur verwenden:

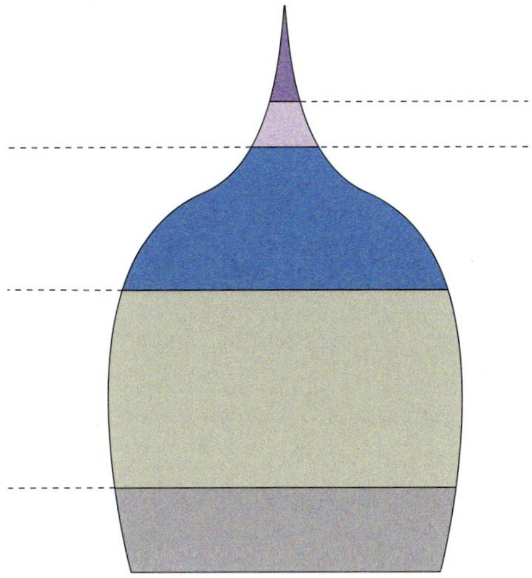

Themenseite (S. 153, Aufgabe 1)
Begründet, warum das Gemälde gerade diese Szene zeigt. Achtet darauf, wie die Mitglieder der Versammlung dargestellt sind.

Themenseite (S. 153, Aufgabe 2b)
Vergleiche mit *Q 3* auf S. 29. Denk außerdem an ganz berühmte „Gesetze“, die bereits in der Bibel erwähnt werden.

Themenseite (S. 155, Aufgabe 1)
Erstelle eine Tabelle mit + und –

Hilfestellungen Kapitel 7

Themenseite (S. 165, Aufgabe 3)
Die Website, zu der dich Mediencode 30023-35 führt, hilft dir weiter.

Themenseite (S. 167, Aufgabe 3)
Lies dazu den Abschnitt „Die Reformation und die Bauern“ im Verfassertext.

Themenseite (S. 169, Aufgabe 6)
Tipp: Sammelt die Argumente zunächst auf Karteikarten.

Sachregister

Die hervorgehobenen Seitenzahlen verweisen auf Erklärungen zu den grundlegenden Begriffen.

Personenregister

Die hervorgehobenen Seitenzahlen verweisen auf Erklärungen zu den grundlegenden Begriffen.

Bildnachweis

© 2019 Freedom House – S. 13; AdobeStock / bluedesign – S. 160; – / katedemian – S. 48; – / refresh(PIX) – S. 71; akg-images – S. 26, 68, 75, 77, 87, 103, 118, 137, 145, 172; – / Hervé Champollion – S. 49; – / Peter Connolly – S. 148; – / Jaqueline Hiegel – S. 64; – / historic-maps – S. 118; – / Laurent Lecat – S. 49; – / Erich Lessing – S. 14, 171; – / Science Source – S. 33; – / © Sotheby's – S. 159; Alamy Stock Photo / 360b – S. 141 (2); – / Art Collection 2 – S. 30; – / edpics – S. 146; – / GL Archive – S. 36; – / Granger Historical Picture Archive – S. 20; – / Heritage Image Partnership Ltd – S. 55, 64, 149; – / LWH – S. 141; – / Pictorial Press Ltd. – S. 40; – / The Artchives – S. 30; – / The Print Collector – S. 87; – / ZUMA Press, Inc. – S. 89, 114; AP-Photo / Charles Rex Arbogast – S. 32; Archiv der sozialen Demokratie der Friedrich-Ebert-Stiftung, Bonn – S. 109; Archiv Faber-Kastell, Stein – S. 105; Bergmoser + Höller Verlag AG, Aachen – S. 65; bpk-Bildagentur – S. 47, 69, 118, 124, 130, 136; – / Antikensammlung, Staatliche Museen zu Berlin, Jürgen Liepe – S. 148; – / Lutz Braun – S. 100; – / Hermann Buresch – S. 126, 192; – / Georg Büxenstein Co. – S. 102; – / Deutsches Historisches Museum – S. 154; – / Deutsches Historisches Museum, Sebastian Ahlers – S. 59, 123; – / Deutsches Historisches Museum, Indra Desnica – S. 110; – / © Olaf Gulbransson, VG Bild-Kunst, Bonn 2020 – S. 134; – / Dietmar Katz – S. 81, 136; – / Kunstbibliothek, Staatliche Museen zu Berlin, Knud Petersen – S. 66; – / Voller Ernst Fotoagentur, Jewgeni Chaldej – S. 158; Bridgeman Images – S. 27; – / British Library Board – S. 164; – / Musée de la Ville de Paris, Musée Carnavalet, Paris – S. 31; – / Private Collection, American School – S. 20; Bundesarchiv / Allgemeiner Deutscher Nachrichtendienst, Zentralbild, Julius Braatz, Bild 183-R13234 – S. 131; Bundeszentrale für politische Bildung, Bonn – S. 17, 33, 175; © Daimler AG – S. 140; Danish Educational History at Aarhus University – S. 138; Der Bundeswahlleiter – S. 81; Deutscher Bundestag / photothek.net, Berlin – S. 65; dpa Infografik / Globus-Grafik – S. 65; dpa Picture-Alliance / abaca, AA – S. 159; – / akg-images – S. 27, 31, 45, 54, 56, 76, 77, 78, 80, 84, 104, 132, 144, 151, 153, 170; – / akg-images, Catherine Bibollet – S. 49; – / Artcolor, Toni Schneiders – S. 166; – / dpa-Report, David Ebener – S. 71; – / dpa-Report, Steffen Kugler – S. 37; – / dpa-Report, Angelika Warmuth – S. 108; – / dpaweb, Friso Gentsch – S. 135; – / Everett Collection, Gaumont International, Courtesy Everett Collection – S. 162; – / Heritage Images, Art Media – S. 11; – / Heritage Images, Fine Art Images – S. 28; – / Historic England Archive, Mary Evans Picture Library – S. 36; / Holger Hollemann – S. 141; – / Illustrated London News Ltd., Mary Evan Picture Library – S. 100; – / Daniel Karmann – S. 35; – / Peter Kneffel – S. 106; – / Frank Leonhardt – S. 104; – / Reuters, X01398, Albert Gea – S. 19; – / Süddeutsche Zeitung Photo, Veronica Laber – S. 157; – / Süddeutsche Zeitung Photo, Florian Peljak – S. 141; – / Süddeutsche Zeitung Photo, Alessandra Schellnegger – S. 156; – / ullstein bild – S. 118; – / ullstein bild, Archiv Gerstenberg – S. 74; – / Zentralbild, Waltraud Grubitzsch – S. 10, 112; – / Zentralbild, Michael Richter – S. 112; – / Zentralbild, Sportreport, Repro – S. 149; Fotolia / the_builder – S. 119; Germanisches Nationalmuseum, Nürnberg – S. 80; Getty Images / Getty Images News, William Thomas Cain – S. 18; Getty Images Plus / iStockphoto, Bojan89 – S. 126; – / iStockphoto, matthewleesdixon – S. 49; – / iStockphoto, sabinalbei – S. 49; – / iStockphoto, Sergey IT – S. 28; – / iStockphoto, stellalevi – S. 49; – / iStockphoto, wildpixel – S. 145; Historisches Museum, Aurich – S. 112; MAN Energy Solutions / Historisches Archiv MAN, Augsburg – S. 154; Mauritius Images / Alamy Stock Photo, Briefmarkensammlung – S. 72; – / Alamy Stock Photo, Ian Dagnall Computing – S. 11, 152; – / Alamy Stock Photo, Dipper Historic – S. 42; – / Alamy Stock Photo, Eric D ricochet69 – S. 141; – / Alamy Stock Photo, Gameover – S. 14; – / Alamy Stock Photo, H. S. Photos – S. 168; – / Alamy Stock Photo, Hipix – S. 72, 87 (2); – / Alamy Stock Photo, Historic Collection – S. 87; – / Alamy Stock Photo, Peter Horree – S. 108; – / Alamy Stock Photo, Grzegorz Knec – S. 141 (2); – / Alamy Stock Photo, NMUIM – S. 29; – / Alamy Stock Photo, Painters – S. 46; – / Alamy Stock Photo, Photo12 – S. 22 (2), 44; – / Alamy Stock Photo, Pictorial Press Ltd. – S. 30; – / Alamy Stock Photo, Jürgen Schwarz – S. 141; – / Alamy Stock Photo, The History Collection – S. 57; – / Alamy Stock Photo, The Picture Art Collection – S. 78, 167; – / Alamy Stock Photo, The Protected Art Archive – S. 144; – / Alamy Stock Photo, Zoonar GmbH – S. 108; – / imageBROKER, World Flags – S. 141; – / Hans-Peter Merten – S. 141; – / Martin Siepmann – S. 96; – / United Archives, WHA – S. 53, 92; – / United Archives, WHA, Archiv der Weltgeschichte – S. 88, 114; – / Westend61, Martin Siepmann – S. 37; Münchner Stadtmuseum / Sammlung Graphik, Gemälde – S. 79; Andrea Naumann, Aachen – S. 16; Jörg Peter Naumann – S. 91; © Österreichische Post AG – S. 87; Staatsbibliothek Bamberg / V B 64, Foto Gerald Raab – S. 76; Dieter Stade, Hemmingen – S. 50, 163; Stadtarchiv Ludwigshafen – S. 97; Stadtmuseum Sulzbach-Rosenberg / Sammlung Frühling – S. 97; © Stadt Traunstein – S. 58; Städtische Sammlungen / Sebnitz Kunstblumen- und Heimatmuseum „Prof. Alfred Meiche" – S. 88, 114; Sammlung Karl Stehle, München – S. 73; Süddeutsche Zeitung Photo / Photo Scherl – S. 94, 128; TECHNOSEUM – S. 95; TITANIC 07/2011 – S. 84; Toonpool.com / Erl – S. 85; ullstein bild / Archiv Gerstenberg – S. 82; – / histopics – S. 74; – / Imagno – S. 119; – / NMSI, Science Museum – S. 89, 114; United Nations Photo Library / Departement of Global Communications, New York – S. 174; Universitätsbibliothek der Ludwig-Maximilians-Universität München, 8 Misc. 1875a(17), UB München – S. 122; www.segu-geschichte.de – S. 60, 61 (2); www.thinglink.com – S. 127; www.wikimedia.org / Jacob Meydenbach – S. 150; www.wikimedia.org / Hans Schlieper – S. 117;
Mediencode 30023-02: akg-images – S. 29

Aufgaben verstehen und lösen

Die Aufgaben in diesem Buch beginnen mit sogenannten Operatoren. Diese Verben weisen darauf hin, was genau du tun sollst. Hier erklären wir dir die einzelnen Operatoren und geben Hinweise, die dir bei der Bearbeitung helfen können.

Operator	Was genau musst du tun?	Das soll dir zusätzlich helfen
analysieren und untersuchen	Werte die Materialien nach bestimmten Gesichtspunkten aus.	So wie es auf den Methodenseiten vorgeführt wird, solltest du das Material vorher → *beschreiben.*
aufzählen	Wie → *nennen*	
aufzeigen	Suche die Informationen heraus, die zu der jeweiligen Aussage passen.	Formulierungshilfen: *Die Aussage „..." wird von folgenden Informationen im Text bestätigt: Erstens ...; zweitens ... usw.*
begründen/ nachweisen	Gib Argumente an, die eine Aussage (z. B. Urteil, Behauptung) untermauern.	Formulierungshilfen: *Dafür spricht ... – Ein Gund dafür ist ....*
beschreiben	Eine solche Aufgabe gehört meist zu einem Bild oder einer Karte. Du sollst mit deinen eigenen Worten genau mitteilen, was du auf dem Bild oder der Karte siehst.	Formulierungshilfen: *Hier ist abgebildet, ... Die Frau/der Mann ... trägt .... Ihr / Sein Gesichtsausdruck ist traurig/ fröhlich ... usw.* *Auf der Karte sind die Gebiete von ... zu sehen. Das größte davon ist... Außerdem zeigt die Karte ....*
beurteilen	Bilde dir eine eigene Meinung zu einer bestimmten Aussage oder zu einem Sachverhalt. Finde dabei heraus, ob diese Aussage oder der Sachverhalt überzeugend sind. Gib immer Gründe für dein Urteil an.	Formulierungshilfen: *Ich halte die Aussage für (nicht) überzeugend, weil ....* *Weniger / Nicht überzeugend ist, dass ....* *Denn ....*
bewerten / Stellung nehmen	Wie bei → *beurteilen* bildest du dir eine eigene Meinung. Hier beziehst du aber stärker das mit ein, was dir persönlich oder Menschen in unserer Zeit wichtig ist.	Formulierungshilfen: *Ich persönlich halte das für richtig (bzw. falsch), weil ... – Ich halte die Behauptung für problematisch, weil ....* *Meiner Meinung nach ist es wichtig, dass ....* *Aus diesem Grund halte ich ... für gut/schlecht.*
charakterisieren	Du → *beschreibst* etwas und hebst dabei das hervor, was auffällig/typisch ist.	Überlege dir zunächst, was das Auffällige/ Typische ist.
deuten	Wenn du ein Bild, einen Text etc. → *untersucht* hast, kannst du ihn deuten. Dabei bewertest du nach bestimmten Gesichtspunkten.	Beispiele findest auf den Methodenseiten mit dem Dreischritt *Beschreiben – Untersuchen – Deuten.*
diskutieren	Du tauscht dich mit anderen Meinungen zu einem Problem oder zu einer Frage aus. Dabei versuchst du, durch Argumente zu überzeugen.	Mache deine Position zwar deutlich, bleibe dabei aber sachlich. Dadurch wirkst du wesentlich überzeugender.